BOOK IN BOOK

PARIS
COMPLETE MAP
【仏語&グルメガイド付】

切り離せて
持ち運びに便利!

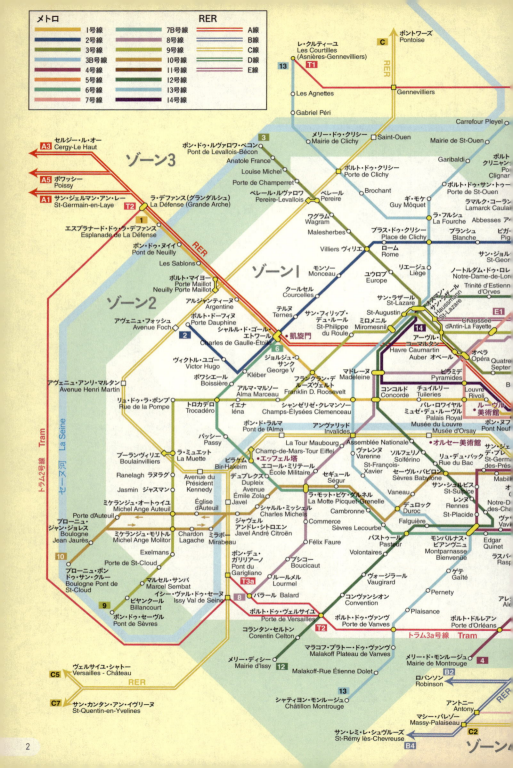

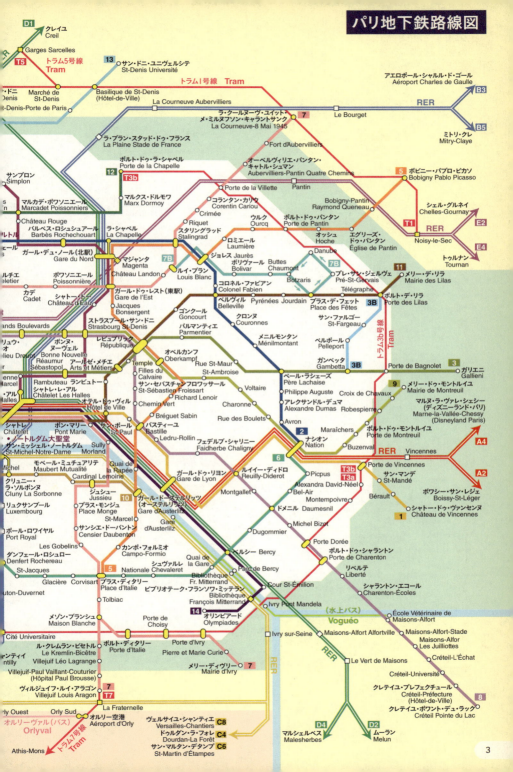

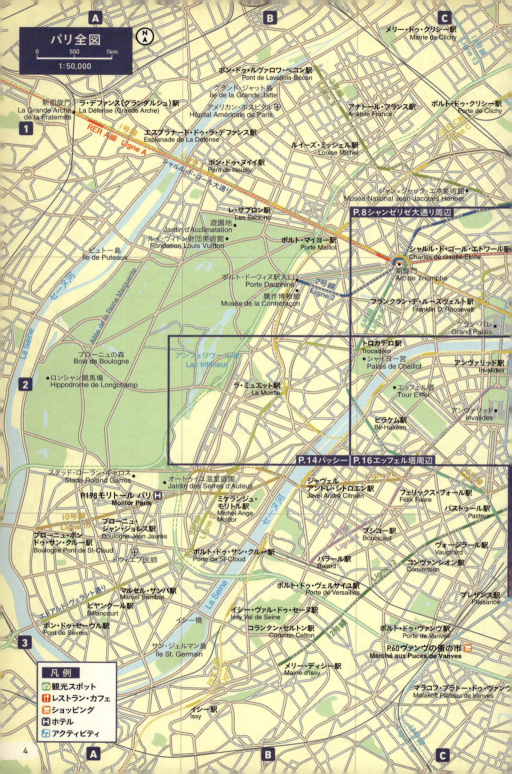

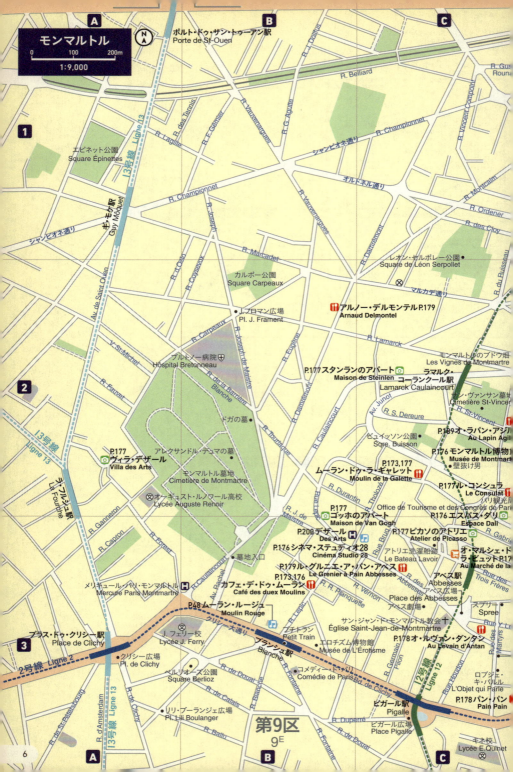

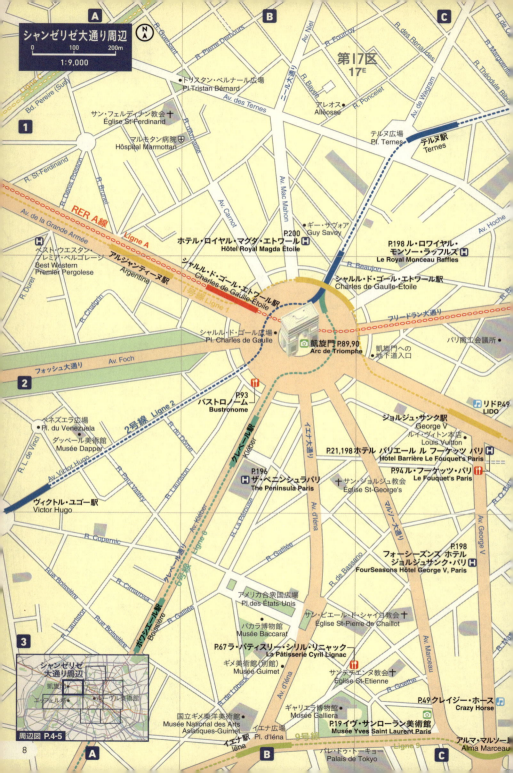

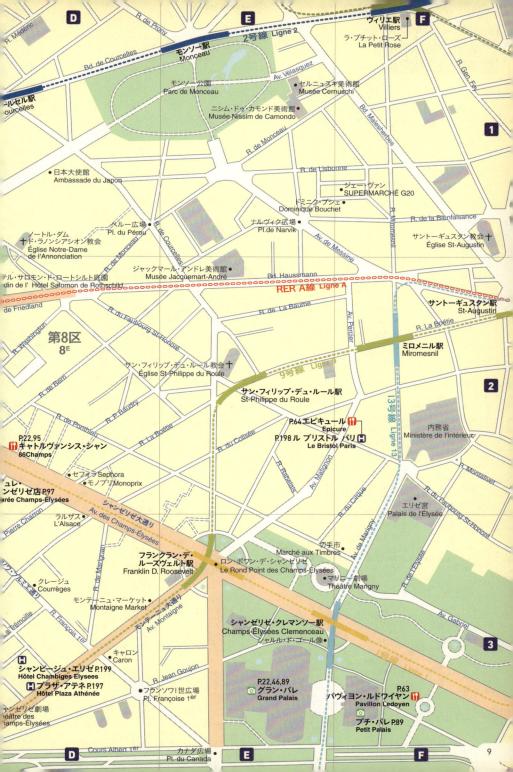

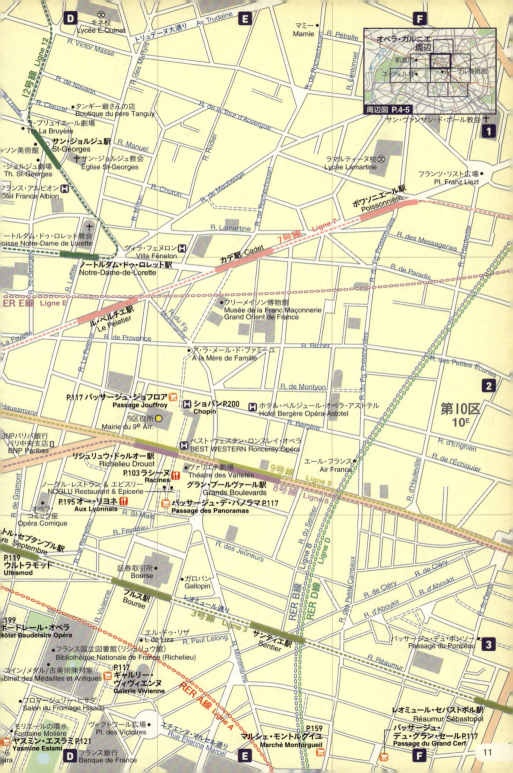

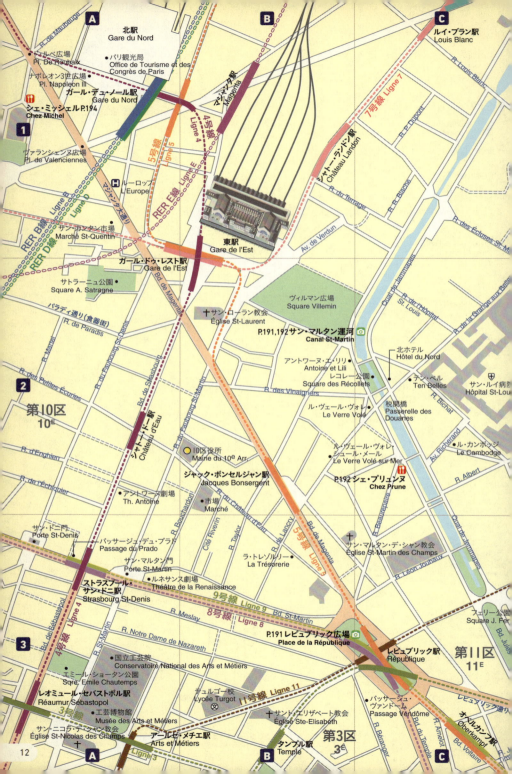

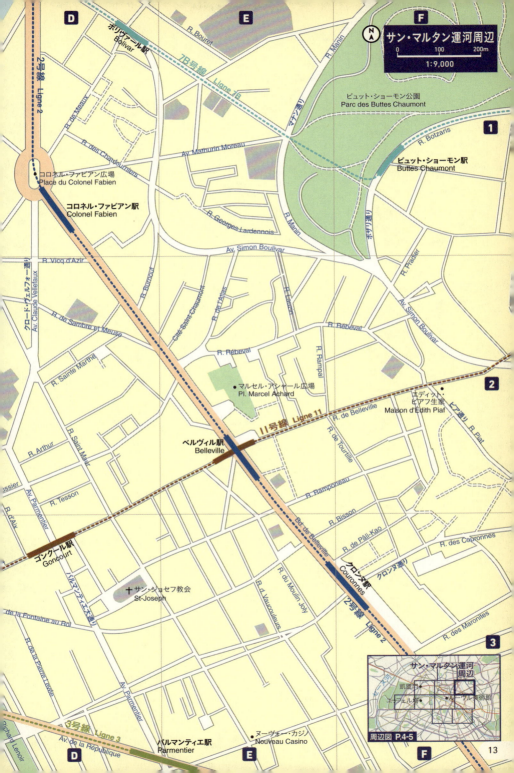

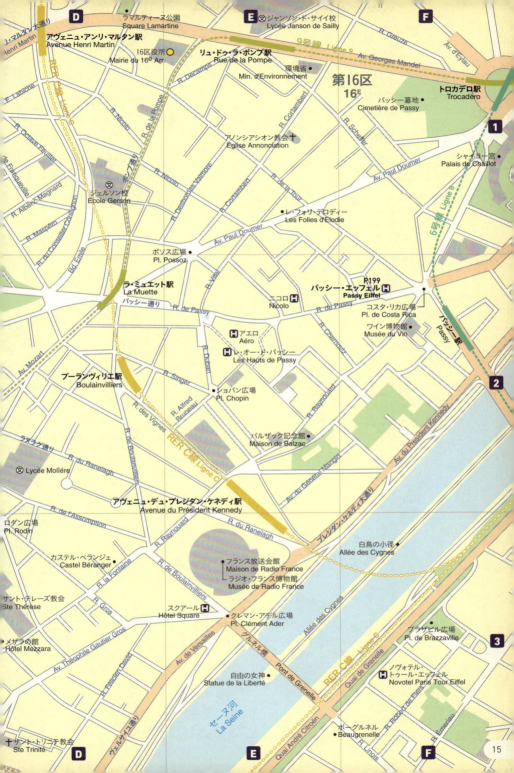

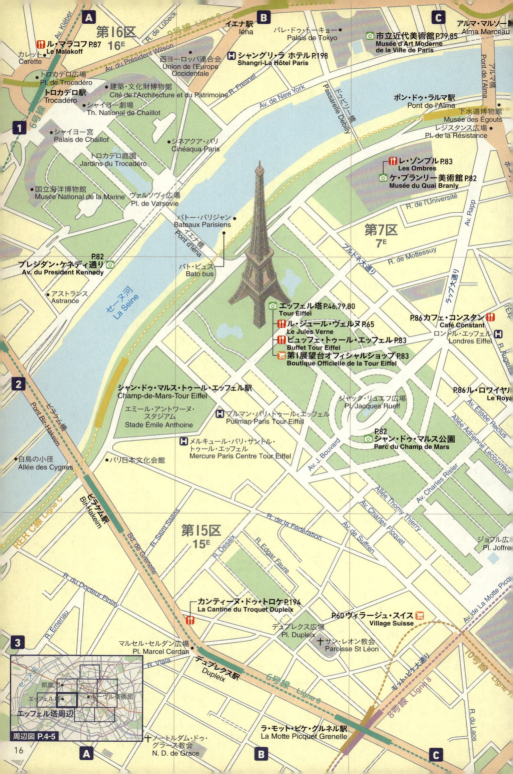

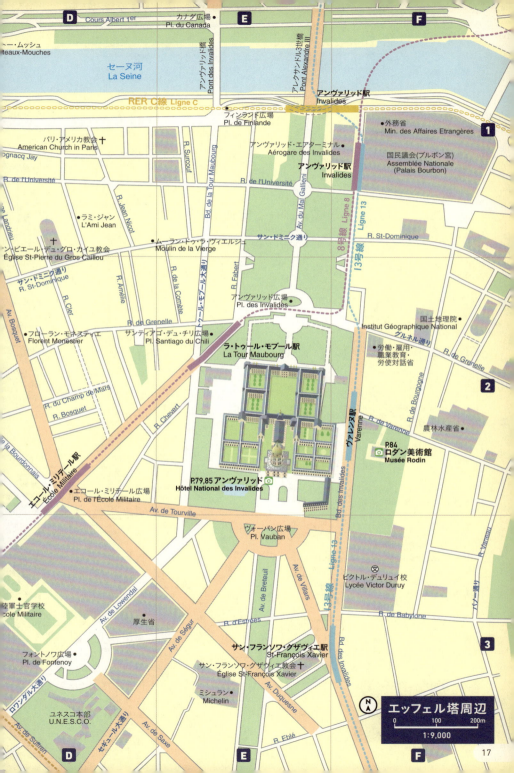

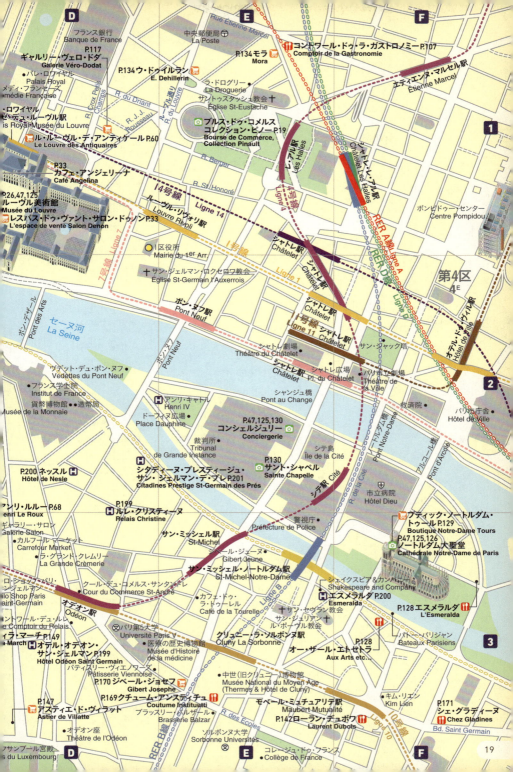

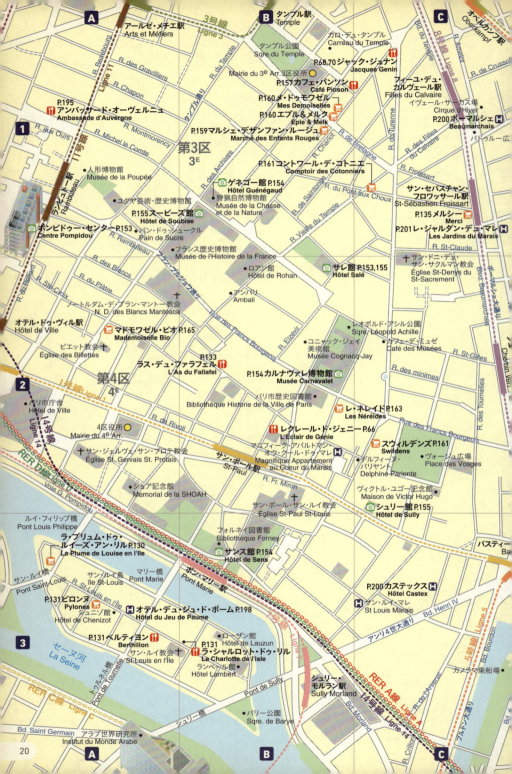

パリ便利帳 ❶

旅で使える基本会話をマスター！
トラベルフランス語ガイド

パリのホテルやレストラン、観光地では、ほとんど英語が通じる。
でも、やっぱりあいさつなどはフランス語でしたいもの。
たどたどしくても相手に与える印象もぐっとよくなるはず。

あいさつ編

はい／いいえ
Oui. ／ Non.
ウィ／ノン

おはようございます／
こんにちは
Bonjour.
ボンジュール

こんばんは
Bonsoir.
ボンソワール

ありがとう
Merci.
メルスィ

さようなら
Au revoir.
オ・ルヴォワール

おやすみなさい
Bonne nuit.
ボンヌ・ニュイ

すみません
Excusez-moi.
エクスキューゼ・モワ

お願いします
S'il vous plaît.
スィル・ヴ・プレ

いいえ、結構です
Non, merci.
ノン・メルスィ

分かりました
D'accord.
ダ・コール

観光編

××へ行きたいのですが
Je voudrais aller a ××, s'il vous plaît.
ジュ・ヴドレ・アレ・ア・××・スィル・ヴ・プレ

トイレはどこですか？
Où sont les toilettes?
ウソン・レ・トワレット

ここはどこですか？
Où sommes-nous?
ウ・ソム・ヌ

××はどこですか？
Où est ×× ?
ウ・エ・××

何時に閉まりますか？
A quelle heure ferme-t-on?
ア・ケラール・フェルム・トン

当日チケットはありますか？
Avez-vous des billets pour aujourd'hui?
アヴェ・ヴ・デ・ビエ・プール・オージュルドゥイ

もう少し安い席はありますか？
Avez-vous des places moins chéres?
アヴェ・ヴ・デ・プラス・モワン・シェール

グルメ編

今夜7時に2名で
予約したいのですが
Je voudrais réserver une table ce soir à 7 heure, pour 2 personnes.
ジュ・ヴドゥレ・レゼルヴェ・ユンヌ・ターブル・スソワール・アセッター・プール・ドゥ・ペルソンヌ

予約している××です
J'ai réservé au nom de ××
ジュ・レゼルヴェ・オ・ノン・ドゥ・××

おすすめは何ですか？
Quelle est votre spécialité?
ケレ・ヴォトル・スペシャリテ

（メニューを指して）
これをください
Je prends ça.
ジュ・プラン・サ

コーヒーをください
Un café, s'il vous plaît.
アン・キャフェ・スィル・ヴ・プレ

おいしい
C'est bon.
セボン

おなかいっぱいです
Je suis rassasie.
ジュ・スィ・ラサズィエ

お勘定をお願いします
L'addition, s'il vous plaît.
ラディシオン・スィル・ヴ・プレ

クレジットカードは使えますか？
Est-ce qu'on peut payer avec une carte de crédit?
エスコンプ・ペイエ・アヴェキュンヌ・カルトゥ・ドゥ・クレディ

ショッピング編

試着していいですか？
Puis-je l'essayer?
ピュイ・ジュ・レセイエ

いくらですか？
C'est combien?
セ・コンビアン

これは何ですか？
Qu'est-ce que c'est?
ケスク・セ

あれを見せてもらえますか？
Pouvez vous montrer là?
プヴェ・ヴ・モントレ・ラ

少し大きい（小さい）です
C'est un peu trop grand (petit) pour moi.
セ・タンプ・トロ・グラン（プティ）・プール・モア

ありがとう。見ているだけです
Je regarde seulement, merci.
ジュ・ルギャルドゥ・スルマン・メルスィ

ちょっと考えてみます
Je vais réfléchir.
ジュ・ヴェ・レフレシール

別の色はありますか？
Avez-vous d'autres couleurs en même modèle?
アヴェ・ヴ・ドートル・クラー・アン・メーム・モデール

××を探しているのですが
Je suis en train de chercher ×× ?
ジュ・スィ・アン・トラン・ドゥ・シェルシェ・××

交通編

地下鉄の駅はどこですか？
Où est la station de métro?
ウ・エ・ラ・スタスィオン・ドゥ・メトロ

バス停はどこですか？
Où est l'arrêt de bus ?
ウ・エ・ラレ・ドゥ・ビュス

チケットを1枚ください
Un ticket, s'il vous plaît.
アン・チケ・スィル・ヴ・プレ

××までのチケットをください
Un ticket pour ××, s'il vous plaît.
アン・チケ・プール・××・スィル・ヴ・プレ

タクシー乗り場はどこですか？
Où est la station de taxis?
ウ・エ・ラ・スタスィオン・ドゥ・タクスィ

（タクシーでホテルなどの住所を見せて）この住所までお願いします
Voulez-vous me conduire cette adresse, s'il vous plaît.
ヴーレ・ヴム・コンデュイール・セ・タドレス・スィル・ヴ・プレ

領収書をください
Un reçu, s'il vous plaît.
アン・ルシュ・スィル・ヴ・プレ

ホテル編

チェックアウトをお願いします
Je voudrais faire le check-out.
ジュ・ヴドレ・フェー・ル・シェックアウト

タクシーを呼んでください
Appelez-moi un taxi, s'il vous plaît.
アプレ・モア・アン・タクスィ・スィル・ヴ・プレ

テレビが点きません
La television ne marche pas.
ラ・テレヴィズィオン・ヌ・マルシュ・パ

トラブル編

助けて！
Au secours!
オ・スクール

警察を呼んでください
Appelez la police.
アプレ・ラ・ポリッス

救急車を呼んでください
Appelez une ambulance, s'il vous plaît.
アプレ・ユ・ナンビュランス・スィル・ヴ・プレ

日本語が分かる人はいませんか？
Y a-t-il quelqu'un qui parle japonais?
イ・ア・ティル・ケルカン・キ・パルル・ジャポネ

近くに病院はありますか？
Est-ce qu'il y à un hôspital près d'ici?
エス・キ・リ・ヤ・アン・ノピタル・プレ・ディスィ

病院へ連れていってください
Conduisez-moi à l'hôpital, s'il vous plaît.
コンデュイゼ・モア・ア・ロピタル・スィル・ヴ・プレ

具合が悪いです
Je me sens mal.
ジュ・ム・サン・マル

吐き気がします
J'ai envie de vomir.
ジェ・アンヴィ・ドゥ・ヴォミール

熱があります
J'ai de la fièvre.
ジェ・ドゥ・ラ・フィエーヴル

ブログやSNS用にいろんな写真を撮りたい人は「Est-ce que je peux prendre des photos?（写真を撮ってもいいですか？）」のフレーズを使って。

パリ便利帳 ❷

食べるべきフランス料理はこれ！
グルメカタログ

美食の国フランスでの最大の楽しみのひとつは、なんといってもグルメ！前菜からメイン、デザートまで、本場ならではの美味をひと通り味わい尽くそう。

前菜
Les Entrées

サラダやスープのほか、バゲットと一緒に食べたいパテなど。テリーヌやエスカルゴ、生ハムなども定番。

アシェット・クリュディテ
Assiette crudités

キュウリ、トマト、レタスなど生野菜のサラダ。オリーブオイルをたっぷりかけて食べる。

アシェット・ド・シャルキュトリー
Assiette de charcuterie

ワインとの相性も抜群！

生ハム、ソーセージ、サラミなど数種類を盛り合わせたもの。パンと一緒に召し上がれ。

カルパッチョ・ド・サン・ジャック
Carpaccio de st-jacques

スライスしたホタテ貝にオリーブオイルをかけ、塩コショウで味を調えた料理。

エスカルゴ
Escargots

殻の中のソースが美味！

ブルゴーニュ地方の名物料理。香草、ガーリック、バターで味付けしてオーブンで焼く。

タルタル・ド・トン
Tartare de thon

細かく切ったマグロに刻みタマネギやマスタード、レモン汁などを加えている。

ウサギのテリーヌ
Terrine de lapin

ウサギのひき肉を型に詰め、オーブンで焼く。冷ましてからスライスして食べる。

ソーモン・フュメ
Saumon fumé

スモークサーモン。お好みでレモン汁やケッパーをかけて。さっぱりとした味わい。

パテのパイ包み
Pâté en croûte

各種パテを試してみて！

豚や鶏肉、鴨肉のペーストをパイ生地に包んで型に入れ、オーブンで焼いたもの。

パテ・ド・カンパーニュ
Pâté de campagne

パリの代表的な家庭料理

パイ生地を敷いた型に豚のひき肉を詰め、オーブンでじっくり焼き上げたもの。

フォアグラのテリーヌ
Terrine de foie gras

フォアグラのペーストを型に詰め、オーブンで焼いたもの。パンに付けて食べる。

ポワロー・ヴィネグレット
Poireau vinaigrette

冬の定番料理。ポワロー（西洋ネギ）を蒸してドレッシングをかけたシンプルな料理。

28

メニューの読み方

日本でいうメニューはCarte（カルト）。前菜、メイン、デザートの中から好きな品を選び、コースを組む。メインのみ、前菜＋メインでもOK。

Plat
メイン
Viandes & Poissons
肉＆魚介

Entrées
前菜

Desserts
デザート

ムニュとは？

定食、コース料理のこと。前菜＋メイン、メイン＋デザート、または前菜＋メイン＋デザートから選べる。

魚介料理
Les Poissons

タイやスズキなどの白身魚をソテーやグリルにし、ソースをかけたものが定番。カキは生で食べることが多い。

サーモンのグリル
Saumon grillé

サーモンをグリルして焼き色をつけ、バターソースを絡める。フランス料理の定番料理。

スズキのグリル
Bar entier grillé

1尾をまるごとオリーブオイルでグリルしたシンプルな料理。白ワインを加えることも。

ホタテのポワレ
Saint jacques poêlées

塩コショウして軽く焼き、バターで蒸し焼きにしたもの。ホワイトソースをかけることも。

スズキのフィレ
Filets de Bar

バターの風味が食欲をそそる

フランス料理定番の魚。ソテーやグリルしてホワイトソースをかけて食べることが多い。

ドラド・ポワレ
Dorade poêlée

タイをポワレ（少量の出汁を鍋に入れて蒸し焼き）した。バターソースを添える。

ニシンのマリネ
Hareng marinés

ニシンをオリーブオイルやビネガー、レモン汁などに漬けたもの。パンと一緒に。

ヒメジのソテー
Rouget sauté

鱗がないので食べやすい！

定番の白身魚。フライパンにオリーブオイルやバターを引いてソテーしたメニュー。

ブイヤベース
Bouillabaisse

魚介エキスがたっぷり！

魚介類を刻んだ野菜やトマト、サフランと一緒に煮詰めた、港町マルセイユの郷土料理。

フィレ・ド・コラン・ムニエール
Filet de colin meunié

タラの一種、コランをムニエル（小麦粉をまぶしてバターで焼き上げる）した一皿。

ムール・マリニエール
Moules Marinières

ムール貝の白ワイン蒸し。フライドポテトが付いたものはムール・フリットという。

生ガキ
Les huîtres

シンプルにそのままの味を！

秋冬の定番。レモン汁やワインビネガー、エシャロットなどを添えていだだく。

モン・サン・ミッシェルの養殖ムール貝は7〜2月がベストシーズン。ムール貝料理を目当てにフランスを訪れる人も多い。

肉料理
Les Viandes

牛、豚、鶏、鴨、羊、ウサギ、ハトなどが定番。秋には野ウサギやキジなどのジビエ(野禽)も食べられる。

アントルコート・グリエ
Entrecôte grillée

サーロインステーキ。焼き加減(ミディアムは「ア・ポワン」)とソースを選べる。

シュークルート
Choucroute

ボリュームたっぷり！

塩漬け発酵させたキャベツ(シュークルート)をソーセージなどと煮込んだアルザスの郷土料理。

タルタルステーキ
Steak tartare

生の牛肉や馬肉を粗いみじん切りにし、スパイスやオリーブオイルで混ぜ合わせたもの。

ハトのロースト
Pigeon rôti

ハトをまるごとローストしたもの。鶏肉に比べて脂質が少なく、あっさりとした味わい。

フォアグラのソテー
Foie gras sauté

厚めのフォアグラをこんがりと焼き、バルサミコとハチミツなどのソースを絡めている。

ブランケット・ド・ヴォー
Blanquette de veau

ソテーした仔牛の肉の塊を野菜と一緒に煮込み、ホワイトソース仕立てにしている。

ポトフ
Pot-au-feu

冬に最適。体がポカポカに

牛肉の塊をニンジンやタマネギ、ジャガイモなどの野菜と一緒にじっくり煮込んだ品。

ローストチキン
Poulet rôti

外皮はカリッと、中はやわらかくしっとりとしている。ボリューミーで食べごたえあり。

鴨の胸肉のロースト
Margret de canard rôti

とろけるような脂がジューシー。オレンジや赤ワインのソースを添えて食べる。

鴨のコンフィ
Confit de canard

鴨肉を塩コショウ、ニンニクなどで味付けして焼き上げる。やわらかい食感と塩味が特徴。

カスレ
Cassoulet

パンと一緒に食べるとGOOD

白インゲン豆を鴨肉やソーセージと一緒に深い土鍋で煮込んだ南西部の郷土料理。

牛肉の赤ワイン煮
Bœuf bourguignon

ぶつ切りにした牛肉をトマトやタマネギと一緒に赤ワインでじっくり煮込んだ家庭料理。

仔羊のロースト
Rôti d'agneau

仔羊の肉(ラム)にローズマリーなどのハーブやスパイスをまぶしてローストした料理。

ノルマンディー風鶏のクリーム煮
Poulet à la normande

リンゴやタマネギ、生クリーム、サイダー、ナツメグを鶏と一緒に煮込んだ郷土料理。

デザート
Les Desserts

メイン後、おなかの空き具合を見て注文することも可能。甘いものが苦手な人は、チーズを頼むとよい。

ガトー・ショコラ
Gâteau chocolat

しっとりと濃厚なチョコレートたっぷりのケーキ。店によっても味、見た目はさまざま。

クラフティ・オ・スリーズ
Clafoutis aux cerises

リムーザン地方発祥の伝統菓子。バターなしの生地にチェリーを入れタルト型で焼く。

クレーム・ブリュレ
Crème brûlée

キャラメルの苦味が絶妙

生クリームと卵黄で作った濃厚なカスタードの表面をバーナーで焦がしたプディング菓子。

タルト・タタン
Tarte tatin

タルト生地の上にリンゴを敷き詰め、その上からキャラメルをのせた焼き菓子。

ヌガー・グラッセ
Nougat glasset

ナッツ、ドライフルーツを砂糖で煮詰め、メレンゲ、生クリームと混ぜて冷やし固めたもの。

プロフィットロール
Profiteroles

生クリームやアイスクリームを詰めた小さなシューに熱いチョコレートをかけたメニュー。

クレーム・キャラメル
Crème caramel

砂糖とバニラ、卵がたっぷり入ったプディング。濃厚なカスタードプリンのような味。

サヴァラン
Savarin

アルコールが強い大人の味

焼き菓子に紅茶のシロップとラム酒を染み込ませて冷やしたもの。生クリームなどを添えて。

飲み物
Boissons

滞在中、何度でも利用したいカフェ。お気に入りの飲み物を覚えておけば、カフェでの注文もスムーズ。

カフェ・ヴィエノワ
Café viennois

生クリームをたっぷりのせたコーヒーのこと。いわゆるウインナーコーヒーを指す。

カフェ・エクスプレス
Café express

カフェといえば、エスプレッソのこと。通常「カフェ」または「エクスプレス」で通じる。

カフェ・クレーム
Café crème

泡立てた温かいミルクをエスプレッソに注いだもの。カフェ・ラテのこと。

テ
Thé

フレーバーを選べる場合も

コーヒー派が多いフランスでも最近人気の紅茶。ミルクティーの場合は「テ・オレ」という。

カフェ・アメリカン
Café américain

いわゆる日本のドリップコーヒー。ちなみにフランスの人はほとんど飲まない。

食後にエスプレッソというのが定番。フランス人は小さなデミタスカップに砂糖をしっかり入れ、甘くして飲むことが多い。

旅が最高のハレになる

旅は素敵な非日常（＝ハレ）

そんなハレの日が最高になる
120のことをご紹介

定番の過ごし方から
思いがけない楽しみ方まで

あなたの"ぴったり"がきっとみつかる

今日の旅も快晴です

本書の使い方

パリでしたい120のことを提案！
定番から最新情報まで、パリを存分に楽しむ過ごし方を幅広く提案。

5W1Hで迷いを解消
How to…やWhat is…など基本的な疑問を分かりやすく解説。

パリでしたい10のことと、エリア別の楽しみ方を紹介
「したいこと」や現在地からページがすぐ開ける。

 SIGHTSEEING
 GOURMET
 SHOPPING
 ENTERTAINMENT
 STAY

旅のプチ情報
旅をサポートするお役立ち情報や知って得するパリの豆知識を1行でご紹介。

【データの見方】

- 🏠 住所
- ☎ 電話番号
- 🕐 営業時間、開館・開場時間（オープンからクローズまでを表記しています。ラストオーダーや入館締切時間は異なります。店の都合により閉店が早くなることもあります）
- 休 祝日、バカンス、年末年始などを除く定休日
- ¥ 入場、施設利用の際の大人料金、または飲食店での目安料金（ホテルは1泊の宿泊料金）
- ⓜ 最寄り駅や拠点となる場所からの所要時間
- Ⓡ ウェブサイトアドレス

- 日本語OK　日本語可能なスタッフがいる場合に表示
- 英語OK　英語可能なスタッフがいる場合に表示
- 日本語メニュー　日本語表記されたメニューがある場合に表示
- 英語メニュー　英語表記されたメニューがある場合に表示
- ▶MAP　別冊地図上での掲載位置を表示
- 要予約　予約が必要
- 予約ベター　必須ではないが、予約がおすすめ
- 予約不要　予約の必要はない

- 世界遺産　ユネスコ世界遺産登録物件

ハレ旅シリーズ共通！
ハレときどきタビ

運命の女性を探して世界中旅しているんだ！
ハレくん
タビくん

特別付録

別冊地図　\とりはずして使える！/

地図のマーク
- 🔵 観光スポット
- 🟠 レストラン・カフェ
- 🟣 ショッピング
- 🔵 ホテル
- 🟢 アクティビティ

パリ便利帳　\指さして見せてもいいね！/

本書について
本書に掲載したデータは2018年6月現在のものです。内容が変更される場合がありますので、事前にご確認ください。祝日や年末年始、バカンスシーズンなどの場合は、営業時間や休み等の紹介内容が大きく異なる場合があります。営業時間はオープンからクローズを記載しており、ラストオーダーの時間は店により異なります。各店で表示されている料金には別途サービス料や税金などが加算される場合があります。ホテル料金は、シーズンにより大きく異なる場合があります。美術館、博物館等で展示されている作品の種類や各作品の展示場所は変更となる場合があります。美術館・博物館へは大型の荷物を持ち込めない場合もあります。お出かけ前にご確認ください。本書に掲載された内容による損害等は弊社では補償しかねますので、あらかじめご了承ください。

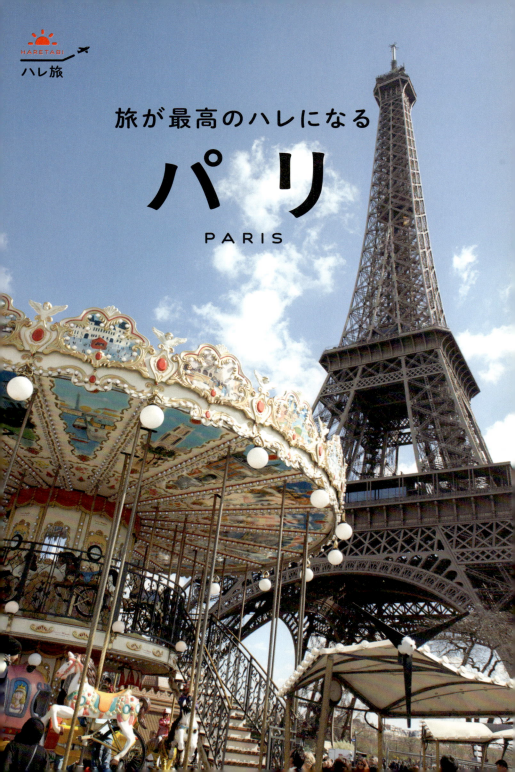

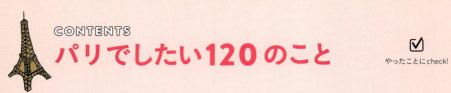

CONTENTS
パリでしたい120のこと

やったことにcheck！

- パリのハレ旅へようこそ！ ………………………… 4
- HARETABI NEWSPAPER ………………………… 18

BEST PLAN

- ☐ 01 夢を叶えるエリアをリサーチ ………… 6
- ☐ 02 お休み＆夜間営業をチェック！ ……… 8
- ☐ 03 パリを200％楽しむ ………………… 10
- ☐ 04 ハレ旅のお供を準備する ……………… 14
- ☐ 05 お宝戦利品を披露 …………………… 16

HIGHLIGHT

- ☐ 01 ルーヴル美術館でtrès bien！ …… 26、124
- ☐ 02 オルセー美術館で印象派に感動 … 34、124
- ☐ 03 オランジュリー美術館でモネ鑑賞 … 40、124
- ☐ 04 セーヌ河をクルージング！ ……………… 46
- ☐ 05 極上のショーと音楽に喝采！ …………… 48
- ☐ 06 モン・サン・ミッシェルへ1Day Trip！ … 50
- ☐ 07 豪奢なヴェルサイユ宮殿探訪 …………… 56
- ☐ 08 蚤の市で掘り出し物を探す ……………… 60
- ☐ 09 3つ星シェフの料理に舌鼓！ …………… 62
- ☐ 10 絶品スイーツに首ったけ！ ……………… 66

TOWN

エッフェル塔周辺
- ☐ モデルコース約6時間で制覇 ……………… 79
- ☐ エッフェル塔でしたい8のこと ……………… 80
- ☐ 第1展望台でトゥール・モンパルナスを見る … 81
- ☐ 第2展望台で世界遺産の街並みを見る …… 81
- ☐ 第3展望台でパリ全景を見る ……………… 81
- ☐ 眺めて楽しむ5シーン ……………………… 82
- ☐ エッフェル塔を望むレストランでフレンチを堪能… 83
- ☐ エッフェル塔で手紙を出す ………………… 83
- ☐ エッフェル塔を食べる ……………………… 83
- ☐ エッフェル塔を買う ………………………… 83

- ☐ 選りすぐりの個性派ミュゼへ ……………… 84
- ☐ 個性派博物館でナポレオン探し！ ………… 85
- ☐ €20以下の本格ランチで大満足 …………… 86

シャンゼリゼ大通り周辺
- ☐ モデルコース約3時間で制覇 ……………… 89
- ☐ モンテーニュ通りでお買い物 ……………… 89
- ☐ グラン・パレ＆プチ・パレ訪問 …………… 89
- ☐ 凱旋門でしたい5のこと …………………… 90
- ☐ 展望台から東西南北を一望する …………… 90
- ☐ 夜景を見る ………………………………… 91
- ☐ レリーフ、彫刻を鑑賞する ………………… 91
- ☐ 凱旋門グッズを買う ………………………… 91
- ☐ 無名戦士の墓をお参りする ………………… 91
- ☐ レストランバスで街一周！ ………………… 92
- ☐ カフェテラスでひとやすみ ………………… 94
- ☐ ラデュレで1日お姫さま気分 ……………… 96

オペラ・ガルニエ周辺
- ☐ モデルコース約3時間で制覇 ……………… 99
- ☐ ギリシャ神殿のようなマドレーヌ寺院を参拝… 99
- ☐ オペラ座でしたい5のこと ………………… 100
- ☐ 場内を見学する …………………………… 100
- ☐ 彫刻を鑑賞する …………………………… 100
- ☐ オペラ、バレエを鑑賞する ……………… 101
- ☐ オペラ座を上から見る …………………… 101
- ☐ オペラ座グッズを買う …………………… 101
- ☐ 肉＆魚介にこだわるビストロへ …………… 102
- ☐ エピスリー付きのレストランへ …………… 106
- ☐ 食材店で厳選フードを買う ……………… 108
- ☐ 本場フランスでワインデビュー …………… 110
- ☐ 老舗デパートでまとめ買い ……………… 112
- ☐ €5以下の優秀お土産ハント ……………… 114
- ☐ パッサージュでレトロ探し ……………… 116
- ☐ キュートな手芸品を集める ……………… 118
- ☐ LOVEランジェリーを見つける …………… 120
- ☐ お気に入りの香りに出合う ……………… 122

ルーヴル美術館〜シテ島、サン・ルイ島
- ☐ モデルコース約8時間で制覇 …………… 125
- ☐ ノートルダム大聖堂でしたい7のこと …… 126

- [ ] 南塔へのぼってパリ市街を一望する……… 126
- [ ] ファサードの彫刻、レリーフを見る……… 127
- [ ] 聖堂内の彫像やステンドグラスを鑑賞する … 128
- [ ] 大聖堂を眺めながらティータイム……… 128
- [ ] 宝物館で美術品を鑑賞する……… 129
- [ ] 古代の地下遺構を見る……… 129
- [ ] ノートルダムグッズを買う……… 129
- [ ] 素敵、かわいいパリ探し……… 130
- [ ] コンシェルジュリーで歴史を体感……… 130
- [ ] パリ風ピクニックを楽しむ……… 132
- [ ] キッチングッズで料理上手に……… 134

サン・ジェルマン・デ・プレ
- [ ] モデルコース約2時間で制覇……… 139
- [ ] サン・ジェルマン・デ・プレ教会を見学……… 139
- [ ] 有名カフェのカフェ・ドゥ・フロールでひとやすみ… 139
- [ ] 国立ドラクロワ美術館で画家が暮らした住居を訪問… 139
- [ ] 定番〜最旬スイーツに出合う……… 140
- [ ] チーズをとことん味わう！……… 142
- [ ] インテリアグッズを持ち帰る……… 144
- [ ] テーブルウエアを見つける……… 146
- [ ] バッグ＆シューズをセレクト……… 148
- [ ] オンリーワンの帽子をオーダー……… 150

マレ〜バスティーユ広場周辺
- [ ] モデルコース約3時間で制覇……… 153
- [ ] バスティーユ広場で記念撮影……… 153
- [ ] 最先端のデザインに触れられるポンピドゥー・センターへ… 153
- [ ] 数々の豪華城館をめぐる……… 154
- [ ] グルテンフリーレストランで食事……… 156
- [ ] ぶらぶら散歩atマルシェ……… 158
- [ ] 注目デザイナーの店をめぐる……… 160
- [ ] ジュエリーにひと目ぼれ……… 162
- [ ] フランス発のビオコスメを買う……… 164

カルチェ・ラタン
- [ ] モデルコース約3時間で制覇……… 167
- [ ] ラ・グランド・モスケ・ドゥ・パリのサロン・ド・テでティータイム… 167
- [ ] アラブ世界研究所の外壁の装飾をチェック……… 167
- [ ] 国立自然史博物館で動物のはく製に圧倒される… 167
- [ ] 学生街をおトクに散歩……… 168

モンマルトル
- [ ] モデルコース約4時間で制覇……… 173
- [ ] 映画『アメリ』で主人公が働いていたカフェに行く… 173
- [ ] 名画の舞台ムーラン・ドゥ・ラ・ギャレット訪問… 173
- [ ] サクレ・クール寺院でしたい3のこと……… 174
- [ ] 展望台からパリ市街を一望する……… 174
- [ ] 世界最大級のモザイク画を鑑賞する……… 175
- [ ] ファサードの彫刻やレリーフを見る……… 175
- [ ] モンマルトルの丘を散策……… 176
- [ ] 噂のバゲットを食べ比べ……… 178

モンパルナス
- [ ] モデルコース約4時間で制覇……… 181
- [ ] トゥール・モンパルナスの高層ビューを満喫… 181
- [ ] 眠る著名人に会いにモンパルナス墓地へ… 181
- [ ] 神秘的なカタコンブへ潜入……… 181
- [ ] 名物ギャルソンにBonjour！……… 182
- [ ] ガレット＆クレープを味見……… 184
- [ ] ステーショナリーを探す……… 186
- [ ] パリ流ジャズに酔いしれる……… 188

サン・マルタン運河周辺
- [ ] モデルコース約2時間で制覇……… 191
- [ ] 東駅で長距離列車を見学……… 191
- [ ] レピュブリック広場のマリアンヌ像を記念撮影… 191
- [ ] サン・マルタン運河でしたい3のこと……… 192
- [ ] 風に吹かれてランチ＆カフェ……… 192
- [ ] レンタサイクルに乗って運河沿いをサイクリング… 193
- [ ] 遊覧船で橋の下をくぐり抜ける……… 193

- [ ] 各地の郷土料理探訪……… 194

STAY

- [ ] 最高級ホテルでリュクスなステイを……… 196
- [ ] ラグジュアリーホテルで優雅な気分……… 198
- [ ] プチホテルで自分らしい滞在を実現……… 199
- [ ] エコノミーホテルで楽々滞在……… 200
- [ ] あこがれのパリで暮らすように滞在する… 201

- [ ] ロワール地方の古城へ 1Day Trip……… 202

パリの事件簿BEST5……… 72

読めば快晴 ハレ旅STUDY
フランスゆかりの5人の画家紹介……… 44
フランスで知っておきたいキーワード A to Z……… 136

特別マンガ ハレときどきタビ……… 23,76
ハレ旅Info……… 204
ハレ旅スーパーINDEX……… 218

パリのハレ旅へようこそ！

にぎやかで気品あふれるパリはショッピングもグルメも大充実！
エッフェル塔から街なかを眺めてみれば、空はどこまでも快晴です。

SEE
見る

街なかにはエッフェル塔や凱旋門などのランドマーク、ノートルダム大聖堂のような歴史的建造物が点在。観て、歩いて、フランスの歴史を感じよう。

花の都の美しきシンボル
エッフェル塔

7区にある、建築技師ギュスターヴ・エッフェルが設計した、パリのランドマーク。錬鉄製の展望タワーは電波塔の役割も果たす。完成以来、億単位の観光客が訪れる人気スポットだ。
→P.80

SHOPPING
買う

おしゃれな街パリには、個性派ブティックや、掘り出し物に出合える蚤の市、マルシェが充実。デザイン、機能性ともに優れた雑貨も見逃せない！

パリの暮らしを覗き見！
マルシェ

フランス語で、市場を意味するマルシェ。幅広い商品を扱っており、各地で定期的に開かれる。大規模なマルシェバスティーユやオーガニック限定のマルシェが特に人気。
→P.158

動画の見方

まずは無料アプリをダウンロード
スマホやタブレットで「Google play」や「App Store」から「朝日コネクト」と検索。無料アプリをダウンロード。
※アプリは無料ですが、通信料は自己負担となります。

日付選択してスマホカメラをかざす!
アプリを起動し、朝日新聞出版を選択。日付選択で2018年7月1日を選択し、マークにかざす。※マークに対して水平に、まっすぐかざしてください。かざしてから反応するまで数秒かかる場合もあります。

EAT
食べる
美食の国フランスで、本場の味に舌鼓。レストランのほか、歴史ある老舗カフェやスイーツが並ぶパティスリーなど、グルメスポットが目白押し。

お気に入りを見つけて
カフェ
多彩なカフェを訪れて、パリの日常に触れよう。偉人も通った有名カフェ、落ち着いた雰囲気の隠れ家カフェなど、その数はパリ市内で6000を超えるともいわれている。
→P.182ほか

RIDE
乗る
気軽に利用できるクルーズ船に乗れば、徒歩の観光とは違った景色が楽しめる。パリのハイライト観光も可能。

船上からパリを眺める
セーヌ河クルーズ
→P.46

パリの街を横断するセーヌ河から、時間帯で表情が異なる美しい街並みをゆったりと眺める。バス感覚で乗り降りができ、ランチクルーズも楽しめる。

WALK
歩く
観光スポットや美術館を回りながら、好みのブティックやカフェ、パティスリーを探してみるのも楽しい。

パリを集約するメインストリート
シャンゼリゼ大通り
→P.88

マロニエの街路樹が並ぶ「世界で最も美しい通り」。観光やファッション、グルメ、エンターテインメントと、あらゆるスポットが集まる。

BEST PLAN 01

どこで何ができるの？
夢を叶えるエリアをリサーチ

パリ市内はカタツムリ！？

パリの街はシテ島を中心に、1〜20区に分けられた行政区が時計回りに渦巻状に並んでいる。その姿はまるでエスカルゴ（カタツムリ）。広さは東京の山手線内とほぼ同じくらいの面積で、セーヌ河を挟んで北側の右岸、南側の左岸に分かれている。右岸はルーヴル美術館やオペラ座などの代表的なスポット。左岸には芸術家が愛した街、サン・ジェルマン・デ・プレや、オフィス街のモンパルナスなどが点在する。

パリ PARIS MAP

e(er)＝区

一番華やかなメインストリート
シャンゼリゼ大通り周辺 →P.88

東のコンコルド広場から、西の凱旋門までのびる約3kmの並木道。ブティックやレストラン、エンターテインメント施設など、幅広いジャンルのショップや施設が集まる花の都パリの中心地。年末年始のイルミネーションも見事。

日本料理店や日本人向け書店多数

セーヌ河のクルーズ船はこの辺りで折り返し

パリのランドマークも立つ閑静な住宅街
エッフェル塔周辺 →P.78

7区に位置するエッフェル塔の足元には、シャイヨー宮やシャン・ドゥ・マルス公園が広がる。セーヌ河を挟んだ対岸の16区は高級住宅地のパッシー。シックなアパルトマンが並ぶ。

メトロで約30分

クレープの店が多い、クレープリー激戦区

趣あるファッションタウン
サン・ジェルマン・デ・プレ →P.138

パリ最古の教会、サン・ジェルマン・デ・プレ教会が佇み、ショッピング街と文化地区が共存するエリア。歴史あるカフェや、ルイ・ヴィトンやディオールといった高級ブティックが軒を連ねる。

作家や画家たちが愛した街
モンパルナス →P.180

ヘミングウェイや岡本太郎も通った老舗カフェが残る。高速列車TGVが発着するターミナル駅もあり、59階建てのモンパルナス・タワーを中心にビジネス街やショップが集中。

🍴食べる 🎵遊ぶ 📷観光 🛒買う ✨磨く

✈ 日本から	12時間〜12時間30分	🚗 主な交通手段	メトロ、RER、バス、タクシー、ヴェリブ(レンタサイクル)	
⏱ 時差	−8時間(サマータイム期間は−7時間)			
🛂 ビザ	90日以内の観光は不要	🍷 お酒&タバコ	18歳からOK	
💬 言語/文字	フランス語	🚻 トイレ	水洗トイレ(有料が多い)	

知っとく
パリの
基礎知識

芸術家が集う丘
モンマルトル →P.172

小高い丘の上にサクレ・クール寺院が鎮座するモンマルトル。ゴッホなど有名画家に縁があるスポットが点在。今でも多くの芸術家の卵が集まっている。夜には賑やかな歓楽街へとチェンジ。

運河と暮らす街
サン・マルタン運河周辺 →P.190

サン・マルタン運河沿いに木々が立ち並ぶ、緑豊かなベッドタウン。週末になると河沿いでのピクニックを楽しみに、パリ市民もやってくる。映画『アメリ』の舞台として一躍有名になった。

豪華な劇場のお膝元
オペラ・ガルニエ周辺 →P.98

パリ市の、ほぼ中心部に位置。豪華絢爛なオペラ座など歴史的な建物を中心に、高級ブティックや、プランタン、ギャラリー・ラファイエット パリ・オスマンといった大型デパートがある。

マレへは3路線通るバスティーユ駅が便利

トレンド発信地
マレ〜バスティーユ広場周辺 →P.152

こぢんまりとしたショップが集まる流行発信地。ファッションのほか、雑貨小物のお店も点在。注目のビオメニューを扱う店もあり、パリの最先端ライフスタイルに触れることができる。

歴史を感じるアートなエリア
ルーヴル美術館〜シテ島、サン・ルイ島 →P.124

パリ発祥の地であるシテ島内には、歴史あるノートルダム寺院が堂々と立つ。セーヌ河沿いには、ルーヴルをはじめとする美術館が。美しい建物を眺め、老舗のカフェでお茶を楽しみたい。

パリの日常を垣間見る
カルチェ・ラタン →P.166

パリ大学のお膝元で、歴史ある街並みを多くの学生が行き交う。お財布にやさしいグルメや、ユーズド商品が並ぶ店もあり。パリ市民のシンプルでリラックスした日常生活がうかがえる。

75から始まるパリ市内の郵便番号は、下2桁が区番号。「1er」は1区、「2e」は2区など「e(er)」に省略して表記する。

7

BEST PLAN 02

行きたいところは今日、開いてる？
お休み＆夜間営業をチェック！

待ちに待ったパリ旅行。行きたかった観光地を訪れたら、お休みだった……。なんて残念なことにならないよう、行きたいスポットのスケジュールは事前に確認しよう。特に夏場の日没が遅いパリでは、夜間まで活動的に過ごせるので、営業時間が延長する施設も見逃せない。しっかりプランニングして充実した旅行を楽しんで！

	月	火	水
美術館の休み	●オルセー美術館 →P.34 ●マルモッタン美術館 →P.84 ●ロダン美術館 →P.84 ●市立近代美術館 →P.85	●ルーヴル美術館 →P.26 ●オランジュリー美術館 →P.40 （重要！この2つは火曜休館なので覚えておこう）	CHECK 水・金曜は開館時間が延長になる！
夜間営業			●ルーヴル美術館 〜21:45 →P.26
マルシェ＆蚤の市の休み	●ヴァンヴの蚤の市 →P.60 ●マルシェ・ダリーグルの蚤の市 →P.60 ●マルシェ・バスティーユ →P.159 ●マルシェ・デザンファン・ルージュ →P.159 ●マルシェ・エドガー・キネ →P.159 ●マルシェ・ダリーグル →P.159 ●マルシェ・ラスパイユ →P.159 ●マルシェ・モントルグイユ →P.159 ●マルシェ・ムフタール →P.159	●クリニャンクールの蚤の市 →P.60 ●ヴァンヴの蚤の市 →P.60 ●モントルイユの蚤の市 →P.60 ●マルシェ・バスティーユ →P.159 ●マルシェ・エドガー・キネ →P.159	●クリニャンクールの蚤の市 →P.60 ●ヴァンヴの蚤の市 →P.60 ●モントルイユの蚤の市 →P.60 ●マルシェ・バスティーユ →P.159 ●マルシェ・ラスパイユ →P.159
夜間営業	●ラファイエット・グルメ館 〜21:30 →P.109	●ラファイエット・グルメ館 〜21:30 →P.109	●ラファイエット・グルメ館 〜21:30 →P.109
観光スポットの休み	●ノートルダム大聖堂（クリプト） →P.126		
夜間営業	●エッフェル塔 〜23:45（夏期は〜24:45） →P.80 ●凱旋門 〜22:30（4〜9月は〜23:00） →P.90 ●サクレ・クール寺院 〜22:30 →P.174	●エッフェル塔 〜23:45（夏期は〜24:45） →P.80 ●凱旋門 〜22:30（4〜9月は〜23:00） →P.90 ●サクレ・クール寺院 〜22:30 →P.174	●エッフェル塔 〜23:45（夏期は〜24:45） →P.80 ●凱旋門 〜22:30（4〜9月は〜23:00） →P.90 ●サクレ・クール寺院 〜22:30 →P.174

祝祭日・主要イベント年間スケジュール（イベントは2018年7月〜2019年6月までの開催予定日を記載）

1月	1日元旦　9日〜2月19日 冬のソルド（バーゲン）	7月	5〜8日ジャパン・エキスポ　7〜29日ツール・ド・フランス 14日革命記念日　中旬〜8月中旬パリプラージュ
2月	14日バレンタインデー　下旬〜3月上旬国際農業見本市 2月末〜3月上旬秋冬パリコレクション	8月	15日聖母被昇天祭　バカンスシーズン
3月	5日マルディ・グラ 15〜18日サロン・デュ・リーブル	9月	15・16日欧州文化遺産の日　18日メドックマラソン 21〜23日美食の祭典 下旬〜10月上旬春夏パリコレクション
4月	21日復活祭（イースター） 22日イースター・マンデー（復活祭の翌月曜日） 14日パリマラソン	10月	6・7日ニュイ・ブランシュ　7日凱旋門賞 10〜14日モンマルトルぶどう収穫祭 31〜11月4日サロン・デュ・ショコラ
5月	1日メーデー　8日第二次世界大戦勝戦記念日 27日〜6月9日全仏オープン・テニス　30日聖霊降臨祭 31日聖霊降臨祭の翌月曜日	11月	1日諸聖人の祝日　11日第一次世界大戦終戦記念日 15日ボジョレー・ヌーボー解禁　下旬ワインフェア 下旬〜12月下旬クリスマスイルミネーション＆クリスマス市
6月	21日音楽の日　26日〜8月6日 夏のソルド（バーゲン） 29日ゲイ・プライド	12月	上旬〜1月上旬ロワールの古城でノエル 25日クリスマス　31日大晦日

パリコレ時期は早めのホテル予約を

重要！ バカンスで休業するお店も多い

イルミを狙うなら11月下旬〜

木	金	土	日
CHECK オルセーは木曜のみ夜間延長 ●オルセー美術館 〜21:45 →P.34 ●市立近代美術館 〜22:00 →P.85	●ルーヴル美術館 〜21:45 →P.26	日曜は休みのスーパーもあるため、前日に買いだめを	
●クリニャンクールの蚤の市 →P.60 ●ヴァンヴの蚤の市 →P.60 ●モントルイユの蚤の市 →P.60 ●マルシェ・エドガー・キネ →P.159 ●マルシェ・ラスパイユ →P.159	●クリニャンクールの蚤の市 →P.60 ●ヴァンヴの蚤の市 →P.60 ●モントルイユの蚤の市 →P.60 ●マルシェ・バスティーユ →P.159 ●マルシェ・エドガー・キネ →P.159	●マルシェ・バスティーユ →P.159 ●マルシェ・ラスパイユ →P.159	●マルシェ・エドガー・キネ →P.159

CHECK 蚤の市に行くなら週末に!!

マレ地区（→P.152）は比較的、土日営業の店も多い

●ラファイエット・グルメ館 〜21:30 →P.109	●ラファイエット・グルメ館 〜21:30 →P.109	●ラファイエット・グルメ館 〜21:30 →P.109	

CHECK 夏なら夜のノートルダムも見もの

●エッフェル塔 〜23:45（夏期は〜24:45）→P.80 ●凱旋門 〜22:30（4〜9月は〜23:00）→P.90 ●サクレ・クール寺院 〜22:30 →P.174	●エッフェル塔 〜23:45（夏期は〜24:45）→P.80 ●凱旋門 〜22:30（4〜9月は〜23:00）→P.90 ●サクレ・クール寺院 〜22:30 →P.174	●エッフェル塔 〜23:45（夏期は〜24:45）→P.80 ●凱旋門 〜22:30（4〜9月は〜23:00）→P.90 ●ノートルダム大聖堂 〜23:00（※6〜8月のみ）→P.126 ●サクレ・クール寺院 〜22:30 →P.174	●エッフェル塔 〜23:45（夏期は〜24:45）→P.80 ●凱旋門 〜22:30（4〜9月は〜23:00）→P.90 ●ノートルダム大聖堂 〜23:00（※6〜8月のみ）→P.126 ●サクレ・クール寺院 〜22:30 →P.174

必ず訪れたい美術館や博物館があるならストライキに注意。大使館等で事前に確認してストライキの時期は避けた計画を。

BEST PLAN 03

4泊6日の王道モデルコースで
パリを200%楽しむ

1日目

パリを感じたい 庶民派グルメに舌鼓

日本からの直行便がパリに到着するのは現地時間の午後。初日は滞在先付近を散策するくらいにとどめよう。

PM

17:30頃
シャルル・ド・ゴール国際空港

ル・ビュス・ディレクト
約60分

18:45頃
シャンゼリゼ大通り
メトロ
約10分

19:00頃
オペラ・ガルニエ周辺
〈所要時間約1時間〉

＊ホテルへチェックイン

徒歩

①ラザール・パリ
→P.65

AFTERNOON 何はともあれパリ市内へ

市内への移動には鉄道、バス、タクシーが使える。初のパリなら空港バスがオススメ

CHECK IN オペラ・ガルニエ周辺のホテルへチェックイン

一般的にチェックインは15時前後。まずはスーツケースを置いて身軽になろう

DINNER ①ホテル近くのビストロデビュー

軽く食事をとりたい時はカフェやビストロが便利。フランスの家庭的な味が楽しめるラザール・パリにトライして

Bistro

2日目

夢見た世界遺産、モン・サン・ミッシェル参拝

遠出してでも足を運びたいのが、モン・サン・ミッシェルやヴェルサイユなどの世界遺産。移動時間も必要なので、行きたい場所を絞って訪れて。

AM

7:30頃 パリ市内

ツアーバス
約5時間

PM

12:00頃
モン・サン・ミッシェル
→P.50
〈所要時間約5時間〉
②ラ・メール・プーラール
→P.52
③修道院
→P.54

ツアーバス
約5時間

22:00頃 パリ市内
〈所要時間約1時間〉
④ル・フーケッツ・パリ
→P.94

LUNCH ②ふんわり玉子に癒される

到着したら、まずは名物グルメで腹ごしらえ。巡礼者のために焼かれた、ふわふわオムレツに舌鼓

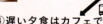
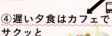

SIGHTSEEING ③モン・サン・ミッシェルの修道院を参拝

潮の満ち引きにより、陸の孤島と化す立地。神秘的な修道院施設を訪ねよう

DINNER ④遅い夕食はカフェでサクッと

夜遅くに食事したい時に重宝するのがカフェ。24時以降にオープンしている店も

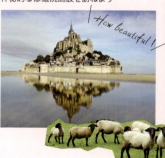

How beautiful!

10

ツーリストにとって楽しみが盛りだくさんの街・パリ。ここでは、思う存分パリを満喫できる4泊6日のモデルプランをご紹介！

パリ・ミュージアム・パスで美術館めぐり
60カ所以上の美術館・博物館の共通チケットがパリ・ミュージアム・パス（PMP）。2日間用（€48）、4日間用（€62）、6日間用（€74）と、利用可能期間により3種類が用意されている。混雑時でも優先的に入館できるなどの特典もあり、2日間用の場合は5カ所程度回れば元が取れる。空港、駅、キオスクなどで買える。

あれもこれも全部見たい！
定番スポットを制覇！

市内に観光スポットが集中しているパリ。合理的に移動して、1カ所でも多くの定番観光地を訪問。

3 日目

SIGHTSEEING
⑤朝が狙いめ！ルーヴル美術館へ

終日、混雑しがちなルーヴル美術館。ゆっくり鑑賞するため、空いている午前中に訪れて

LUNCH
⑥青空の下でランチ

お昼は周辺の公園で。青空の下のピクニックならおいしさ倍増

SIGHTSEEING
⑦バトビュスでセーヌ河クルーズ

セーヌ河には数種類のクルーズ船が運航。乗り降り自由なバトビュスが観光に便利

SIGHTSEEING
⑧凱旋門でパリ市内一望

威風堂々とした立ち姿の凱旋門。屋上部分に上れるので360°のパノラマを楽しんで

SWEETS
⑨ラデュレで優雅なティータイム

Salon de thé

シャンゼリゼ通りでの買い物に疲れたら、ラデュレの愛らしいマカロンでひとやすみ

DINNER
⑩3つ星レストランで一流の味を堪能

夕食はドレスアップして憧れのミシュラン3つ星レストランであるル・ムーリス・アラン・デュカスへ

POINT
人気シェフの店は、予約がベター。数週間前には予約でいっぱいになってしまう店も。

AM

9:00頃
ルーヴル美術館周辺
〈所要時間約5時間〉

⑤ルーヴル美術館
→P.26
〈所要時間約3時間〉

12:00頃
⑥カルーゼル庭園
→P.132

⑦13:00頃
セーヌ河クルーズ
→P.46
〈所要時間約1時間〉

🚊 メトロ 約10分

14:30頃
シャンゼリゼ大通り
→P.88
〈所要時間約4時間30分〉

⑧凱旋門
→P.90
〈所要時間約1時間〉

⑨ラデュレ・シャンゼリゼ店
→P.97

🚊 メトロ 約15分

19:00頃
オペラ・ガルニエ周辺
〈所要時間約2時間〉

⑩ル・ムーリス・アラン・デュカス
→P.62

日本より湿度が低いため快適に感じさせるが、紫外線対策を忘れずに。　　11

4日目

AM

8:00頃 パリ市内

 RER C5線
 約50分

9:00頃 ヴェルサイユ
〈所要時間約2時間30分〉

┗ ⑪ヴェルサイユ宮殿
  →P.56

 RER C5線
 約50分

13:00頃
サン・ジェルマン
・デ・プレ
〈所要時間約5時間〉

┣ ⑫オルセー美術館
  →P.34
  〈所要時間約3時間〉
┣ ⑫カフェ・カンパナ
  →P.39
┗ ⑬オランジュリー
  美術館
  →P.40
  〈所要時間約2時間〉

 メトロ
 約20分

19:00頃
モンマルトル
〈所要時間約2時間30分〉

┗ ⑭ムーラン・ルージュ
  →P.48

アートセンスを磨く！豪華パリを満喫

4日目はアートにひたる1日。一度は見たいヴェルサイユ宮殿の見学を皮切りに美的センスを磨こう。

SIGHTSEEING ⑪マリー・アントワネットの世界へ
ヴェルサイユ宮殿探訪

ゴージャスで広大な宮殿内。時間がなければ見どころを早足で回って

SIGHTSEEING ⑫オルセー美術館で「印象派」を眺める

まずは館内カフェでランチ。満腹になったら、印象派の作品を中心に鑑賞

SIGHTSEEING ⑬「睡蓮」に会いにオランジュリー美術館へ

見どころは、自然光が降り注ぐ「睡蓮」の部屋。入館直後と退館前に訪れて見え方の違いを体感

SIGHTSEEING ⑭ムーラン・ルージュで興奮のショータイム

パリの美しいものをめぐる1日の締めくくりはナイトショーへ。有名画家にも縁がある老舗キャバレーで、見事なダンスに脱帽

©Moulin Rouge - S.Bertr

さぁ、今日は買い物の日！
お土産ハンティング

最終日は空港へ向かう前にお土産を購入。チェックイン後もスーツケースはホテルに預けておけばラクに動ける。

SHOPPING

⑮ **朝ごはん調達を兼ねて マルシェ散策**

デリの店舗も多いマルシェ。朝ごはんを食べながら、日本へ持ち帰られる物をチェック

SHOPPING

⑯ **ベストなマカロンを お土産用に入手！**

マカロンで人気のピエール・エルメでお土産を購入

LUNCH

⑰ **ビストロランチで フレンチ食べ納め**

最後の食事は、カジュアルだけど本格的な味のル・ロワイヤル。ランチ価格でコースを堪能

POINT

機内持ち込み用の荷物に入れておくと液体扱いとなり没収されるかも。チェックイン前に購入し、スーツケースに収納しよう

SHOPPING

⑱ **マレの街で ハイセンスなお土産探し**

コスメや雑貨、服と、小さなブティックが集まるマレ。自分用や友達へのお土産を、心ゆくまでまとめ買い！

SWEETS

⑲ **フライト前のおやつに テッパンのスイーツ**

老舗のアンジェリーナでスイーツ食べ納め。元気が出たら荷物を取って空港へ

5日目

AM

8:30頃　シテ島〜 バスティーユ広場周辺
〈所要時間約1時間〉
└ ⑮マルシェ・ バスティーユ
→P.159

 メトロ 約20分

10:00頃　サン・ジェルマン・デ・プレ
〈所要時間約30分〉
└ ⑯ピエール・エルメ →P.67

 メトロ 約15分

11:00頃 オペラ・ガルニエ周辺
〈所要時間約30分〉
＊滞在先ホテルを チェックアウト

 メトロ 約10分

12:00頃 エッフェル塔周辺
〈所要時間約1時間〉
└ ⑰ル・ロワイヤル →P.86

 メトロ 約20分

13:30頃　マレ
〈所要時間約4時間〉
└ ⑱マドモワゼル・ビオ →P.165
└ ⑱メルシーなど →P.135

メトロ 約10分

18:00頃 オペラ・ガルニエ周辺
〈所要時間約1時間30分〉
└ ⑲アンジェリーナ →P.71

＊ホテルで荷物をピック

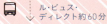 ル・ビュス・ ディレクト約60分

20:30頃　シャルル・ ド・ゴール国際空港

夏場は夜10時ごろまで明るいため、思ったより時間が経っていた……なんてことにならないよう気をつけて。

BEST PLAN 04

これがあったら便利&スマート
ハレ旅のお供を準備する

衣類

日本より気温が低いパリ。夏場でも朝晩は冷えるので長袖のカーディガンなどは忘れずに。冬はダウンコートなど、防寒具をしっかり用意して向かおう。

下着、靴下
旅行日数より少し多めに用意。ファスナー付きの袋に入れれば仕分けもラクチン。

上着
薄手の羽織ものなどがあれば、天候の変化や朝晩の寒暖差にも対応できる。

室内着(パジャマ)
ホテルのアメニティには、ほぼ置いてないので、薄手のものを用意しよう。

ワンピース
薄手のロングワンピースはオペラ鑑賞や高級レストランの利用時に役立つ。

洗面用品

フランスでは高級ホテル以外は、部屋に備えつけのアメニティが限られていることが多い。肌が敏感な人は、いつも使っているものを持参しよう。

シャンプー&コンディショナー
ヘアケアアイテムにこだわりがある場合は自分で詰めて持って行こう。

歯みがきセット
ほとんどのホテルで用意されていないので、忘れずに用意しよう。

化粧品
気候が変わると、肌トラブルも起こりがち。使い慣れたものを用意。

4泊6日用のスーツケース

ギュウギュウ詰めで出発すると、現地で購入した土産物などが入れられなくなる。衣類や下着は使い古しを持って行き、使用後に捨てるという手も。

おでかけ用品

旅先では屋外にいることが多いので、普段よりも紫外線対策に気を配りたい。また、スリの標的になるので、必要以上に華美な服装は避けて。

サングラス
長時間戸外で過ごすと、眼にも負担がかかる。砂埃をよけるのにも便利。

靴
石畳が多いのでスニーカーや、ヒールが低く安定した靴が歩きやすい。

バッグ
盗難に備えて、取り出し口が閉まるストラップが短いバッグを選ぼう。

帽子
顔がしっかりガードできるように、つば部分が広いものがよい。

雑貨

うっかり忘れがちで、いざ使いたいときにないと困る生活用品の数々。日本国内の空港で買えるものも多いので、出国前に調達しておきたい。

Cタイプのプラグ
電圧は220Vでプラグはcタイプの2本型が主流。日本の製品を使用するなら変圧器が必要。

折りたたみ傘
雨が少ないフランスだが、あれば安心。現地製の傘は日本よりも高額で機能性も高くない。

エコバッグ
マルシェや蚤の市では、購入した商品用の持ち帰り袋が用意されていないこともあるので必須。

常備薬
海外の市販薬は日本の薬と比べて強力なものもある。飲み慣れたものを携帯して。

生理用品
海外のナプキンはサイズや厚みが異なるため持っていくのがオススメ。タンポンも便利。

そのほか

余裕があれば、袋入りのフェイスパックなど、滞在先でくつろぐためのグッズも持って行こう。整理用にジップ付きのビニール袋があると便利。

ウエットティッシュ
アンティークの商品を見た後や、マルシェでの食べ歩き前に手が拭ける。

スリッパ
ホテルで靴を脱いでくつろぎたい人は必要。使い捨てのものがオススメ。

日焼け止め
忘れがちなのが髪の紫外線ケア。スプレータイプのものがスピーディー。

出発日が決まったら、さっそく旅の準備をスタート！
現地で慌てることのないよう、持っていくものは、しっかりここで確認しよう。
荷造りするときには、機内持ち込み用バッグとスーツケースへの割り振りも上手に行いたい。
バッチリ用意して、パリのバカンスをめいいっぱい楽しんで！

お金

スリなどの盗難に備えて、キャッシュはチップ用など、必要最低額だけを持ち歩こう。クレジットカードの番号も忘れずに控えておきたい。

財布
万が一、落としたときに備えて、財布以外の場所にも少額入れておこう。

現金
多額の現金を持ち歩くのは危険なので、支払いはなるべくカードで済ませよう。

クレジットカード
海外で多額の現金を持ち歩くのは危険。カードを上手に利用しよう。パリはIC付きカードが普及しているので出発前に暗証番号の確認を。(約2週間かかることも)

4泊6日の平均予算 約30万円

個人手配か旅行会社のツアー、出発場所や時期により異なる。webで割引料金を探せば節約することも可能。

◎ 事前の出費（1名分）
航空券 … 13〜30万円（往復）
ホテル … 1万5,000〜
2万6,000円（1泊）

◎ 現地の出費（1名分）
 レストラン…2,000円（ランチ1回）
 買い物…3万円（1日）
 レジャー…約1,000円〜（1回）
 観光…約800円〜（1カ所）

必需品

海外旅行に欠かせないパスポートや、航空券、旅行保険証の控えなど。無事な渡航のための必須アイテムは、肌身離さず持ち歩くように。

機内持ち込み用バッグ

貴重品やタブレットなどの壊れやすい電化製品は手荷物にして。機内で快適に過ごせるネックピローやスリッパなどもあると便利。

パスポート
海外で最も重要な身分証明書。レストランなどでは年齢確認のため、提示が必要な場合も。（治安管理のため臨時の職務質問が行われる可能性があるので、滞在中は常時携帯しよう）

eチケット控え
eチケットの場合、通常、紙のチケットは発券されない。詳細がわかるよう、控えをコピーしよう。

バウチャー
日本国内で申し込んだホテルやレストランの予約確認書。webでの申し込みなら出力が安心。

海外旅行保険証
もしものときに備えて、パスポートやお金同様、常に携帯しておこう。補償内容もチェック。

パスポート等のコピー
現物を紛失した場合に備えて、コピーを取っておけば心強い。現物とは別の場所に保管を。

そのほか

機内の思い出を撮るためにカメラやスマートフォンは手荷物へ入れて。現地ルールの予習や旅先プランの参考に「ハレ旅パリ」も忘れずに。

カメラ
壊れやすいデジタルカメラは手荷物へ。充電器と変圧器も持って行こう。

携帯電話
Wi-Fi利用なら機内で情報収集も可能。必ず機内モードにしてから使おう。

ホテルにたいていあるもの＆ないもの

あるもの

ドライヤー
高級ホテル以外は各部屋に設置されていないことも。フロントに問い合わせて。

タオル
ほとんどのホテルで1枚は用意がある。素材にこだわりがある場合は持参を。

アメニティー
中級ホテル以上なら、石鹸や袋入りのシャンプー、バスローブは揃っている。

ないもの

リンスやコンディショナー、洗顔料、歯みがきセット、カミソリ、コットン、綿棒などは置いていないことが多い。必要に応じて日本から持参しよう。

 エールフランス航空では23kg（1個）までの荷物を2個まで無料で預け入れ可能。重量オーバーの追加料金は€100なので、注意して。

BEST PLAN 05

これがあればハレ旅の証！
お宝戦利品を披露

COSME　ビオ先進国でいち早くゲット！

☐ **ITEM 01　ビオコスメ**

パリで流行中の、植物由来成分を配合したコスメ。ギフトにしても、幅広い世代の女性に喜ばれる。保存料を控えて製造しているので、使いきれる量のみ購入しよう。

価格帯：€5.50前後〜

🏠 この店へGO！
マドモワゼル・ビオ → P.165
モノプリ → P.115

COSME　いくつあっても使える！

☐ **ITEM 02　プチプラコスメ**

おしゃれなスーパーマーケットでは、特に高品質なプライベートブランド商品が見逃せない。素材にこだわった商品がお手頃価格！　バラマキ土産にもよい。

価格帯：€3前後〜

🏠 この店へGO！
モノプリ → P.115
カルフール・エクスプレス → P.115

PERFUME　自分らしい香りを見つけて！

☐ **ITEM 03　香水**

自分へのご褒美土産として探したいのが、好みの香水。香りの文化が発達しているパリだからこそ老舗の専門店へ足を運んで、気になる香りは肌につけて試してみて。

価格帯：€30前後〜

🏠 この店へGO！
フラゴナール香水博物館 → P.123
ギャラリー・ラファイエット パリ・オスマン → P.113

JEWELRY　個性的なデザインが大人気！

☐ **ITEM 04　アクセサリー**

パリで買うなら、手が込んだモチーフ付きの、愛らしいアクセサリーがオススメ。存在感があるため、シンプルな服がぐっとおしゃれに変身。姉妹へのお土産にしてみては？

価格帯：€50前後〜

🏠 この店へGO！
レ・ネレイド → P.163
メルシー → P.135

GOODS　パリといったらやっぱりコレ！

☐ **ITEM 05　エッフェル塔グッズ**

定番だけど見逃せないのが、パリのシンボル・エッフェル塔をかたどったアイテム。万人受けするので多めに購入しておけば、万が一、お土産を買い忘れても役に立つ。

価格帯：€2前後〜

🏠 この店へGO！
第1展望台オフィシャルショップ → P.83

GOODS　公式ショップならではの品々

☐ **ITEM 06　ミュージアムグッズ**

名画をモチーフにした雑貨は、美術館土産のマストアイテム。特にルーヴル・オルセー・オランジュリーの三大美術館は、オリジナル商品が豊富に揃う。

価格帯：€2.50前後〜

🏠 この店へGO！
レスパス・ドゥ・ヴァント・サロン・ドゥノン → P.33

GOODS　狙うべきは日本未上陸アイテム！

☐ **ITEM 07　ラデュレグッズ**

華やかなパティスリーが人気のラデュレ。マカロンやケーキなど、スイーツをあしらったオリジナル雑貨が人気。ギフトを選ぶなら、日本未発売のトートが狙いめ。

価格帯：€30前後〜

🏠 この店へGO！
ラデュレ・シャンゼリゼ店 → P.97

GOODS　思わず"かわいい！"と叫びたくなる

☐ **ITEM 08　フレンチ雑貨**

国旗に使われるトリコロールカラーをはじめ、カラフルな色使いのものが多いフランス発の雑貨。ポップなデザインのアイテムは、子どもへのお土産にも喜ばれる。

価格帯：€5前後〜

🏠 この店へGO！
ピロンヌ → P.131
第1展望台オフィシャルショップ → P.83

パリのお土産はどれもエスプリが漂うハイセンスなアイテムばかり。
定番の観光地グッズから普段使いできるアイテム、高級フードまで
パリショッピングで欠かせない品々を厳選してご紹介！
買い集めた戦利品を、トランクにめいっぱい詰め込んで帰国しよう。

SWEETS　フランスといえば、やっぱりマカロン！

ITEM 09　マカロン

食感が重要なお菓子なので、お土産にするなら帰国直前に購入したい。滞在中に目星を付けたお店で、自分用はもちろん、家族のためにもまとめ買いしよう！

価格帯：€2前後〜

🏠 この店へGO！
ラデュレ・シャンゼリゼ店→P.97
ピエール・エルメ→P.67

SWEETS　フォーマルなお土産にも！

ITEM 10　ショコラ

カカオ豆や原材料にこだわったものから、芸術品のように美しく仕上げたものまで多種多様。ひと粒で味わい深い高級品は、年配の人へのギフトとしても好評。

価格帯：€10前後〜

🏠 この店へGO！
ラ・メゾン・デュ・ショコラ→P.69
パトリック・ロジェ→P.68

FOODS　日本では買えない上等品

ITEM 11　ワイン

国内のあちこちにワインの名産地を有しているフランス。日本よりも安く購入できたり、珍しい銘柄が見つかることも。お酒の好きな人へのプレゼントにもぴったり。

価格帯：€40前後〜

🏠 この店へGO！
ラヴィニア→P.111
ギャルリー・ヴィヴィエンヌ→P.117

FOODS　現地だからこそ、この質でこの値段！

ITEM 12　高級食材

世界三大珍味のフォアグラ、キャビア、トリュフだって、美食を追求するフランスでは、気軽に購入可能。料理好きな人へのお土産や、ワインのお供に持って帰ろう。

価格帯：€15前後〜

🏠 この店へGO！
キャビア・カスピア→P.107
ラ・メゾン・ドゥ・ラ・トリュフ→P.106

WEAR　帰国後に普段使いで活躍！

ITEM 13　ワンピース

シンプルでフェミニンな装いが信条のパリジェンヌ。彼女たちが行きつけの店で、日本でもシーンを選ばず活躍すること間違いなしの、優秀ワンピを手に入れよう！

価格帯：€120前後〜

🏠 この店へGO！
コントワール・デ・コトニエ→P.161
メ・ドゥモワゼル→P.160

WEAR　魅せる下着を手に入れる！

ITEM 14　ランジェリー

可憐なデザインのランジェリーは、何枚あってもうれしい。特に専門店の商品は機能性が高く、ボディラインまでキレイに演出。ショーツは友だち用のお土産にも最適。

価格帯：セットアップ€250前後

🏠 この店へGO！
シャンタル・トーマス→P.120
ヤスミン・エスラミ→P.121

MEMORIES　自分だけの旅の思い出に！

ITEM 15　似顔絵

モンマルトルの街角など、市内ではあちこちで似顔絵描きの人に遭遇。世界でたった一枚の似顔絵は、この上ない旅の記念になる。トラブルを避けるために必ず事前に料金の確認はしておこう。

価格帯：€20〜

🏠 この店へGO！
テアトル広場→P.176

MEMORIES　現地から自分宛てに投函したい

ITEM 16　ポストカード

パリの風景を切り取ったようなポストカードで、旅の感動を日本で待っている人に伝えよう。自分宛に投函すれば、帰国後の楽しみも増える。場所により限定の消印も。

価格帯：€1前後〜

🏠 この店へGO！
第1展望台オフィシャルショップ→P.83
レユニオン・デ・ミュゼ・ナショノー→P.39

有名店のスイーツや、記念グッズなどお土産には事欠かないパリ。百貨店等で一度にたくさん購入したら免税対象（→P.205）になることも。

HARETABI NEWSPAPER

ハレ旅 PARIS

芸術の都・パリならではの新しいアート施設や、350周年を迎えるオペラ座の特別プログラムなど、過去と現代の融合が織りなす最旬スポットが次々と登場!

SIGHTSEEING

進化する芸術の街
話題の3つのアートスポットとは？

パリ初。デジタルアートセンターで クリムトの作品を体験!?

© Culturespaces / E. Spiller
11区のサンモール地区にオープン。工場跡ならではの無機質な入口

19世紀に建てられた旧鋳造工場を改築し、パリ初のデジタルアートセンターとして2018年4月に開館。芸術の世界が臨場感あふれるプロジェクションマッピングと音楽で繰り広げられ、その空間を自由に散策が可能。まさに時代の最先端を行くアートを体感できる施設として早くも話題になっている。

大きく2つのエリアで構成されていて、メインのラ・ホールでは天井高約10mと床面積2000㎡の壁や床一面がキャンバスとなり、140ものビデオプロジェクター、50個のスピーカーで描く。もうひとつのエリア、ル・スタジオはコンテンポラリーアートをテーマに、近年のアーティスト作品を展示。アートの歴史はもちろん、著名作品の企画展も加わり、見ごたえも十分だ。圧巻の体感型アートはぜひ注目したい。

© Culturespaces / Nuit de Chine
企画展『グスタフ・クリムト展』は2018年11月11日まで開催される予定

© Culturespaces / Adrien Combes

カフェ・バーは、21世紀のデジタルアート『Poetic_Ai』を展開

ショップも要チェック！

施設のロゴ入りトートバッグも人気

企画展にちなんだアイテムや、19世紀の工場跡を彷彿させる、レトロなデザインの雑貨が気軽に買えるミュージアムショップも併設。お土産にもおすすめ。
www.atelier-lumieres.com

アトリエ・デ・リュミエール
Atelier des Lumières

📍 38 Rue Saint-Maur, 11e ☎01-80-98-46-00 ⏰10:00〜18:00(金・土曜〜22:00) ※チケット売り場は1時間前まで 休無休 €14.50 ※週末のチケットはHPのみで販売 🚇3号線リュ・サン・モール駅から徒歩5分
バスティーユ広場周辺 MAP 別P.21 F-1

© Culturespaces / E. Spiller
階段上から展示スペース全体を見渡すこともできる

ピノー×安藤忠雄
現代アートの殿堂がついに実現！

　フランスの資産家フランソワ・ピノーと世界的建築家の安藤忠雄が手がけるプロジェクトが2019年に悲願達成する。舞台となる美術館は、19世紀から現存する建物を安藤氏が設計。ハイクオリティな建造物には、ピノー氏が所蔵する3500点以上ものコレクションを展示する予定で、総面積3000㎡もの大スケールで展開する。ほかにも上映会をはじめ、コンサートなどのイベントも盛り込む予定。ピノー氏と安藤氏のコラボレーションは、現代アートのみならず建築ファンにもたまらない場所となりそうだ。

19世紀には麦の卸市場や商工会議所として使用されていた

© Artefactory Lab ; Tadao Ando Architect & Asscciates ; NeM ; Niney & Marca Architectes ; Agence Pierre-Antoine Gatier. Courtesy Collection Pinault – Paris.

大きな天窓や修復された天井のフレスコ画も必見

ブルス・ドゥ・コメルス コレクション・ピノー
Bourse de Commerce, Collection Pinault

- 2 Rue de Viarmes, 1er　4号線レ・アル駅から徒歩4分
- www.collectionpinaultparis.com

ルーヴル美術館周辺　▶MAP 別P.19 E-1

ピノー財団とは？
世界的にも有名なアートコレクター、フランソワ・ピノーが運営する財団。イタリアに美術館などを誕生させ、現代アートの拠点をつくりあげるパイオニアとなっている。

© Musée Yves Saint Laurent Paris / Luc Castel

世界旅行を連想させる色鮮やかなコレクションがイヴ・サンローランの特徴。まるで旅をしているかのような感覚に

「ミュゼ・ド・フランス」の称号を獲得
イヴ・サンローラン美術館

　イヴ・サンローランの世界を堪能できる美術館が2017年10月にオープンした。サンローラン自身のハウスを利用し、財団が所有する作品を展示。オートクチュール作品だけでも5000点以上を誇り、アクセサリーや素材選びの資料、デッサンなども数多く展示されている。なお、マネキン付近のモニターでは年代別のショーの様子が見られるほか、随時企画展も開催。特別編集された短編フィルムでの実写記録でサンローランの素顔も併わせて知ることができる。

「モードの帝王」と呼ばれた　イヴ・サンローラン
フランスを代表するデザイナーで、アートを織り交ぜたモンドリアンルック、シースルーやパンタロンなどの画期的アイデアを次々と世に送り出した。

© Musée Yves Saint Laurent Paris / Sophie Carre

珠玉の1着が生まれるアトリエを再現したスペースも見学することができる

イヴ・サンローラン美術館
Musée Yves Saint Laurent Paris

- 5 Av. Marceau, 16e　☎ 01-44-31-64-00
- 11:00～18:00、金曜～21:00　※12月24日と31日は～16:30（入館は閉館の45分前まで）　㊡月曜、5月1日　€10　9号線アルマ・マルソー駅から徒歩2分

シャンゼリゼ大通り周辺　▶MAP 別P.8 C-3

STAY 美食界のトップブランドがホテル界に！ フォション・ロテル・パリ

コンテンポラリースタイルの気品ある空間に

フォション誕生の地に建てられた5つ星ホテル

パリを代表する美食ブランド、「フォション」がホテル界に進出。2018年9月1日にいよいよオープンを迎える。

パリの魅力でもあるオスマニアン様式の歴史的建物に全54室の客室を設け、そのうち11室がスイートルームという構成。現代のトレンドを押さえた内装は特注家具でコーディネートされ、より居心地のよい雰囲気に。アメニティはパリの有名ブランド「カリタ」を取り入れ、細部にいたるまでパリを感じられる仕様になっている。またホテル内にはカリタ・スパやフィットネスセンターが設置され、過ごしやすさも抜群だ。

フォションの個性が凝縮された "カフェ・フォション"

ホテル内併設のカフェでは、名高いフォションが育んできた美食文化を美術館のような店内で堪能することができる。フランスの伝統を受け継ぎ、個性豊かな味をモーニングからディナーまで提供する。旅行者でも、気軽に一流の味を満喫できるはず。

テラス席ではマドレーヌ寺院が目の前に望める

客室からはエッフェル塔やオペラ座などが見渡せる

フォションのおもてなし

◆ **フォション・キャビネット**
フォアグラなど自分好みにチョイスするグルメバーを採用

◆ **充実の室内サービス**
Wi-Fiやインルームタブレットなども完備

フォション・ロテル・パリ
FAUCHON L'Hôtel Paris

📍 11 Place de la Madeleine, 8e ☎ 0120-086-230（ザ・リーディングホテルズ・オブ・ザ・ワールド）
💰 €530〜 🚇 8・12・14号線マドレーヌ駅から徒歩1分
オペラ・ガルニエ周辺 ▶MAP 別P.10 A-2

STAY 歴史あるホテルが続々リニューアル

ロココ調建築様式と天井のフレスコ画も必見

パブリックスペースには、18世紀から約300年間、時の経過を見つめてきた数々の希少な調度品が残る

エレガントな装飾でパリジェンヌ気分に浸れる

室内には創業当時から受け継がれてきた調度品が数多く残されている

壮大かつ華麗に甦る
オテル・ド・クリヨン

18世紀にルイ15世の命を受けた建築家、アンジュ＝ジャック・ガブリエルによって建設された宮殿を1909年からホテルとして営業。4年間の休業を経て、2017年7月に待望のリニューアルオープンを果たした。フランス革命の舞台となったコンコルド広場に位置するこのホテルは18世紀のフランス建築の最高傑作といわれ、歴史的遺産を継承しつつも現代のモダン要素を取り入れた究極の美的空間。その評判は瞬く間に広がり、ハイクオリティを体感できるとして話題になっている。

建物はパリの重要文化財に指定されている

ドアの向こう側には、歴史を刻んだ世界が広がる

オテル・ド・クリヨン
Hôtel de Crillon, A Rosewood Hotel
🏠 10 Place de la Concorde, 8e
☎ 01-44-71-15-00　💰 ST €970〜
🚇 1・8・12号線コンコルド駅から徒歩1分
オペラ・ガルニエ周辺　▶MAP 別P.10 A-3

名優たちへのオマージュ
ホテル バリエール ル フーケッツ パリ

パリ中心地でもあるシャンゼリゼ大通りとジョルジュ・サンク通りの角に位置し、伝説的な老舗カフェ、フーケッツの名を冠したホテル。半年かけて改装後2017年8月に新装オープンし、フランス人建築家ジャック・ガルシアが手がけるモダン・ラグジュアリーなインテリアを取り入れている。かつて数々の著名人が訪れた輝かしい時代の余韻を残し、新たなフーケッツが幕を開けた。

ホテル バリエール ル フーケッツ パリ → P.198
Hôtel Barrière Le Fouquet's Paris

壁に飾られた名優たちのポートレートも注目

© Marc Bérenguer
著名人が座った場所は名前入りプレートが掲げられる

© Marc Bérenguer
客室はモダン・ラグジュアリーがコンセプト
客室は全82室。セレクト・コンフォート製ベッドで広々と寛げる

歴史的建造物にも指定
オテル・リュテシア

サン・ジェルマン地区に位置し、利便性も兼ね揃えた「オテル・リュテシア」が4年の改装期間を終え2018年7月に新装オープン。このホテルはパリの老舗としても名高く、アール・デコ建築とベル・エポックを現代風に仕上げた豪華な内装が魅力。総面積700㎡のスパ、プール、ジムスペースを新設。5つ星の格式高いサービスにも注目したい。

5つ星にふさわしい建物は著名人からも愛されている

上層階の客室からはエッフェル塔が望める

オテル・リュテシア
Hôtel Lutetia
🏠 45 Bld. Raspail, 6e　☎ 01-49-54-46-00
💰 T €850〜　🚇 10・12号線セーヴル・バビロン駅から徒歩1分
サン・ジェルマン・デ・プレ　▶MAP 別P.18 B-3

PLAY オペラ・ガルニエで何を観る?

創設350周年を迎える オペラ・ガルニエ

19世紀後半、若干35歳だった建築家シャルル・ガルニエが設計したオペラ・ガルニエ。古典様式やバロック様式などさまざまな手法を取り入れた地上5階、地下5階の豪華絢爛な建物で、映画やミュージカル『オペラ座の怪人』の舞台としても有名だ。

オペラ座の母体となる王立音楽アカデミーは1669年にフランス国王のルイ14世が創立、2019年に350周年を迎える。これを記念し、オペラ座の新シーズンが始まる2018年9月から2019年12月まで350周年を祝うプログラムがスタートする。オペラ座にとって記念すべき1年になること間違いなしだ。

2019年に30周年を迎えるオペラ・バスティーユでも記念公演を実施

350周年公演スケジュール

2019年6月22日〜7月14日
『アナザー・プレイス』『ボレロ』。振付マッツ・エック。

2019年9月20日〜10月17日
『杉本博司/ウィリアム・フォーサイト』

※そのほか、年間15演目を上演予定

オペラ・ガルニエ → P.100
Opéra Garnier

350年の歴史を持つ、その建築にも趣を感じる

SHOPPING 2つの老舗が初のコラボストアをオープン

内装は室内装飾家のローラ・ゴンザレスが担当。丸いライトが埋め込まれた天井が印象的

フランス発の2大ブランドのコラボブティックがオープン

「ロクシタン」×「ピエール・エルメ」のコラボコンセプトストアがシャンゼリゼ大通りにオープン。ピエール・エルメのマカロンのショーケースをはじめ、ロクシタンのコスメが陳列。デザートが味わえるサロン・ド・テも併設する。

店内には「ロクシタン」の甘い香りが漂う

キャトルヴァンシス・シャン → P.95
86 Champs

SIGHTSEEING パリのシンボルのひとつが大規模リニューアル

2020年から大改修に入る グラン・パレ

1900年のパリ万博のメイン会場として建てられたパリのシンボル、グラン・パレが、2020年12月から工事費€4億6600万の大規模改装に入る。今回の改装では通路や装飾品などを修復し、イベント会場として強化。2024年のパリオリンピックに合わせ、本格オープンを目指している。

世界的なブランド「シャネル」が改装に€2500万を協賛することでも話題に

グラン・パレ → P.89
Grand Palais

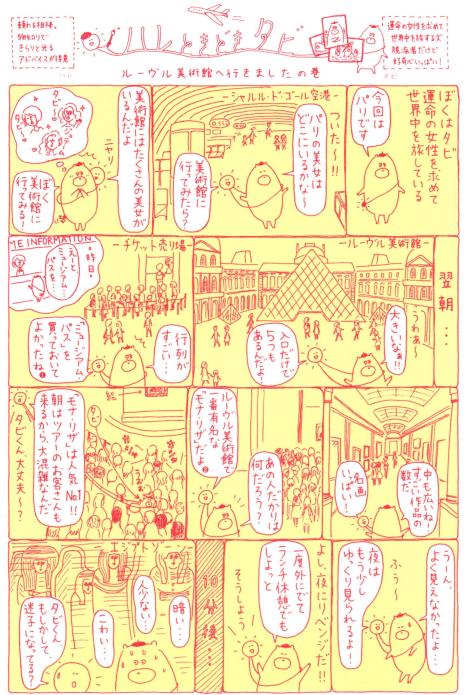

HIGHLIGHT

P.26　ルーヴル美術館

P.34　オルセー美術館

P.40　オランジュリー美術館

P.46　セーヌ河をクルージング

P.48　ナイトライフ

P.50　モン・サン・ミッシェル

P.56　ヴェルサイユ宮殿

P.60　蚤の市

P.62　3つ星シェフの料理

P.66　絶品スイーツ

パリでしたい10のこと
01
予約不要

王道3時間コースでめぐる
ルーヴル美術館で très bien!
トレ ビアン

世界でも屈指の広さと収蔵数を誇るルーヴル美術館はかつての王宮を改装し1793年に開館。約3万8000点の展示作品から「モナ・リザ」や「ミロのヴィーナス」などの名画・名作を約3時間でめぐる王道コースをご案内。有名作品との出合いを心ゆくまで堪能しよう。

広場中央のガラスのピラミッドがメインゲート

数々の名画に触れよう

知名度が高い名画を数多く所有
世界最大級を誇る美術の殿堂
ルーヴル美術館
Musée du Louvre

フランス絵画や古代ギリシャ彫刻など、幅広い地域や時代の芸術作品を保有する、世界最大級の美術館。ルーヴル宮殿として使われた建物を改装し、1793年に美術館として一般公開された。フランス革命後、ナポレオン1世が戦利品として持ち帰った美術品が加わり、さらに所蔵品は増大。所蔵作品数は約56.8万点。毎年800万人近くの人々が、名画の実物をひと目鑑賞しようと訪れている。

🏠 Musée du Louvre, 1er
☎ 01-40-20-53-17　⏰ 9:00～18:00(水・金曜～21:45)　休 火曜　€15、10～3月の第1日曜、7月14日、18歳未満、26歳未満(毎週金曜18時以降)は無料　🚇 1・7号線パレ・ロワイヤル・ミュゼ・デュ・ルーヴル駅から徒歩3分　🌐 www.louvre.fr

ルーヴル美術館周辺　▶MAP 別 P.19 D-1

How to めぐり方

入場

① ベストな入口から館内へ
混雑しているが、ポルト・デ・リオン入口なら比較的空いている。ただし、金曜は閉まっているので要注意。

展示部分だけで約60万㎡もの巨大な広さ！

リシュリュー翼
リヴォリ通り99番入口
カルーゼル凱旋門
中央入口
ピラミッド
逆ピラミッド
シュリー翼
ドゥノン翼
ポルト・デ・リオン入口

② チケットを買う
地下受付ホールの窓口か自動販売機でチケットを購入。パリ・ミュージアム・パス(P.11)も利用可。

③ お役立ちグッズを集める
入口部分で日本語版の館内マップ(無料)を取ろう。各作品について、よりくわしく知りたい人はオーディオガイド(日本語版あり、€5)を借りて。iPhone用のオーディオガイドアプリケーションをiTunesから購入することも可(日本語版あり、€6)。

鑑賞

ポイントを絞って見る
全フロアを鑑賞するのに1週間はかかるというほどの広さ。初めて訪れる観光客が効率よくめぐるには、これだけは絶対に見逃せないという作品を事前にチェックしておこう。

人気のアートベスト3

① モナ・リザ →P.31

② ミロのヴィーナス →P.32

③ ナポレオン1世の戴冠式 →P.30

人気の画家ベスト3

① レオナルド・ダ・ヴィンチ
1452～1519年 →P.44
イタリアのルネサンス期を代表する芸術家。

② フェルメール
1632～75年 →P.27
17世紀にオランダで活躍した画家。

③ ミケランジェロ
1475～1564年 →P.32
ダ・ヴィンチと並ぶ、ルネサンス期の芸術家。

退場
地下のナポレオンホールへつながるカルーゼル凱旋門入口が比較的空いている。ショップ街ともリンク。

王道 3時間モデルコース

まずは3階へ直行。鑑賞後、階下へ降りるのが効率的。少しでも混雑を避けたいなら、人気の2階フロアへは朝イチで行くのがオススメ。

時間がない人は！ ★だけめぐって1時間

3F 所要 約1時間30分	2F 所要 約1時間	1F 所要 約30分
・レースを編む女　・天文学者 ・マリー・ド・メディシスのマルセイユ上陸 ・ガブリエル・デストレとその妹 ・狩りの女神ディアナ　・大工聖ヨセフ ・灯火の前の聖マドレーヌ ・トルコ風呂　・ダイヤのエースを持ついかさま師	・サモトラケのニケ ★グランド・オダリスク ★ナポレオン1世の戴冠式 ★モナ・リザ　・岩窟の聖母 ★民衆を導く自由の女神 ・美しき女庭師	★ミロのヴィーナス ・瀕死の奴隷 ・バビロン王の 　ハンムラビ法典

まずこのフロアに直行！

3F　3階　2eme étage

ほぼ年代順に並んでいて、流れがわかりやすい

フランドル派　オランダ派　ドイツ絵画
オランダ派
リシュリュー翼　1階から
ドゥノン翼　2階へ　シュリー翼
14～17世紀のフランス絵画
19世紀のフランス絵画
18世紀のフランス絵画

ルーヴルが誇るフランス絵画が集結

フランス絵画のコレクションが半分以上を占め、見どころが満載。日本人に人気のフェルメールやルーベンスなどの作品が見られる。

※各作品の展示場所は、開催中の企画展やイベントなどによって異なる場合があります

Ⓐ レースを編む女
La dentellière

ヨハネス・フェルメール作　［1669～1670年頃］

ルーヴル美術館にふたつしかないフェルメール作品のひとつ。フェルメールの作品の中で最も小さい縦24cm×横21cmの作品としても知られている。

1cm　**24cm**

右手で隠された作品
近くで見ているにも関わらず、レースを編んでいる女性の世界に入り込むことを不可能としている。

机に置かれた聖書
道徳的かつ宗教的解釈を加えることで、家事をする女性の美徳を強調している。

© RMN-Grand Palais (musée du Louvre) / Gérard Blot / distributed by AMF

宝石のような色彩の調和
青いクッション状の針山から、赤と白の糸がまるで宝石がこぼれ落ちるように描かれている。

モデルは画家の親友
フェルメールと同年のオランダ人博物学者アントニ・ファン・レーウェンフックがモデルとなっている。

大熊座や竜座などが正確に描かれた天球儀
実際にヨドクス・ホンディウスが制作したもので、フェルメールの同時代の作品「地理学者」にも登場。

実際に出版された本
メチウス著『星の研究と観察』の「神からの導きによって真実を追求する」ということを記したページ。

Ⓑ 天文学者
L'Astronome

ヨハネス・フェルメール作　［1668年頃］

© RMN-Grand Palais (musée du Louvre) / René-Gabriel Ojéda / distributed by AMF

学者の肖像は17世紀のオランダ絵画で好まれたモチーフ。ヒトラーに愛され、第2次世界大戦中にはナチス・ドイツに押収された経緯がある一枚。

フランス王家に嫁いだ女性
マルセイユに到着した女性をフランスとマルセイユが歓迎する場面。両手を広げている青年はフランスの象徴的な人物を表現。

Ⓒ マリー・ド・メディシスのマルセイユ上陸
Le Débarquement de la Reine à Marseille

P・パウル・ルーベンス作　［1622～1625年頃］

アンリ4世の王妃、マリー・ド・メディシスが制作を依頼。自身の生涯を描く歴史画21点と肖像画3点からなる壮大なシリーズの中で最も有名な作品。

© RMN-Grand Palais (musée du Louvre) / Hervé Lewandowski / distributed by AMF

パリ・ミュージアム・パスは市内60カ所以上の美術館・博物館がお得に利用できる共通チケット。詳しくはP.11へ。

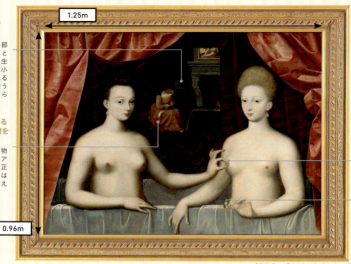

何も映っていない鏡
画面の奥に部屋があることで奥行きが生まれ、さらに小さな鏡が見る者の目を誘う効果をもたらしている。

生まれてくる赤ん坊の服を縫う侍女
子の誕生を物語る。実際、アンリ4世は正妻との間に子はなく、離婚さえ考えていた。

1.25m
0.96m

乳首をつまんで懐妊を示唆
アンリ4世の子を懐妊したことを示唆する。実際に1594年に非嫡出子が誕生した。

指輪は愛の証
指輪を見せるしぐさから、アンリ4世との結婚を望む意思が込められているとも。

©RMN-Grand Palais (musée du Louvre) / René-Gabriel Ojéda / distributed by AMF

⑩ ガブリエル・デストレとその妹
Presumed Portrait of Gabrielle d'Estrées and Her Sister, the Duchess of Villars

作者不詳　［1594年頃］

フォンテーヌブロー派の画家に描かれたものとされ、モデルとなっている右の女性はアンリ4世の愛人のガブリエル、左の女性が妹のヴィヤール侯爵夫人といわれている。その謎の多さからも注目されている作品。

当初カンヴァスは四角だった
のちに円形に仕立て直したとも。鑑賞者に、のぞき見しているような感覚を抱かせる効果がある。

曲線のみで構成された画面
解剖学的事実や奥行きの効果よりも、アラベスク風のうねるような曲線を大切にしている。

⑪ 灯火の前の聖火マドレーヌ
La Madeleine à la veilleuse

ジョルジュ・ド・ラ・トゥール作　［1640〜1645年頃］

ラ・トゥールは同じ構図で何枚もマグダラのマリアを描き、さらに弟子たちも同様の作品を制作しているが、そのなかでも代表作とされている作品。

©RMN-Grand Palais (musée du Louvre) / Gérard Blot / distributed by AMF

⑫ トルコ風呂
Le Bain Turc

ドミニク・アングル作　［1862年］

アングルの最高傑作とも評価される、裸婦とオリエンタリズムを結びつけた官能的な作品。トルコ人女性が浴場で過ごす様子が描かれている。

実際にモデルを見て描いた裸婦はゼロ
以前から描いていた裸婦像を集めて構成。この絵のためのモデルはいない。

膝に置かれたドクロ
マリアが見つめるロウソクの揺れる炎と相まって、死への瞑想を表現しているとも。

デフォルメされた手足
ロウソクの炎が醸し出す明暗が、神秘的で幻想的な印象を与える効果をもたらしている。

©RMN-Grand Palais (musée du Louvre) / Gérard Blot / distributed by AMF

額の三日月は月の女神の証
神アポロの双子の妹である女神アルテミスは、狩猟の神であると同時に月の女神でもある。

王の愛人ディアナがモデル
フランス宮廷一の美女といわれたディア。この絵が描かれた当時、すでに51歳だったといわれる。

🖼 狩りの女神ディアナ
Diane the Huntress
作者不詳　［1550年頃］

©RMN-Grand Palais (musée du Louvre) / Daniel Arnaudet / distributed by AMF

フランスの宮廷美術様式であるフォンテーヌブロー派の絵画といわれているが作者不詳。ギリシャ神話に登場する女神アルテミス（ローマ名・ディアナ）が森の中をさっそうと歩く姿が描かれている。

ヨセフの瞳に映る炎
新約聖書において聖ヨセフはイエスの義父。瞳の炎から、今後の人生への決意がうかがえる。

聖ヨセフと少年キリスト
不安なまなざしの老人と、純潔で生き生きとした少年の対比が、見事なコントラストを演出している。

垂直を軸とした秩序ある構成
十字架であろう木材と、ヨセフが手に持つキリの構造が、絵画全体に安定感を与えている。

🖼 大工聖ヨセフ
Saint Joseph Charpentier

©RMN-Grand Palais (musée du Louvre) / Michel Urtado / distributed by AMF

ジョルジュ・ド・ラ・トゥール作　［1640年頃］

ラ・トゥールの代表作のひとつ。父である大工の聖ヨセフと、十字架を連想させる地面に置かれた木片、自らの犠牲を予兆しているかのようなイエスが見る者を惹き付ける。

後ろ手のいかさまのカード
いかさま師が、ベルトの後ろに隠していたダイヤのエースをそっと引き出す様子が描かれている。

非情な目つき
彼女の視線から、左端の男性と共謀して右側の金持ちちらす青年を騙そうとする様子がうかがわれる。

🖼 ダイヤのエースを持ついかさま師
Le Tricheur à l'as de carreau

ジョルジュ・ド・ラ・トゥール作　[1635年]

四人で賭け事をする光景。一人の青年を三人が共謀して騙そうとしている様子が描かれている。彼らの表情や視線から、いかがわしい雰囲気が伝わってくる。

だまされる金持ち
豪華衣装に身を包んだ青年は、視線からも他の3人から孤立していることが明らかに見てとれる。

1.06m

1.46m

©RMN-Grand Palais (musée du Louvre) / Gérard Blot / distributed by AMF

展示室には室内の作品に関する解説カードが用意されている。日本語版もあり、作品への理解を深めるのに役立つ。

時間がない人はこのフロアだけ！

2F　2階　*1er étage*

フランス絵画の大作をはじめ、彫刻や工芸品などが並ぶ

世界的に有名な作品が集まるフロア。特に13〜15世紀イタリア絵画、フランス絵画の傑作を集めたドゥノン翼が人気で混み合うことも多い。

失われた右手は勝利を示すポーズをとっていた？
1950年にサモトラケ島で手が出土。右手には何も持っていない。

100個以上の破片をつないで復元
胴体部分に続いて発見された翼は118片もの断片をくっつけた。

台座の船はギリシャのロドス島の石灰岩
台座はロドス島で発見された船の船首に酷似。ロドス島で作られたものと推測されている。

Ⓐ サモトラケのニケ
La Victoire de Samothrace
作者不詳　［紀元前190年頃］
ギリシャ神話に登場する勝利の女神をモチーフにしたヘレニズム彫刻。エーゲ海で発見された。

陰影の少ない滑らかな肌
抽象的にデフォルメされた輝く肌で女性美を表現している。

オリエンタリズムの影響
オリエンタリズム（東方趣味）の影響が随所に表れている。

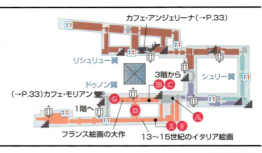
©RMN-Grand Palais (musée du Louvre) / Thierry Le Mage / distributed by AMF

通常より背骨が多い
脊髄だけでなく、骨盤や腰部も長く歪んで描かれている。

Ⓑ グランド・オダリスク
Grande Odalisque
ドミニク・アングル作　［1814年］
トルコのハレムに仕える女性が描かれている。美と官能を引き出すために解剖的事実を無視して描かれた裸体が、発表当時は非難された。

6.2m　　9.2m

スケッチを描く画家本人の姿がここに！
スケッチ帳を抱え、式の様子をデッサン中のダヴィッド自身の姿が密かに描かれている。

実際は臨席していなかったナポレオンの母親
息子が皇帝になることに大反対だったナポレオンの母は、実際は式には出席していなかった。

作品完成後に病死したナポレオンの甥
自身に子供がいなかったため、自分の弟とジョゼフィーヌの娘を結婚させて産ませた子。養子に迎え、跡を継がせる予定だった。

©RMN-Grand Palais (musée du Louvre) / Hervé Lewandowski / distributed by AMF

年上の愛妻ジョゼフィーヌ
当時41歳、1男1女をもつ未亡人としてナポレオンに出会い、エキゾティックな美貌で魅了した。

デフォルメされたナポレオン
実際の身長より数十cmも高く描かれている。現実よりもスリムな美男子に仕上げられた。

新皇帝を祝福するローマ教皇ピウス7世
実際はナポレオン自身が自分で戴冠することで、世間にローマ教皇より上位であることを見せつけた。

Ⓒ ナポレオン1世の戴冠式
Sacre de l'Empereur Napoléon I
ルイ・ダヴィッド作　［1806〜1807年］
人々の視線を一身に浴びるナポレオンと妻ジョゼフィーヌ。1804年にノートルダム大聖堂で行われた戴冠式の場面が描かれている。

左右非対称の顔
左が悲しみ、右が喜びを表しているという説もある。それぞれが男性、女性の顔だともいわれている。

左右で異なる地平線
画家が理想とする架空の世界が描かれている。左右を入れ替えると、別の風景になるとも考えられている。

未完の左手
左手人差し指が未完成のように見える。画家が生涯所有したのも、作成中だったからという指摘が。

眉毛がない
当時の流行で、女性の多くは額を広く見せるために眉を剃っていた。

謎の微笑み
この微笑みが鑑賞者にさまざまな感情を起こさせるのだという説も。

輪郭線がない
スフマートという技法で色をぼかして描くことで、くっきりとした輪郭線を引かず描き出している。

⑪ モナ・リザ
Mona Lisa (La Joconde)
レオナルド・ダ・ヴィンチ作 ［1503～1506年頃］

理想美を追求した作品。名画のモデルは2008年に富豪ジョコンドゥの妻、リザであることが判明したが、いまだ多くの謎を秘めている。

©RMN-Grand Palais (musée du Louvre) / Michel Urtado / distributed by AMF

銃を持つ画家本人をイメージ
シルクハットをかぶった男性は、作者自身を模写したとも。

民衆を導くマリアンヌ
彼女がかぶっているフリギア帽は、のちに自由のシンボルに。

⑫ 民衆を導く自由の女神
La Liberté guidant le peuple
ウジェーヌ・ドラクロワ作 ［1830年］

1830年に起きたフランス7月革命を描いた作品。フランスの象徴である、自由の女神マリアンヌが民衆を率いる様子が描かれている。

©RMN-Grand Palais (musée du Louvre) / Michel Urtado / distributed by AMF

母の胎内を暗示する洞窟
スフマート技法を使った明暗表現を活用。聖母子像に威厳をもたらす

赤ん坊のキリストに祝福を受ける洗礼者ヨハネ
キリストを見つめながら両手を合わせているように見える。

何かを指差す天使
ヨハネを指差す手は一体何を意味するのか？

⑬ 岩窟の聖母
La Vierge aux rochers
レオナルド・ダ・ヴィンチ作 ［1483～1486年頃］

ほぼ同じ構図の同名の絵画がロンドンのナショナルギャラリーに収蔵されている。

©RMN-Grand Palais (musée du Louvre) / Franck Raux / distributed by AMF

視線を合わせる聖母とキリスト
母子の愛情が見事に描かれている。

葦の十字架とラクダの毛皮は洗礼者ヨハネを示唆
イエスに洗礼をほどこしたヨハネ。

⑭ 美しき女庭師
La Vierge à l'Enfant avec le petit Saint Jean-Baptiste, dite La Belle Jardinière
ラファエロ・サンティ作 ［1507～1508年頃］

「聖母子の画家」ともいわれたアーティストの最高傑作のひとつ。宗教画の中にも人間的な幸福感がただよっている。

©Musée du Louvre, Dist. RMN-Grand Palais / Martine Beck-Coppola / distributed by AMF

ルーヴルの二大美女のひとつ、『グランド・オダリスク』（→P.30）。この作品はナポレオン1世の妹からの注文で描かれた。

1F 1階 *Rez-de-chaussée*

イタリア、ギリシア彫刻で当時の理想の人間美を鑑賞

古代エジプトやギリシャ彫刻、ミケランジェロをはじめとする16～19世紀イタリア彫刻のほか、フランス彫刻などがずらりと並ぶ。

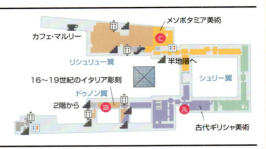

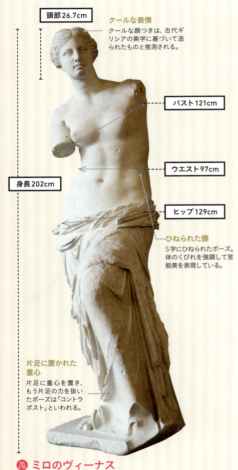

頭部 26.7cm

クールな表情
クールな顔つきは、古代ギリシアの美学に基づいて造られたものと推測される。

バスト 121cm

ウエスト 97cm

身長 202cm

ヒップ 129cm

ひねられた腰
S字にひねられたポーズ。体のくびれを強調して官能美を表現している。

片足に置かれた重心
片足に重心を置き、もう片足の力を抜いたポーズは「コントラポスト」といわれる。

Ⓐ ミロのヴィーナス
La Vénus de Milo

作者不詳　[紀元前2世紀末頃]

ヘレニズム美術の最高峰といわれる、ギリシャのミロス島で発見された女神像。美しい8頭身の姿が、当時の女性美に対する理想像を示している。

死の瞬間の恍惚
自分が死ぬことを受け止め、眠りに身を任せているように見える。

足元にいる猿
人間が、まるで猿のように愚かな存在であることを表現している。

Ⓑ 瀕死の奴隷
Captif, dit l'Esclave Mourant

ミケランジェロ・ブオナローティ作
[1513～1515年]

ユリウス2世の墓を飾るために制作を開始するが、経済的理由などで完成したのは1532年のこと。2体が対で造られていて、目の前にある「抵抗する奴隷」との比較が興味深い。

背後に炎、右手に杓
ハンムラビ王が神とした、太陽神シャマシュの姿が刻まれている。

身分の高さに比例したヒゲ
シャマシュとハンムラビ両者とも長いヒゲを蓄えている。

クサビ形で刻まれた「目には目を」
左に90度回転させると法典のすべてを読むことができる。

山岳地帯を示すうろこ
この文様は現在の印鑑のような役目を果たしていたと推測されている。

高さ 2.25m

Ⓒ ハンムラビ法典
Code de Hammurabi (Roy de Babylone)

作者不詳　[紀元前1792～1750年]

バビロンのマルドゥク神殿に置かれていた石碑。ハンムラビ王が発布した法典が記されている。

©FMN-Grand Palais (musée du Louvre) / Franck Raux / distributed by AMF

＋1時間で何する？

プラス1時間余裕があるなら、美術館内のカフェやレストラン、ショップにも立ち寄りたい。クラシカルな空間でのティータイムやショッピングで、奥深い楽しみ方を見つけよう！

EAT ピラミッドが望める
カフェ・アンジェリーナ
Café Angelina

ナポレオン3世の居室のすぐ隣にあるカフェ。パティスリー界でも有名なアンジェリーナの創作料理が楽しめる。人気のモンブランやマカロンのほか、ランチには軽食もおすすめ。

- 🏠 リシュリュー翼2階
- ☎ 01-49-27-93-31
- ⏰ 10:00〜16:45（水・金曜〜18:30）
- 休 ルーヴル美術館に準ずる 料 ランチ€25〜、ティータイム€17〜
- ▶ MAP 別P.19 D-1

a. 大蔵大臣室だったスペース。有名アーティストが、クラシカルな内装とモダンなインテリアを融合したスペースに改装　b. ガラスのピラミッドを眺めながらのティータイムが可能

天井が高い吹き抜け空間。頭上の天井画や、アトラス像、カリアティード像も鑑賞できる

シャルル＝ルイ・ミュラーの天井画も必見！　　まるで神殿にいるような壮厳な空間

EAT アートな雰囲気が楽しめる！
カフェ・モリアン
Café Mollien

フランス絵画の大作展示室へと続く階段の踊り場にあるカフェ。円柱が立ち並ぶ美術館らしい空間で、天井画を鑑賞しながらお茶ができるのが魅力。テラス席からはカルーゼル庭園も見える。

- 🏠 ドゥノン翼2階 ☎ 01-49-27-99-83 ⏰ 9:45〜16:45（水・金曜〜18:30）休 ルーヴル美術館に準ずる
- 料 ランチ€13.90〜、ティータイム€8.20〜
- ▶ MAP 別P.18 C-1

モナ・リザ鑑賞後に立ち寄ろう

SHOPPING 世界的傑作をお土産に
レスパス・ドゥ・ヴァント・サロン・ドゥノン
L'espace de vente Salon Denon

モナ・リザ展示室の裏手、赤の間の横にあるミュージアムショップ。数々のオリジナルグッズが揃っていて、名画をあしらったお土産が探せる。フードコートやカフェも併設しているので、休憩に使える。

- 🏠 ドゥノン翼2階
- ☎ 01-58-65-14-00
- ⏰ 9:00〜17:30（水・金曜〜21:30）
- 休 ルーヴル美術館に準ずる
- ▶ MAP 別P.19 D-1

ボールペン €2.50
モナ・リザがグラデーションで描かれたボールペン

メモ帳 各€2.90
ミロのヴィーナスやモナ・リザなど人気作品が揃う

マグカップ €11
名画がプリントされたカップも人気商品のひとつ

ノート €4.90
ナポレオン1世の名画を表紙に使ったノート

クリアファイル €5.90
モナリザが大集合。ボールペンとセットで使いたい

 見学に役立つiPhone用アプリ「Musée du Louvre」が無料ダウンロード可能。iTunesストアで「MUSEE DU LOUVRE」で検索を。

パリでしたい10のこと ｜ ルーヴル美術館 ｜ オルセー美術館 ｜ オランジュリー美術館 ｜ セーヌ河 ｜ ナイトライフ ｜ モン・サン・ミッシェル ｜ ヴェルサイユ宮殿 ｜ 蚤の市 ｜ 3つ星シェフの料理 ｜ 絶品スイーツ

パリでしたい10のこと 02　予約不要

王道2時間コースでめぐる
オルセー美術館で印象派に感動

駅舎だった建物が美術館として生まれ変わり、今や世界的にも有名な美術館のひとつとなったオルセー美術館。常設展示で4000点以上を誇る、印象派をはじめとする19世紀美術の壮大なコレクションが見どころ。鑑賞作品を厳選して、2時間でサクッと回ろう。

なじみ深い印象派の名画が一堂に集まった

オルセー美術館
Musée d'Orsay

1900年のパリ万国博覧会に合わせて建設された鉄道駅兼ホテル。狭くて不便だったことから一時は取り壊しの話も出るが、フランス政府によって買い取られ、改修工事を経て1986年にオルセー美術館として一般公開されるようになった。今でも当時の面影が吹き抜けのホームや大時計など、随所に残っている。印象派やポスト印象派の壮大なコレクションをはじめ、19世紀の主流派であったアカデミズム絵画の多大な収蔵数を誇っている。

🏠 62 Rue de Lille, 7e
☎ 01-40-49-48-14　🕘 9:30〜18:00（木曜〜21:45）　休 月曜　料 €12（16:30〜、木曜18:00〜€9）、毎月第1日曜無料　🚇 RER C線ミュゼ・ドゥ・オルセー駅から徒歩1分　www.musee-orsay.fr

ルーヴル美術館周辺　▶ MAP 別 P.18 B-1

駅舎の名残が見られる
外観、内観も見どころ

HOW TO めぐり方

3階建ての構造。メインはゴッホ、ゴーギャンなどのなじみの深い作品が会する中階。次に印象派が並ぶ上階へ上がり、最後に地上階を回ろう。

入場

❶ チケットを買う

入場券の売り場はエントランスを入ってすぐのところ。窓口が混雑している場合でも、パリ・ミュージアム・パス（→P.11）があるとスムーズに入れる。

オルセー美術館のチケットは窓口のみで販売

❷ ベストな入口から館内へ

個人見学者はA入口から、パリ・ミュージアム・パスなどチケットを持っていればC入口を利用。

❸ お役立ちグッズを集める

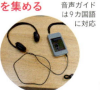

無料のパンフレットが用意されている。より詳しく作品について知りたい人は、オーディオガイドを借りるといい（€5）。いずれも日本語版あり。

音声ガイドは9カ国語に対応

鑑賞

ポイントを絞って見る

スケジュールが立て込んでいる場合は、中階のポスト印象派ギャラリーから回ろう。上階と、ミレーが並ぶ地上階のバルビゾン派も押さえたい。

人気のアート ベスト3

❶ ムーラン・ドゥ・ラ・ギャレット →P.37

❷ オーヴェールの教会 →P.35

❸ 落穂拾い →P.38

人気の画家 ベスト3

❶ マネ　1832〜83年　→P.45
印象派の中心的存在。おもな作品に『草上の昼食』（→P.36）、『オランピア』（→P.39）など

❷ ルノワール　1841〜1919年　→P.44
ポスト印象派とも称される。代表的な作品は『ムーラン・ドゥ・ラ・ギャレット』（→P.37）

❸ ゴッホ　1853〜90年　→P.45
ポスト印象派のひとり。代表的な作品に『ローヌ川の星月夜』（→P.35）など

退場

入口と同じドアから出るため、1階に降りよう。退場前には出口横にあるギフトショップでお土産を探して。

| 王道 2時間モデルコース | 地上階・中階・上階の全作品を見るのには1日以上かかってしまう。混雑しがちなポスト印象派の中階、印象派の上階を先に回ろう。 | | 時間がない人は★だけめぐって1時間 |

中階 所要 約20分	上階 所要 約1時間	地上階 所要 約40分
・ローヌ川の星月夜 ★オーヴェールの教会 ・タヒチの女たち ・黄色いキリストのある自画像	・草上の昼食　・エトワール ★ムーラン・ドゥ・ラ・ギャレット ・日傘の女 ・リンゴとオレンジ	★落穂拾い ・笛を吹く少年 ★オランピア ・ヘビ使いの女

まずこのフロアに直行！

中階　*Niveau Médian*

ゴッホ、ゴーギャンをはじめとする名画が集結

ゴッホ、ゴーギャンをはじめ、スーラなど誰もが教科書で目にしたことのあるポスト印象派の作品がずらり。ロダンなど彫刻作品も見られる。

※各作品の展示場所は、開催中の企画展やイベントなどによって異なる場合があります

Ⓐ ローヌ川の星月夜
La nuit étoilée

ヴィンセント・ヴァン・ゴッホ作 ［1888年］

ローヌ川沿いを歩くカップルの背景に、ローヌ川の水面と星空が溶け込む美しい光景が青と黄の色彩の変化で情緒豊かに描かれている。

©RMN-Grand Palais (musée d'Orsay) / Hervé Lewandowski / distributed by AMF

空に輝く星 — 濃紺の空に明るく輝くいくつもの星。死後の世界をイメージして描いた。

ガス灯の光が反射している — 水面に映し出されるガス灯の光。この光をたよりに描いたという説もある。

Ⓒ タヒチの女たち
Femmes de Tahiti

ポール・ゴーギャン作 ［1891年］

ゴーギャンがパリを離れ、タヒチに移り住んだ年の作品。太い腕が大地とまっすぐに交差し、自然とのつながりを強調。

©RMN-Grand Palais (musée d'Orsay) / Hervé Lewandowski / distributed by AMF

おおいつくすうねり — 暗い空のうねりが観る者に不安な印象を与える。これはゴッホ自身の心象が現れた作品という説もある。

教会の色合い・装飾も誇張して描写 — 大きな特徴がない田園風景を鮮やかな色彩で描いた。厚く重なった絵具からも熱情が伝わる。

オランダの装いをした農婦 — 故郷へ思いを馳せているのか。オランダ時代には貧しい農民の生活を描く作品が多く見られる。

74.5cm / 93cm

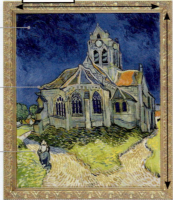

非現実的な色で描かれた波 — 画面上部の緑や藍色は海を表す。絵画に奥行きを出している。

左右の2人の女性 — 身体の向きやしぐさ、表情、衣服の対比によって立体感が出る。

Ⓑ オーヴェールの教会
L'église d'Auvers-sur-Oise, vue du chevet

ヴィンセント・ヴァン・ゴッホ作 ［1890年］

自身の耳を切り落とすという事件の2年後、最期の地として移り住んだオーヴェールの教会を描いた作品。この間も、重度の発作を繰り返していた。

©RMN-Grand Palais (musée d'Orsay) / Hervé Lewandowski / distributed by AMF

Ⓓ 黄色いキリストのある自画像
Portrait de l'artiste au Christ jaune

ポール・ゴーギャン作 ［1890〜1891年］

前年に制作した『黄色いキリスト』と『グロテスクな頭部としての自刻像』が背景に描かれている。

黄色いキリスト — 理性や文化の象徴であるキリストに背を向けている。

自作の陶芸 — 本能や怒りを表したような壺がこちらを向いている。

©RMN-Grand Palais (musée d'Orsay) / René-Gabriel Ojéda / distributed by AMF

1886年にゴッホとゴーギャンはパリで出会い、南仏のアルルで約2カ月間だけ同居生活を送った。

35

> 世界的名画をじっくり鑑賞

上階
Niveau Supérieur

名作が集結した
オルセー美術館のハイライト

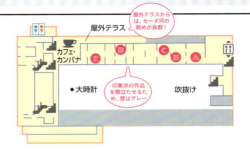

モネ、ルノワール、ドガなど19世紀末の印象派の名画が揃う。グレーの壁と濃色の床板を採用し、自然光に近い環境を作り出した。

Ⓐ 草上の昼食
Le déjeuner sur l'herbe

エドゥアール・マネ作　[1863年]

1863年の落選者展(ナポレオン3世の提言で開催されたサロン落選者の展示会)に出品。不道徳であると人々の怒りを招いてしまった作品。

モデルはマネの愛人と囁かれていたヴィクトリーヌ・ムーラン
娼婦との遊びの風景を切りとっている。等身大の女性の裸体が、俗悪で下品と非難を浴びた。

2.07m / 2.65m

マネの友人と弟
裸体である女性に対し、ふたりは衣服を着ている状態が、さらに非難の的になった。

ぬぎすてられた水玉のドレス
このぬぎすてられたドレスが、女神や神格化された女性ではなく、現実の裸の女性であることを強調。

©RMN-Grand Palais (musée d'Orsay) / Benoît Touchard / Mathieu Rabeau / distributed by AMF

風を感じる雲と草
たなびくスカーフだけでなく、雲と草のそよぎからも、風が激しく吹いている様子を感じる。

地面の長い影はすっかり日が落ちている証拠
時間とともに変化する光と色の移ろいを意識して描かれている。

日傘は太陽の位置を示す
日傘の位置と青空の色合いから、自然と太陽が女性の背後にあると推測できる。

人間も風景の一部
人間も風景の一部と見なして制作したため、女性の表情が描かれていないという学説もある。

恋人のマルゴ
描かれている人物たちにすべてルノワールの友人たち。ダンスの相方はキューバの画家カルデナス。

青や紫で描かれた木漏れ日の影
木漏れ日が、いたるところに斑点のように生き生きとしたタッチで描かれている。

Ⓓ 日傘の女
Essai de figure en plein-air,
: Femme à l'ombrelle tournée vers la gauche

クロード・モネ作　[1886年]

『散歩、日傘をさす女』(ロンドンナショナルギャラリー所蔵)の約11年後に描かれた同構造の作品。亡き妻カミーユの代わりに、後妻アリスの娘シュザンヌがモデルとなった。

©RMN-Grand Palais (musée d'Orsay) / Hervé Lewandowski / distributed by AMF

© RMN-Grand Palais (musée d'Orsay) / Jean Schormans / distributed by AMF

舞台袖にいるパトロン
ダンサーたちを金の力で手なずける「権力の象徴」として描かれている。

最も美しいアティチュード
作品の鑑賞者がダンサーを見下ろすような大胆な構図をとることで、パトロンの存在を暗黙に批判していた。

ぼかされた両手の指
明るいハイライトを入れることで、ライトを浴びて浮き上がるような効果を描き出している。動感を表すドガの特徴的な手法のひとつ

Ⓑ エトワール
Ballet
エドガー・ドガ作　[1876年頃]

踊り子たちがふと見せる瞬間を見事に捉えた作品。当時は絵画のモチーフとして取り上げられることのなかったダンサーたちに着目した。

余白がもたらす躍動感
日本の浮世絵の影響を受けたとされる構図で、この余白によって、次の動作へ移ろうとする躍動感を表している。

1.765m　1.315m

幸福に満ちた光景
本来のダンスホールの姿とは異なり、幸福な社会を求めるルノワールの理想郷が描かれている。

©Musée d'Orsay, Dist. RMN-Grand Palais / Patrice Schmidt / distributed by AMF

Ⓒ ムーラン・ドゥ・ラ・ギャレット
Bal du moulin de la Galette
ピエール・オーギュスト・ルノワール作　[1876年]

モンマルトルのダンスホールを舞台にしたルノワールの代表作。印象派の記念碑的傑作ともいわれ、人生の喜びが美しい色彩で描かれている。

さまざまな視点から描いた
対象から得られる雰囲気や内面を見つめ、その本質に迫った。

© RMN-Grand Palais (musée d'Orsay) / Hervé Lewandowski / distributed by AMF

セザンヌの愛した故郷の山
作家が度々描いた、サント・ヴィクトワール山が描き込まれている。

Ⓔ リンゴとオレンジ
Pommes et oranges
ポール・セザンヌ作　[1899年頃]

鮮やかな色彩と構図でリンゴとオレンジの質感を表現。静物画を多く手掛けたセザンヌの秀作とされる。

不自然な角度で傾く林檎
向きがバラバラな果物。それぞれ美しい角度から描き、一枚におさめた。

印象派とは、光の描き方を追究しようとした画家たちの作品。輪郭線がぼかされた明るい色合いの作品は、日本でも人気が高い。

37

パリでしたい10のこと / ルーヴル美術館 / オルセー美術館 / オランジュリー美術館 / セーヌ河 / ナイトライフ / モン・サン・ミッシェル / ヴェルサイユ宮殿 / 蚤の市 / 3つ星シェフの料理 / 絶品スイーツ

地上階　*Rez-de-chaussée*

初期印象派までの作品が ずらりと並ぶ

19世紀後半の新古典主義やバルビゾン派から、初期印象派までの作品が並ぶ。写実、自然主義を代表するコローやミレーの作品にも注目。

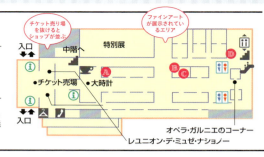

チケット売り場を抜けるとショップが並ぶ / ファインアートが展示されているエリア / 入口 / 中階へ / 特別展 / チケット売場 / 大時計 / 入口 / オペラ・ガルニエのコーナー / レユニオン・デ・ミュゼ・ナショノー

©Musée d'Orsay, Dist. RMN-Grand Palais / Patrice Schmidt / distributed by AMF

農地所有者
馬に乗って監督する地主や高く積まれた穀物など、手前の農婦たちと対照的に、背景には賑やかな収穫風景が描かれている。

0.835m

1.1m

祖母、母、妻を投影
貧しい農家出身だった妻との結婚は家族に認められず、懺悔の意味も込めて3人を描いたとも。

落穂を拾うのは貧しい農民
当時、貧しい農民たちには収穫後の他人の農地に残った落穂を拾う権利が認められていた。

Ⓐ 落穂拾い
Des glaneuses

ジャン・フランソワ・ミレー作　[1857年]
農村の貧しい人々の姿を郷愁の念を込めて描いた作品。『晩鐘』『種をまく人』とともにミレーの代表作とされている。

©RMN-Grand Palais (musée d'Orsay) / Hervé Lewandowski / distributed by AMF

上や、横から見た葉
想像の上の草木。端正に描かれた葉には22種類の緑色を利用。立体感のあるリアルな描写になっている。

たくさんのヘビのほか鳥たちの姿も見える
足元に歩み寄るピンク色の鳥のほか、密林には3羽の鳥がひそむ。

Ⓓ ヘビ使いの女
La Charmeuse de serpents

アンリ・ルソー作　[1907年]
月明かりに照らし出される熱帯の奥地に浮かび上がるヘビ使いの女。暗闇のなかで光るふたつの目は、観る者を見据えるように怪しく輝く。

B 笛を吹く少年
Le fifre

エドゥアール・マネ作　[1866年]
フランス近衛軍鼓笛隊の少年を描いたマネの代表作。陰影のない平面的な色調の画風は日本の浮世絵の影響を受けているともいわれる。

©RMN-Grand Palais (musée d'Orsay) / Hervé Lewandowski / distributed by AMF

0.97m / 1.605m

黒い輪郭線は浮世絵の影響
対象を正面から平面的に捉え、太い輪郭線を用いて対象と空間の距離を立体的に表現している。

水平線がない！
対象と空間のみの構成は、17世紀スペイン自然主義的絵画史の巨匠、ディエゴ・ベラスケスの影響。

マネのサイン
少年の影に平行して、画家自身のサインが記されている。

娼婦をあらわす首のリボン
モデルは『草上の昼食』と同様、ヴィクトリーヌ・ムーラン。サンダルとともにリボンは娼婦を象徴。

C オランピア
Olympia

エドゥアール・マネ作　[1863年]
『草上の昼食』とともに、不道徳であると一大論議を巻き起こした。ちなみにこの作品がフランスにとどまったのは、モネの奮闘によるもの。

©Musée d'Orsay, Dist. RMN-Grand Palais / Patrice Schmidt / distributed by AMF

1.305m / 1.91m

花束は客からのプレゼント
花束を持つ黒人女性が裸体の女性の召使として描かれている点も議論の焦点になった。

雌猫は性欲の象徴
足元には毛を逆立てた雌猫の姿が確認できる。これは、高ぶった性欲の象徴とされている。

＋1時間で何する？

館内にはカフェが2つ、レストランが1つある。時間があれば立ち寄って、旧駅舎の雰囲気を楽しんでみよう。個性的なグッズが揃う、ミュージアムショップも見逃さずに。

皿とマグカップ
皿€9、コップ€13
ゴッホの作品がモチーフに

EAT 駅舎時代から時を刻む大時計下
カフェ・カンパナ
Le Café Campana

大時計裏に隣接。軽食やスイーツが味わえるセルフサービスのカフェ。ジュール・ヴェルヌ著『海底二万里』をモチーフにブラジル人アーティストのカンパナ兄弟がデザイン。

🏠 オルセー美術館内上階
☎ 美術館と同じ　🕐 10:30〜17:00（木曜11:00〜21:00）　休 美術館に準ずる　💰 ランチ€15〜、ティータイム€10〜　▶MAP 別P.18 B-1

SHOPPING オルセーのオリジナル品も
レユニオン・デ・ミュゼ・ナショノー
Reunion des Musée Nationaux

さまざまなミュージアムグッズが揃っていて、お土産探しにもぴったり。美術や建築の本などを豊富に取り扱うブックショップもある。

🏠 オルセー美術館内地上階
☎ 01-40-49-48-06（ショップ）、01-40-49-47-46（書店）
🕐 9:30〜18:30（木曜〜21:15）　休 美術館に準ずる
▶MAP 別P.18 B-1

特製ハチミツ
€16.50
希少な通し番号入りのハチミツ

ぬいぐるみ
€20
ポンポン作の彫刻のミニ版

地下階のオペラ・ガルニエのコーナーでは、オペラ座周辺の街並みの模型や、オペラ座の断面図などが見学できる。

パリでしたい10のこと / ルーヴル美術館 / オルセー美術館 / オランジュリー美術館 / セーヌ河 / ナイトライフ / モン・サン・ミッシェル / ヴェルサイユ宮殿 / 蚤の市 / 3つ星シェフの料理 / 絶品スイーツ

パリでしたい10のこと 03 予約不要

王道1時間コースでめぐる
オランジュリー美術館でモネ鑑賞

水面にきらめく光と睡蓮の生み出す鼓動を描き続けたモネ。作品「睡蓮」を国へ寄贈したことをきっかけに、モネの親友であったクレマンソー首相の提案で1927年に完成した美術館。全作品を見ても2時間程度だが、1時間でしっかり見どころをおさえて鑑賞しよう。

「睡蓮」のために建てられた美術館
オランジュリー美術館
Musée de l'Orangerie

モネ晩年の連作「睡蓮」を展示するために整備された。もともとは宮殿のオレンジ温室（オランジュリー）だった場所で、モネの死の翌年である1927年、総延長80mを超える大作が特別展示室に収められた。その後の改築で失った光を取り戻そうと大計画が始まったのが2000年のこと。約7年間におよぶ工事を経て、モネが望んだ陽光に満ちた空間に生まれ変わった。楕円形の天窓から注ぎ込む自然光がモネの色彩を一層美しく際立たせている。

🏠 Jardin des Tuileries, 1er
☎ 01-44-77-80-07　🕘 9:00～18:00　休 火曜　料 €9、17:00～€6.50、第1日曜無料　🚇 1・8・12号線コンコルド駅から徒歩2分　🌐 www.musee-orangerie.fr　日本語OK　英語OK　ルーヴル美術館周辺　▶MAP 別P.18 A-1

建築家のブルジョワが設計

地下1階にギヨームの膨大なコレクションが

HOW TO めぐり方

それほど混み合わず、館内はコンパクト。ひと通り眺めたあとは引き返して、時間の経過や日光の向きと共に変わる絵の表情を味わおう。

入場

① チケットを買う

チケット売り場は入口を入って左側にある。パリ・ミュージアム・パス（→P.11）を持っている人はチケット購入の列に並ばずに、スムーズに入館できる。

② お役立ちグッズを集める

より詳しく作品について知りたい場合は、オーディオガイド（€5）を借りよう。入口を入って右側に貸し出しカウンターがある。日本語パンフレットも配布している。

音声ガイドは9カ国語に対応

鑑賞

ポイントを絞って見る

メインはやはりモネの「睡蓮」。時間がない場合は、1階の「睡蓮の間」へ直行しよう。

モネってこんな人

1840年、パリに生まれる。印象派の画家として活動。時間や天候によって刻々と変わる自然光の美しさに惹かれ、戸外での創作活動に力を入れた。晩年は睡蓮など多数の連作絵画を発表した。

[おもな作品]
- 「睡蓮」の連作→P.42
- 「印象・日の出」マルモッタン美術館蔵→P.84
- 「日傘の女」オルセー美術館→P.36

退場

出入口は1カ所。17:45には退館を促されるので念頭に置いて回りたい。ギフトショップは半地下にある。

王道 1時間モデルコース

まずは地下1階でルノワール、ルソーなどの作品を鑑賞。その後、1階に移動してモネの大作「睡蓮」を心ゆくまで眺めよう。

地下1F 所要 約30分 → **1F** 所要 約30分

- ピアノを弾く少女たち
- ポール・ギヨームの肖像
- 婚礼
- ジュニエ爺さんの馬車

★ 睡蓮

時間がない人は! ★だけ観て30分

ふんだんに日光を取り入れた館内

地下1F Basement

フランスゆかりの印象派～1930年頃の作品

画商のポール・ギヨームが集めた、フランスで制作された印象派～1930年頃の名画を展示。セザンヌやマティス、ピカソなど近代画が並ぶ。

- 企画展示室
- ルソー、モディリアーニの部屋
- スーティン、ユトリロの部屋
- ドラン、マティス、ピカソの部屋
- セザンヌ、ルノワールの部屋
- ローランサンの部屋
- オーディオ室

印象派からピカソまで、時代を追って展示
印象派の作品は、こちらに飾られている

※各作品の展示場所は、開催中の企画展やイベントなどによって異なる場合があります

Ⓐ ピアノを弾く少女たち
Jeunes Filles au piano

ピエール・オーギュスト・ルノワール作　[1892年頃]

人生の喜びや幸福感を生き生きと描き出した画家ルノワール。同様の構図の作品を数点描いているが、初めて国の依頼を受けて描いた作品がこれ。

赤のドレスと緑のカーテン
ルノワールは後期、補色関係にありながら反発し合う二つの色、赤と緑を多用するようになった。

青のリボンと白のドレス
オルセー美術館に同名の作品があるが、こちらのほうがシンプルな構図。寒色系を使用。

©RMN-Grand Palais (musée de l'Orangerie) / Franck Raux / distributed by AMF

Ⓒ 婚礼
La Noce

アンリ・ルソー作 [1905年]

古いアルバムの記念写真(ポストカード)をもとに、田舎での結婚式の様子を描いている。

直立不動の人々
宗教画のような厳格な印象を生み出している。

無表情だけど個性的
花嫁の右隣はルソー自身でもある。

恋人にささげる絵
ルソーが他界するまで持っていた絵画。自身の結婚への希望を込めて描いたという説も。

©RMN-Grand Palais (musée de l'Orangerie) / Hervé Lewandowski / distributed by AMF

Ⓑ ポール・ギヨームの肖像
Paul Guillaume, Novo Pilota

アメデオ・モディリアーニ作　[1915年]

当時、無名画家の作品を買い付けて、有名画家に育てていたことで知られるギヨームが描かれている。

立体的かつ多面的な顔
左右対称の目や立体的な鼻の線などが、くだけた印象を与える。

作者の絵を最初に買った画商
モディリアーニにとってギヨームは大切なパトロンのひとり。

©RMN-Grand Palais (musée de l'Orangerie) / Hervé Lewandowski / distributed by AMF

Ⓓ ジュニエ爺さんの馬車
La Carriole du Père Junier

アンリ・ルソー作　[1908年]

穏やかな休日の午後に近所のジョニエ爺さんの家族と一緒に新しい馬車で出かける様子を描いた集団肖像画。帽子の男はルソー本人。

ジュニエ
ジュニエの食料品店でツケていた代金を支払いたくて制作。

人形のような人
まるで置き物のように皆一様に体を正面に向けている。

不可能な構図
馬車の車軸と車輪が離れて描かれている。

小さい犬
現実ではありえない小ささで描いている。

©RMN-Grand Palais (musée de l'Orangerie) / Franck Raux / distributed by AMF

オランジュリー美術館はルーヴル、オルセーの両美術館からも徒歩圏内。3館連続の見学も可能。

> まずこのフロアに直行！

1F *Rez-de-chaussée*

自然光のなかで「睡蓮」を鑑賞

自然光が差し込むように設計された、モネの連作「睡蓮」のための展示室、睡蓮の間。楕円形の2部屋に、各4枚の絵が飾られている。

睡蓮の間には計8枚の「睡蓮」を展示

- チケット売り場正面で音声ガイドがレンタル可
- 第1の間：「朝」「雲」「緑の反映」「日没」を展示
- 第2の間：「明るい朝、しだれ柳」など4枚を展示

違う時間帯に訪れると…

AM 9:00 朝の日差しに包まれてやわらかさを感じる
朝（部分）

AM 12:00 昼の日光がしっかり入り華やかな印象に
朝（部分）

緑の反映　2×8.5m

©RMN-Grand Palais (musée de l'Orangerie) / Michel Urtado / distributed by AMF

樹々の反映　2×8.5m

朝　2×12.75m

©RMN-Grand Palais (musée de l'Orangerie) / Michel Urtado / distributed by AMF

雲　2×12.75m

©RMN-Grand Palais (musée de l'Orangerie) / Michel Urtado / distributed by AMF

二本の柳　2×17m

42

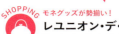

＋30分で何する？

鑑賞後、時間があれば、ここでも立ち寄りたいミュージアムショップ。モネに関する画集や資料をはじめ、名画をモチーフにしたアイテムや「睡蓮」グッズはパリ土産にも最適。

SHOPPING モネグッズが勢揃い！

レユニオン・デ・ミュゼ・ナショノー
Reunion des Musée Nationaux

半地下階にあるショップ。土産物のほか画集や書籍などが揃う。人気の「睡蓮」やルノワールの名画をモチーフにしたスカーフやアクセサリーバッグなどのアイテムも勢揃い。

🏠 オランジュリー美術館内　⏰ 9:00～17:45　休 美術館に準ずる　[英語OK]
▶ MAP 別P.18 A-1

しおり €1
名画の一部がモチーフに

メモ帳 €2.90
モネの絵が表紙のメモ帳

ボールペン €2.50
「睡蓮」の絵を巻きつけたペン

楕円形の天窓から優しく光が注ぎ込む

「睡蓮」の連作
Les Nymphéas

クロード・モネ作　[1914～1926年]

モネの集大成ともいえる大作。白内障を患い、失明寸前のなか、水面にきらめく光と花の微妙なニュアンスを描き続きた。

混ざらない絵具
筆触(色彩)分割と呼ばれる、細い筆勢によって描く、絵具本来の質感を生かした描写。

空間がない
画面すべてが水面で覆われ、水面に映る空や樹木などが一体となって描かれている。

楕円の壁に沿った展示
大キャンバスに描かれたモネの大作に360°囲まれ、鑑賞することができる特別な設計。

日没　2×6m

明るい朝、しだれ柳　2×12.75m

朝、しだれ柳　2×12.75m

モネが半生を過ごしたパリ北西部の邸宅は「ジヴェルニーの庭園」というミュゼになり、庭園も復元された。

読めば快晴 ハレ旅 STUDY

フランスゆかりの5人の画家がとっておきの自作を紹介します

世界的に有名な美術館や個人美術館が立ち並び、巨匠たちの名画が今なお人々を圧倒し続ける"芸術の都"パリ。歴史上の偉大な芸術家にまつわる人間味あふれるエピソードや、作品の背景、トリビア的なウンチクに触れれば、あの名画も違って見えてくるかも！

> 論争が続いたこの絵のモデルは、ジョコンドゥ夫人のリザ。あの時代にタブーだった微笑みを、道化を呼んであえて引き出してやったわ。

モナ・リザ
Mona Lisa (La Joconde)
[1503〜1506年頃]

> モンマルトルのカフェに集う人々を描いたのですが、手前のテーブルにはお気に入りのモデルをはじめ、友人をたくさん登場させました。

ムーラン・ドゥ・ラ・ギャレット
Bal du moulin de la Galette
[1876年]

Profile
イタリアのルネサンス期を代表する芸術家。絵画や彫刻以外にも解剖学、数学、建築など多方面で業績を残し、「万能人」と呼ばれる。14歳で彫刻家のヴェロッキオの工房に弟子入りし、数多くの素描を残したものの、完成させた作品は十数点しか確認されていない。

レオナルド・ダ・ヴィンチ
Leonardo da Vinci
1452〜1519年

Profile
印象派を代表する画家。多様な色彩を使い、人物に木漏れ日が注ぐ様を斑点状に描写するなど特徴的な表現をした。「楽しく描く」をモットーとし、生き生きとした人々の様子を描いた。モネとは共に作品を制作するなど、交流が深かったことも知られている。

ピエール・オーギュスト・ルノワール
Pierre-Auguste Renoir
1841〜1919年

44

「パリ北西の草原に妻のカミーユと5歳だった長男ジャンを立たせて描いたものじゃ。ワシはめったに人物画を描かんので珍しい絵なんじゃよ。」

Profile
印象派の画家で「光の画家」とも呼ばれる。戸外の風景を描いたものが多く、光を反射する水面など、時間や季節とともに変化する光と色彩を追求し続けた。1883年にパリ郊外に移転し、晩年まで1テーマを様々な季節や光で描く連作を多く描いた。「睡蓮」はその代表。

「実は日本画から影響を受けました。人物と空間のみで構成してますが、空間を横切る線がないでしょ？ コレも画期的だったんですよ。」

Profile
印象派の先駆的画家。流動的な線と自由で個性的な色彩で様々な対象を描いた。古典絵画を元に描かれた1863年発表の「オランピア」は、スキャンダラスな問題作として物議を醸す。しかしこの件で、後の印象派となる前衛的な若手画家集団から慕われるようになった。

日傘の女
La promenade, La femme a l'ombrelle
［1886年］

「精神科病院にいる間に描いたものだ。色使いや歪んだ線が不気味だろ？ 不安な俺の心を描いたというヤツもいるが…見方は君にまかせる。」

エドゥアール・マネ
Édouard Manet
1832〜1883年

クロード・モネ
Claude Monet
1840〜1926年

オーヴェールの教会
L'eglise d'Auvers-sur-Oise, vue du chevet
［1890年］

ヴィンセント・ヴァン・ゴッホ
Vincent van Gogh
1853〜1890年

Profile
オランダ出身で、後期印象派の中でも最も名の知られた画家。強烈な色彩による描写や自分の感情をそのまま反映させた大胆な表現が特徴。画家・ゴーギャンと共同生活を送るが2カ月で破たん。その後、精神科病院に入院したが、この時期に代表作の多くが描かれている。

ローヌ川の星月夜
La nuit étoilée
［1888年］

笛を吹く少年
Le fifre
［1866年］

若かりしころのゴッホは、一度思い込んだらどこまでもという融通のきかない性格の持ち主だった。

45

パリでしたい10のこと 04 要予約

世界遺産　パリのハイライトをひとめぐり

セーヌ河をクルージング！

WHAT IS セーヌ河
パリ市街を流れ、セーヌ湾に注ぐ全長約780kmの河川。河を境に北側を右岸、南側を左岸と呼ぶ。エッフェル塔をはじめ、河岸には観光名所が林立。アラブ世界研究所〜エッフェル塔間は美景で世界遺産登録もされている。

夕日を受けてガラス天井が輝くグラン・パレ

遠くからでも目立つオベリスクの塔

世界遺産　シャイヨー宮
3つの博物館と国立劇場が入る新宮殿。旧トロカデロ宮があった場所に立つ

b. バトー・ムッシュ

ガラスドームが目を引くグラン・パレ。手前はアレクサンドル3世橋

a. バトビュス

世界遺産　コンコルド広場
シャンゼリゼ大通りの起点で、フランス革命時には処刑場だった

カルーゼル

ロワイヤル
a. バトビュス

a. バトビュス

a. バトビュス

d. バトー・パリジャン

世界遺産　グラン・パレ　→P.89
パリ万博の会場として建てられた。現在は様々なイベントが行われる

河からだと、マスカロンと呼ばれる顔についた橋の装飾もよく見える

Best Shot Point

橋げたに立つアルジェリア歩兵の彫像は、水かさを測る目安にもなる

アレクサンドル3世橋
パリで最も豪華な橋。アール・ヌーヴォー調の装飾が施されている

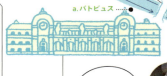

ポン・ヌフ
現存するパリ最古の橋。12のアーチが連なり、映画の舞台としても有名

アルマ橋
クリミア戦争終結の1856年に完成。ロシア軍に勝利した地名が付けられた

船上から見上げる塔は圧巻！日没後のライトアップされた姿も素敵

世界遺産　オルセー美術館　→P.34
ルーヴルと並ぶパリを代表する美術館。印象派絵画を中心に展示

建物が駅舎だった時代の名残でもある、2つの壁時計をチェック！

世界遺産　エッフェル塔　→P.80
1889年のパリ万博の際に建てられた近代パリのシンボル的名所

46

世界遺産をはじめ、多彩な見どころが詰まっているのがパリの魅力。街歩きも楽しいけれど、のんびりクルーズで、名所をめぐってみるのはいかが？ エッフェル塔などに乗船場があり、パリ観光に便利なバトビュスは移動手段としても活用できる。

HOW TO バトビュスの乗り方

シテ島を通り過ぎる、河幅が狭まる場所 ／ 1882年に再建された、豪奢なパリ市庁舎

❶ チケットを買う

発着所にあるチケット売り場でチケットを購入。ネットで予約することもできる（Webサイトは英語、フランス語、スペイン語対応）。

ひと言会話
- Un ticket, s'il vous plaît.
  （アン ケ スィル ヴ プレ）
  チケットを1枚ください。
- Avez-vous des tickets pour aujourd'hui?
  （アヴェ ヴ デ チケ プール オージュルドゥイ）
  当日券はありますか？

世界遺産 ルーヴル美術館
→ P.26

かつてのチュイルリー宮殿を利用した、世界最古、最大級の美術館

ロワイヤル橋とカルーゼル橋の間がシャッターチャンス。見逃し厳禁！

❷ 乗船する

スタッフにチケットを見せて乗船（自動改札機でチケットをかざして入場するシステムの船もある。バトー・ムーシュはこのシステム）。

世界遺産 ノートルダム大聖堂
→ P.126

ゴシック建築の教会で、600年以上の歴史を誇るシテ島のシンボル

狙いめは、河沿いの壁にあるバラ窓。歩道橋を通過後、すぐに現れる

❸ 降船する

桟橋に到着したら、スタッフの案内に従ってゆっくり下船する。降りる場所を間違っても、乗り降り自由のチケットなので大丈夫。

a.バトビュス
c.ヴデット・デュ・ポンヌフ
d.バトー・パリジャン
a.バトビュス

世界遺産 コンシェルジュリー
→ P.130

王宮として建てられたが、フランス革命時には牢獄として使用された

世界遺産 パリ市庁舎

城のようなネオ・ルネサンス様式の建物。側面はクルーズだからこそ鑑賞可

どの船に乗る？

移動手段としても使えるバトビュスやランチ＆ディナークルーズなど、観光船は多彩。所要時間や目的、スケジュールから、乗りたい船を選ぼう。

船名	a.バトビュス	b.バトー・ムッシュ	c.ヴデット・デュ・ポンヌフ	d.バトー・パリジャン
最寄り駅	6・9号線トロカデロ駅ほか	9号線アルマ・マルソー駅	7号線ポン・ヌフ駅	6・9号線トロカデロ駅ほか
料金	1日パス€17	€14	€14	€15
ランチ	なし	€60	なし	€59～
ディナー	なし	€75～	なし	€69～
運航時間	10:00～21:30（時期により異なる）	10:00～22:30（時期により異なる）	10:30～22:45（時期により異なる）	10:00～22:30（時期により異なる）
運航頻度	25～40分間隔	30～40分間隔	30～45分間隔	30分～1時間間隔
所要時間	約120分(1周)	約70分	約60分	約60分
予約	不要	食事付きクルーズは要	不要	一部要
支払い	現金、クレジットカード	現金、クレジットカード	現金、クレジットカード	現金、クレジットカード
特徴	本数・発着所の数はピカイチ 9ヵ所の乗り場があり、乗り降り自由なので交通手段としても便利。チケットは1日、2日、年間パスから選べる。	ランチクルーズで優雅に 観光にはぴったりな、2階建て構造の船。アルマ橋のたもとを発着。フランス料理付きのクルーズもある。	ネット割でお得に名所めぐり シテ島のポンヌフ中央付近から乗る。2階部分は一部、オープンエア。ネット限定販売のリーズナブルなプランが魅力。	ラグジュアリーな船を満喫！ ガラス張りの屋根から素晴らしい眺望を満喫できる。エッフェル塔もしくはノートルダム大聖堂のそばから発着。
問合わせ	☎01-76-64-79-12 www.batobus.com	☎01-42-25-96-10 bateaux-mouches.fr	☎01-46-33-98-38 vedettesdupontneuf.com	☎01-76-64-14-45 www.bateauxparisiens.com

パリ市が行う都市リゾート計画、パリ・プラージュの一環で、毎年7～8月にはセーヌ河沿いに人工ビーチが出現。

47

05 夜はエンターテインメントの幕開け！
極上のショーと音楽に喝采！

予約ベター

120年の歴史を誇る、フランス屈指の華やかなスペクタクル。大胆な衣装に身を包んだダンサーによる本場のフレンチ・カンカンは、見ごたえたっぷり。歌、踊り、大道芸、アクロバットなど、次から次へと繰り広げられるゴージャスな演目から目が離せない！

ショー × 豪華ディナー

HOW TO ムーラン・ルージュ鑑賞

❶ チケットを買う
パリ行きが決まったら、日本で予約するのがベスト！ 日本語が使えてスムーズ。

予約	日本で	フランスで
	要	要
電話	03-6435-4561	01-53-09-82-82
電話受付時間	月～金曜 10:00～17:00	毎日9:00～23:00
受付期日	日本出発日の7営業日前まで	当日まで
URL	moulin-rouge-japon.com	www.moulinrouge.fr
料金	ドリンクショー15,700円～、ディナーショー25,300円～	ドリンクショー€87～、ディナーショー€180～
特徴	日本語OKなので、簡単。出発前に計画的に予約できる	英語または仏語での予約のみ

❷ 入場
席指定ができないため、事前にチケットを購入していても、開始前には並ぶ。ただし、VIPチケットを購入すれば並ばずに入場できる。

❸ 鑑賞
会場が暗くなり、パフォーマンスがスタート。ダンスや技がすばらしかった時は拍手を送ろう。「ブラボー！」とフランス流に声をかけるのも粋。

❹ 退場
誘導にしたがい、順次退場。入口付近にお土産コーナーもある。23時からのショーは深夜1時15分頃に終了するので、正面奥にある乗り場からタクシーを利用しよう。

※料金変更の可能性あり（日本で買う場合は日本円で支払う）

本場のフレンチカンカンを鑑賞！
ムーラン・ルージュ
Moulin Rouge

フランス語で「赤い風車」を意味する、モンマルトルにある1889年創業の老舗キャバレー。総勢60名によるダイナミックなショーを堪能できる。

🏠 82 Bd. de Clichy, 18e
☎ 01-53-09-82-82　⊘ディナーショー19:00～、ドリンクショー21:00～、23:00～　㊡ 無休　⊚ 2号線ブランシュ駅から徒歩1分

モンマルトル ▶ MAP 別 P.6 B-3

a. ショーとともにいただける豪華な料理。アンダルシアのトマトのガスパッチョ、オマール海老＆野菜添え
b. 茄子、パルメザンチーズ、ルッコラのピストー

欧州最大スケールのキャバレー
リド
LIDO

ジャンゼリゼ大通りに面したキャバレー。2015年春にリニューアルオープンした。プールや噴水など大掛かりな舞台装置を使った、迫力ある豪華なショーが楽しめる。

a. 音楽、衣装などすべてを一新した新しい演目「素晴らしいパリ」のひとコマ　b. シャンデリアが美しいゴージャスな玄関ホール

🏠 116 Bis Av. des Champs- Élysées, 8e　☎ 01-40-76-56-10　㊋ディナーショー19:00～、ドリンクショー21:00～、23:00～　㊡無休　￥€85～　㊍1号線ジョルジュ・サンク駅から徒歩1分　🌐 www.lido.fr/

シャンゼリゼ大通り周辺　▶ MAP 別 P.8 C-2

妖艶なレビューにうっとり
クレイジー・ホース
Crazy Horse

「裸の芸術」と称するトップレスダンスのナイトショー。女性の美しさを引き出す芸術的な舞台を鑑賞。

🏠 12 Av. George V, 8e　☎ 01-47-23-32-32　㊋ 20:30～、23:00～（土曜 19:00～、21:30～、24:00～）　㊡無休　￥€85～（ドリンクなし）　㊍9号線アルマ・マルソー駅から徒歩2分　🌐 www.lecrazyhorseparis.com/

シャンゼリゼ大通り周辺　▶ MAP 別 P.8 C-3

a. 2017年4月から上演中の「Totally Crazy」には、クリスチャン・ルブタンやシャンタル・トーマも演出に参加　b. 光を使った独創的な演出も魅力のひとつ

WHAT IS
演目（レヴュー）

ナイトクラブやキャバレーなどで行われるショーのこと。歌やダンス、アクロバット、そしてフレンチ・カンカンを組み合わせている。羽根飾りとスパンコールをあしらった華やかな衣装のダンサーたちが、パワフルでセクシーなステージを披露する。

基本マナー早わかり

Q ドレスコードは？
A 男性はジャケット、ネクタイ着用が望ましい。ショートパンツやジーンズ、スニーカーやビーチサンダルは禁止。

Q チップは必要？
A チップはあくまで心づけなので義務ではない。気持ちよいサービスを受けたと感じた時に、さりげなく渡すのがスマート。

Q 写真・ビデオ撮影は？
A 場内では写真・ビデオの撮影禁止。ショーが始まる前に専属カメラマンが各テーブルを回って記念撮影をする劇場もある。希望すれば、終了後に記念に購入することができる。

「リド」「クレイジー・ホース」のチケットはネットでも購入可。旅行代理店でも申し込みできる。

06 世界遺産

海に浮かぶ孤島の巡礼地
モン・サン・ミッシェルへ 1Day Trip

予約不要

一生に一度は訪れたいと憧れる、ノルマンディー地方にある要塞のような神秘的な島。頂上には8世紀初頭に建てられた修道院が鎮座し、グランド・リュと呼ばれる石畳の参道にはショップやレストランが軒を連ねる。誰もが憧れる海上の聖地へ、足を踏み入れてみよう。

WHAT IS
モン・サン・ミッシェル *Mont-St-Michel*

海に浮かぶ巡礼の地

フランスの西海岸にあるサン・マロ湾上に浮かぶ、周囲600mの孤島。ベネディクト派の修道院を中心に、教会、城壁、見張り塔があり、至る所に中世の面影を残す。メイン通りにはレストランや雑貨店が並び、賑わいを見せる。

data
- Le Mont St. Michel, 50170
- ☎02-23-60-14-30(観光案内所)
- 9:30〜12:30、13:30〜18:00（季節により異なる）
- 無休
- www.ot-montsaintmichel.com/index.htm

モン・サン・ミッシェル

モン・サン・ミッシェル 歴史年表

708年	司教オベールは夢に現れた大天使ミカエルに教会を建築するよう告げられる
966年	ノルマンディー公リチャード1世の命により、ベネディクト会の修道院を設置
1328年	百年戦争勃発。島全体が要塞の役割を果たす
1789年	修道院廃止。監獄に使用
1865年	修道院として復元される
1979年	世界遺産に登録

訪れる
ベストタイムは？

光があたる角度によって、さまざまな表情を見せる島。クラシカルな雰囲気の昼もよいが、おすすめは島全体がライトアップされる夕刻から夜にかけて。茜色の空に浮かぶ幻想的な島は、一見の価値あり。日帰りでその様子が楽しめるのは、日没時間が早くなる冬季だけなので注意して。

9:00 朝日に照らされる神々しい姿。近場に宿泊しないと拝めない！

※秋のイメージ

19:30 日没後、シルエットとなって浮かび上がる姿も素敵！

How to Access from Paris 行き方
パリ市内のモンパルナス駅から約3時間

```
パリ（モンパルナス駅）
  ↓ 電車で約2時間10分
レンヌ駅
  ↓ バスで約1時間30分
モン・サン・ミッシェル
  日帰りの場合は17:00までに出よう！
```

●フランス国鉄SNCF／TGV　→P.212
チケットの買い方
チケット売り場で行き先と人数を告げる。
乗車してから
指定の席に座り、車掌にチケットを提示する。

●直通バス／Keolis Emeraude
チケットの買い方
チケット売り場で行き先と人数を告げる。
乗車・降車
乗車の際にチケットを提示し、指定席へ。

	個人で	ツアーで
所要	約12時間	約14時間
料金	€95〜	€120〜
難度	★★★	★
特徴	パリを早朝に出発し、TGVとバスを乗り継いで目的地へ。夕方の便で戻る。	乗り継ぎの心配もなく、日本語ガイド付きツアーもあるのでとてもラクチン。

モン・サン・ミッシェル
1:6,500

- サントオベール教会 Chapelle St-Aubert
- クロディーヌの塔 Tour Claudine
- サン・ピエール教会 L'Église St-Pierre ❻
- Église Abbatiale 修道院
- 西のテラス Terrasse de l'Ouest　P.54
- ガブリエルの塔
- グランド・リュ Grande Rue ❺
- P.51 オーベルジュ・サン・ピエール Auberge Saint Pierre
- P.52 ラ・メール・プーラール La Mère Poulard
- ファニルの塔 Tour des Fanils　観光案内所
- 自由の塔 Tour de la Liberté ❹
- 王の門 Porte du Roi ❸
- 王の塔 Tour du Roi ❷
- 大通り門 Porte du Boulevard ❶
- ホテル・ル・ルレ・サン＝ミッシェル Hotel Le Relais Saint Michel　P.51

付近でゆっくり 一泊するなら

対岸のホテルに宿泊すれば、朝、昼、夕、夜と刻々と姿を変えるモン・サン・ミッシェルの全景を堪能することができる。時間を気にせずゆっくりと散策や食事をし、中世に思いを馳せよう。

おすすめの宿泊施設

島内の歴史的建造物に滞在！
オーベルジュ・サン・ピエール
Auberge Saint Pierre

グランド・リュ沿いの本館と坂の上に立つ別館があり、いずれも趣のある内装が人気。
🏠 Grande Rue, 50170　☎ 02-33-60-14-03
🛏 23　S€214〜、T€222〜
🌐 www.auberge-saint-pierre.fr/jp

夜はライトアップされ幻想的！

モン・サン・ミッシェルを一望
ホテル・ル・ルレ・サン＝ミッシェル
Hotel Le Relais Saint Michel

モン・サン・ミッシェルの対岸にある4つ星ホテル。客室のテラスから絶景が望める。
🏠 Lieu-dit La Caserne, 50170
☎ 02-33-89-32-00　🛏 39　T€253〜
🌐 jp.relais-st-michel.fr

島と陸を結ぶ760mの新しい橋が完成。堤防道路は撤去され、一年のうち半分は海に浮かぶ姿が見られるようになった。

🕐 1.5h Road to 修道院

大通り門をくぐり抜けると、そこは要塞内。外からは想像できない石造りの街並みが広がっている。さらに、小さな跳ね橋と落とし格子門が重々しい王の門を抜けると、グランド・リュと呼ばれる細長い参道が目の前に現れる。道の両脇には趣のあるホテルやショップが軒を連ね、モン・サン・ミッシェル名物のオムレツや伝統料理を提供するカフェやレストランも。小さな教会を通り過ぎしばらく坂道を上っていくと、修道院の入口へとたどり着く。

1888年創業の老舗
🍴 **ラ・メール・プーラール**

巡礼者のために考案された、中はふわふわのオムレツが看板メニュー。コースは€38〜で、アラカルトもあり。

🏠 Grand Rue, 50 170 Le Mont Saint-Michel
☎ 02-33-89-68-68
🕐 11:30〜20:30
休 無休

修道院については → P.54-55

🚩Start

重厚な門からスタート
1️⃣ 大通り門

最初の門を通り抜けると現れる2番目の門。警備を強化するために15世紀になって造られた。

💬 観光案内所と有料トイレ発見！

入口に一番近い見張り塔
2️⃣ 王の塔

100年戦争当時、敵の侵入を監視するために使われていた見張り塔がそびえる。

💬 見張り塔は全部で8つ。塔の内部でつながっている

💬 門の上部スペースは現在、役所として使われている

侵入者を防ぐ跳ね橋に注目！
3️⃣ 王の門

大通り門に続く、3番目の門。敵の侵入を防ぐための跳ね橋や格子といった仕掛けが施されている。

52

Goal

洞窟内にある小さな教会
6 サン・ピエール教会

洞窟内に立つ大天使ミカエルを祀った小さな教会。北側入口の正面にはジャンヌ・ダルク像がある。

岩山を削って建設。入口にはジャンヌ・ダルク像が

教会内部には銀でつくられた大天使ミカエルの像も

修道院からの帰り道に立ち寄って

散策が楽しいメインストリート
5 グランド・リュ

修道院に続く参道。両脇には、巡礼者に宿や食事を提供するための店が軒を連ねている。

手が込んだ看板だって絵になる

土産物店やレストランが軒を連ねる

塩バターキャラメルやガレットの試食ができる店も

敵の動きをここで監視
4 自由の塔

見張り塔のひとつ。城壁を囲むように造られた8つの塔は、すべて壁の内部で行き来できる構造。

島の南側に設けられている。絶好のフォトスポット

パリでしたい10のこと / ルーヴル美術館 / オルセー美術館 / オランジュリー美術館 / セーヌ河 / ナイトライフ / モン・サン・ミッシェル / ヴェルサイユ宮殿 / 蚤の市 / 3つ星シェフの料理 / 絶品スイーツ

ノルマンディ地方とブルターニュ地方の間に位置するモン・サン・ミッシェルでは、両方の特産品が購入できる。　53

⏱60min Walk around 修道院

90段続く階段を上り、修道院の内部へ。この建物はもともと708年に大天使ミカエルを祀るために建てられた小さな礼拝堂が始まり。966年に修道院が建設され、その後の度重なる増改築で13世紀、ほぼ現在の姿になった。入ってすぐの所にある教会の背後には、修道士の居住空間が広がる。これらの建物は「ラ・メルヴェイユ」(驚異という意味)と呼ばれ、13世紀当時の最新技術と装飾美を取り入れたゴシック建築の傑作といわれている。

小さな中庭を囲む癒しの空間
5 回廊
修道士たちの憩いの場。二重に立てられた列柱が少しずつずれているため、歩くと柱が永遠に続くように錯覚してしまう。

回廊からは美しい中庭と西側のサン・マロ湾を一望

修道士が暖を取れたのはこの部屋のみ！

柱にはアカンサス模様が施されている

修道士たちの仕事部屋
12 騎士の間
修道士が写本などの執務を行った場所。寒さが厳しいため、大きな暖炉も設置されている。

ここからの眺望は最高！
3 西のテラス
教会正面にあるテラス。海抜80mで、北にトンブレーヌ小島、西にブルターニュのカンカル、東にグルワン岬が一望できる。

急こう配の階段が続くので、ゆっくり進んで体力温存！

聖堂へと続く聖なる階段
2 大階段
修道院に続く唯一の通路。通路上の橋から通る人々を監視し、いざというときは横軸上の戸で半分の高さまで閉め切ることができた。

急な階段が続く修道院への入口
1 哨兵の門
門の両脇に立つ2つの塔。その外壁にある覗き穴から修道院に出入りする人々を警備していた。

厳かな雰囲気がただよう
4 修道院付属の教会

11世紀に造られた、標高80mの岩山に立つ教会。崩壊と修復をくり返し、内陣と後陣は15〜16世紀に再建されている。

> 光が差し込んだ教会は神秘的！

美しくカーブした天井が印象的
6 食堂

59もある小窓から、ほのかに光が差し込む丸型天井の空間。ここで修道士たちは壁に向かって食事を取っていた。

> 食事の間は修道士の一人が教壇で聖書を読唱していた

パイプオルガンが鳴り響くゴシック様式の内陣は厳かな雰囲気

華やかなゲストルーム
7 迎賓の間

身分の高い人をもてなすための華やかなゲストルーム。ここにある大きな暖炉でイノシシや鹿を焼き、ごちそうを振る舞ったという。

> 巡礼に訪れたかつてのフランス国王たちも迎えていた

教会を支える大きな円柱に注目
8 地下礼拝堂

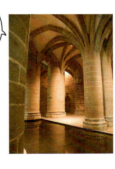

上層階を支えるための、円周5mもの太い円柱に囲まれた礼拝堂。15世紀半ばに建設され、19世紀には囚人が判決を待つ場所としても利用されていた。

> 円柱の太さは手を広げた大人3人分！

アーチ形の美しい祭室
9 聖マルタン礼拝堂

11世紀に造られた半円アーチ状のロマネスク様式の礼拝堂。2m以上の厚い石壁で南側交差廊を支えている。

祭壇脇には聖母マリアのピエタ像も
10 聖エティエンヌ大聖堂

死者を安置するための礼拝堂。祭壇の下には、「永遠」を示す「AΩ」の文字が刻まれている。

> 生と死を意味するミツバチの巣が壁画に描かれている

修道士のレクリエーションの場だった
11 修道士の遊歩道

修道士たちが散歩をして、気分転換するためのスペースとして用いられていた。

パリでしたい10のこと | ルーヴル美術館 | オルセー美術館 | オランジュリー美術館 | セーヌ河 | ナイトライフ | モン・サン・ミッシェル | ヴェルサイユ宮殿 | 蚤の市 | 3つ星シェフの料理 | 絶品スイーツ

毎年5月下旬、モン・サン・ミッシェルマラソンが開催される。当日、修道院は見学不可になるかもしれないので要注意。

世界遺産

07

代々のフランス国王が暮らした

豪奢なヴェルサイユ宮殿探訪

予約不要

パリから南西約20kmの郊外に位置するヴェルサイユ宮殿は、17世紀ブルボン王朝の黄金時代の象徴的存在。太陽王ルイ14世によって完成された豪華絢爛な宮殿は、フランス革命の悲劇の舞台でもある。1979年に世界文化遺産に登録されており、世界各国から多くの観光客が訪れる。

WHAT IS

ヴェルサイユ宮殿？

王族の歴史が紡がれた華麗な宮廷

ルイ14世の命により当時一流の建築家や画家、造園家が集められ、50年をかけて増改築。豪華な装飾が施された。総面積800万㎡、本館と北翼、南翼の3棟からなる宮殿の部屋数は700室もあり、ヨーロッパ最大級。

data

- Place d'Armes-78000 Versailles
- 01-30-83-78-00
- 9:00〜18:30（11〜3月〜17:30） 月曜
- €18、宮殿・離宮の共通パスポート1日€20、2日€25（オーディオガイド込み）
- RER C 5線ヴェルサイユ・リヴ・ゴーシュ駅から徒歩10分 日本語OK 英語OK

ヴェルサイユ

ヴェルサイユ宮殿 歴史年表

1624年	ルイ13世がヴェルサイユに狩猟の館を建てる
1661年	ルイ14世がヴェルサイユ宮殿の建設をスタート
1682年	ヴェルサイユ宮殿が政府の拠点、及び王族の公式住居になる
1770年	ルイ16世とマリー・アントワネットが夫婦に
1789年	フランス革命勃発。国王とその家族がヴェルサイユから追放される

HOW TO 見学

① チケットを買う

チケット売り場は混雑することが多い。事前に観光案内所やSNCFの駅、家電チェーン「フナック」、公式HP（jp.chateauversailles.fr/homepage）で購入を。

② 宮殿へのアクセス

チケット売り場で購入後、正面左手に位置するAゲート（個人見学者用入口）を利用。事前にチケットを持っている場合は、そのままAゲートへ向かおう。

③ お役立ちアイテムを揃える

1日チケットには日本語版オーディオガイドの貸し出し料金も含まれている。インフォメーション近くの貸し出しカウンターで気軽にレンタルしよう。

12カ国語に対応可能

④ 効率よくめぐる

敷地内の移動には2つのトリアノンと運河を結ぶミニ列車、プチトランが便利。15〜30分間隔で運行し€8。（10:10〜19:10、冬季11:10〜17:10）※月により異なる

庭園の運河沿いを運行

How to Access from Paris 行き方
パリ市内のRER C線の駅から約60分

- パリ（アンヴァリッド駅）
  - RER C5線で50分
- ヴェルサイユ・リヴ・ゴーシュ駅
  - 徒歩で10分
- ヴェルサイユ宮殿

チケットの買い方 →P.212
現地精算は不可。必ず乗車前に目的地まで購入を。

駅を出たら右→左で
駅出口を右方向に出て直進。パリ大通りで左折する。

RER線の駅舎

	個人で	ツアーで
所要	約4時間	半日
料金	€25～35前後※	€60～80前後
難度	★★★	★
特徴	ゾーン1-4のRER切符を購入。サン・ミッシェル・ノートルダム駅などからC5線終点で下車	市内から団体バスでヴェルサイユへ。現地では自由観光のツアーが多い。チケットはツアー代に含む

※宮殿の入場料を含む

マリー・アントワネットとは？

オーストリアでローマ皇帝の娘として誕生し、14歳でルイ16世と結婚。ルイ16世の即位に伴い王妃となるが、浪費癖の噂が国民の間に広まる。1789年、フランス革命が勃発し、王政に対する不満を持った市民が宮殿に乱入。1793年に処刑された。

ルブランが描いた肖像画

SHOPPING 宮殿モチーフ小物が集合
リブレリー・デ・プランス
Librairie des Princes

チケット売り場の建物内にある書店兼おみやげショップ。宮殿に関する本や雑貨を扱う。

- チケット売り場横（入場券不要）
- 01-30-97-71-12
- 9:30～19:00（11～3月～18:00）
- 月曜
- RER C5線 ヴェルサイユ・リヴ・ゴーシュ駅から徒歩10分

宮殿入口では無料で荷物を預かってくれる。リュックサックやベビーカーなど、大きな持ち物は預けてから回ろう。

パリでしたい10のこと / ルーヴル美術館 / オルセー美術館 / オランジュリー美術館 / セーヌ河 / ナイトライフ / モン・サン・ミッシェル / ヴェルサイユ宮殿 / 蚤の市 / 3つ星シェフの料理 / 絶品スイーツ

Road to 戴冠の間

フロアが全長680mに及ぶ宮殿内は、各部屋を見ると約2時間を要する。北翼棟1階の入口から入ると、天井画が描かれた2層様式の王室礼拝堂が広がり、2階に上がると宮殿で最も広いヘラクレスの間など、きらびやかな部屋が続く。見どころは、全長73mの回廊とアーチ状の鏡がはめ込まれた鏡の回廊。そして巨匠・ダヴィッドが描いた名画、「ナポレオン1世の戴冠式」が展示される戴冠の間へと続き、見学は終了。太陽王とも呼ばれたルイ14世の権勢と、華やかな宮廷文化の面影を垣間見られる。

宮殿で一番の見どころ
7 鏡の回廊
1684年に完成した、まばゆくきらめくホール。採光のため、アーチ部に357枚の鏡がはめ込んである。

天井はルブランの絵画30点で装飾

豪華絢爛な寝室
8 王の寝室
1701年、宮殿の中心部に用意された。王が身支度を行う起床・就寝の儀式が執り行われていた。

"平和"を描いた絵画で彩られる
9 平和の間
戦争の間とセットで造られた。遊ぶ子どもや楽器など、平和をイメージした絵画が飾られている。

ルブランが装飾。音楽室・遊戯室として使われた

王と王妃の食事部屋
10 大膳式の間
王族のみが着席できた食事部屋。マリー・アントワネットが演奏家用の楽廊も用意させた。

ルイ14世のコレクションが室内に飾られている

王妃の母、マリー・テレーズの絵も展示
さまざまな色合いの大理石で飾られている

王妃のため12名が待機
11 衛兵の間
王妃の警護を担当する衛兵の詰め所。当時は王、王妃、王太子が、それぞれ専用の衛兵を抱えた。

ルーヴルの名画を発見
12 戴冠の間
巨大な『ナポレオン1世の戴冠式』が拝める。部屋はこの絵に合わせて19世紀に改装された。

ここの作品はダヴィッドが描いたレプリカ

Goal

勇ましい太陽王の姿
6 戦争の間
ルイ14世が戦う姿のレリーフが中央に飾られた部屋。貴重な大理石や鏡で、きらびやかなしつらえに。

コワズヴォー作のレリーフやルブランの天井画など太陽王を讃える作品が集合

©THOMAS GARNIER

カレー作のルイ16世の肖像画がある

太陽と芸術の神の部屋
5 アポロンの間
ルイ14世が神・アポロンのために創ったゴージャスな空間。王の玉座が置かれていた時代も。

1706年に寄贈された振り子時計が時を刻む

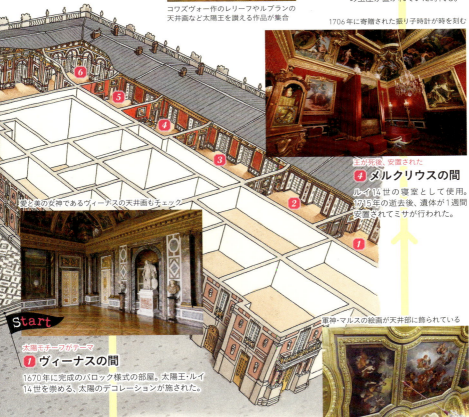

愛と美の女神であるヴィーナスの天井画もチェック

王が死後、安置された
4 メルクリウスの間
ルイ14世の寝室として使用。1715年の逝去後、遺体が1週間安置されてミサが行われた。

軍神・マルスの絵画が天井部に飾られている

太陽モチーフがテーマ
1 ヴィーナスの間
1670年に完成のバロック様式の部屋。太陽王・ルイ14世を崇める、太陽のデコレーションが施された。

Start

天井には狩りの女神・ディアーヌが描かれている

ビリヤードで拍手喝采
2 ディアーヌの間
ビリヤード好きなルイ14世が腕前を披露した部屋。観客に賞賛されたため「拍手の間」とも。

音楽とダンスの空間
3 マルスの間
通称「舞踏会の間」。夜会でダンスホールとして使用された。衛兵の間として使われた時代も。

マリー・アントワネットは14歳でルイ16世と結婚。政治的思惑に基づく縁組だった。

パリでしたい10のこと / ルーヴル美術館 / オルセー美術館 / オランジュリー美術館 / セーヌ河 / ナイトライフ / モン・サン・ミッシェル / ヴェルサイユ宮殿 / 蚤の市 / 3つ星シェフの料理 / 絶品スイーツ

08 予約不要

ストーリーがあるアイテムを求めて
蚤の市で掘り出し物を探す

ヴィンテージ関連の露店がずらりと並ぶ蚤の市。小さな手芸用品から日用雑貨、古着、インテリア小物まで、多種多様なアンティークが集まる。規模も大小さまざま。世界にたったひとつだけの、物語のあるアイテムを探してみよう。

パリで最大規模のクリニャンクールの蚤の市。約3000店も出店！

家具や雑貨が所狭しと陳列。誰かの部屋をのぞいているような気分になる

こんなものが買える！
※販売価格は目安です

インテリア
- 木製の収納ボックス。€35〜
- アンティークスーツケース。€40〜
- 20世紀初頭の布貼りの箱。€20〜

食器
- 18世紀のグラス。€60前後
- コーヒーミル。€40〜

日用雑貨
- お菓子のブリキ缶。€2〜
- 古いキーホルダー。€0.50〜

古着&バッグ
- 20世紀初頭のバッグ。各€60〜
- ジーンズや革ジャケット。€30〜

絵画
- 複製ポスターや版画など。€15〜

クリニャンクールの蚤の市MAP

- マルシェ・ポール・ベール Marché Paul Bert
- マルシェ・セルペット Marché Serpette — レトロなブランドバッグも販売する高級アンティーク街
- マルシェ・ヴェルネゾン Marché Vernaison — 古いエリア。ビーズ店など小物を扱う店が多い
- マルシェ・ドーフィーヌ Marché Dauphine — アールデコ、アールヌーボー、貴金属などが並ぶ
- R. des Rosiers
- R. P. Bert
- R. Jean Henri Febre
- Bd. Peripherique
- Ave. Michelet
- Ⓜ ポルト・ドゥ・クリニャンクール駅へ（約600m）

《 蚤の市一覧 》

	蚤の市名	開催日
最大!	クリニャンクールの蚤の市	土〜月曜
	ヴァンヴの蚤の市	土・日曜
	マルシェ・ダリーグルの蚤の市	火〜日曜
	モントルイユの蚤の市	土〜月曜
こちらもCheck! ブロカント	ヴィラージュ・スイス	木〜月曜
	ル・ルーヴル・デ・アンティケール	火〜日曜

室内の店舗もある。見やすくてゆっくり買い物を楽しめる

古いチェストに商品を並べるだけでおしゃれ

値切り交渉にもチャレンジ！

食器の店を発見!!

How to 買い方

❶ エリアを事前にチェック！

クリニャンクールなど大型の蚤の市の場合は、多数の店舗が出店するため、あらかじめエリアを絞って回るのがおすすめ。気になるものがあった店の場所は覚えておくようにしよう。

❷ 商品を見せてもらう

気になるものが見つかったら、必ずお店の人に声をかけてから商品を手に取ろう。ガラスケースに収められているものはお店の人に取ってもらう。品物の質感や保存状態をしっかりチェック。

ひと言会話
- Pourriez-vous me montrer celui-là, s'il vous plaît?
  (見たい商品を指差しながら)これを見せて頂けますか？
- C'est combien?
  おいくらですか？

❸ 値段を交渉する

まずは電卓やメモを使って、自分が出せる金額を店主に提示してみよう。お互いに納得できる金額になったら交渉成立。あまりにも安い金額で相談すると取り合ってもらえないことも。

ひと言会話
- Pouvez-vous faire un effort sur le prix?
  もう少しお安くして頂けますか？
- Si j'achète les deux, pouvez-vous me faire un prix?
  二つ買うならいくらにして頂けますか？

❹ 代金を支払う

交渉で決まった金額を支払う。クレジットカードは使えない店が多いので、現金を用意しよう。商品を包装してくれないお店も多いが、割れ物などの場合は梱包材に包んでくれるところもある。

ひと言会話
- Je prends celui-là.
  (選びながら)これを買います。
- Je peux payer par carte?
  カードで払えますか？

これがあると便利！

☐ **電卓・メモ用紙**
フランス語で値段交渉をするのは難しいので、電卓やメモを使ってやりとりするとスムーズ。

☐ **大きなバッグ**
袋に入れてくれない店も多いので、大きなバッグやエコバッグを持っていこう。

☐ **ウェットティッシュ**
商品は新品ではないので手が汚れがち。水道が見つからない時はウェットティッシュが活躍。

What is 蚤の市

あらゆる「古いもの」が手に入る

最も賑わうクリニャンクールの蚤の市は1880〜90年代にスタート。もともと付近で鉄くずを扱うマーケットが盛況だったことに行政が注目。商店を設置しやすいように道路を整備するなどして後押し。結果、蚤の市が発展。

時間	住所	アクセス	MAP	特徴
9:00〜18:00頃	Rue des Rosiers	4号線ポルト・ドゥ・クリニャンクール駅から徒歩5分	別 P.5 D-1	パリ最大規模の蚤の市。生活雑貨から古着、家具まで揃う。
7:00〜13:00頃	Av. Marc Sangnier/Av. Georges Lafenestre. Vanves	13号線ポルト・ドゥ・ヴァンヴ駅から徒歩3分	別 P.4 C-3	コレクターも足しげく通う本格派。価格設定は比較的安め。
8:00〜14:00頃	Pl. d'Aligre	8号線ルドゥリュ・ロラン駅から徒歩5分	別 P.21 E-3	マルシェ前の広場に小さなアンティークスタンドが並ぶ小型の市。
7:00〜19:30頃	Av. de la Porte de Montreuil	9号線ポルト・ドゥ・モントルイユ駅から徒歩5分	別 P.5 F-2	庶民派で地元の人で賑わう。古着や生活用品などを多く取り扱う。
10:30〜19:00頃	78 Av. des Suffren/54 Av. de la Motte Picquet	6・8・10号線ラ・モット・ピケ・グルネル駅から徒歩2分	別 P.16 C-3	約150店が並び、絵画や家具などの高級アンティークを扱う。
11:00〜19:00頃	2 Place du Palais Royal	1・7号線パレ・ロワイヤル・ミュゼ・デュ・ルーヴル駅から徒歩2分	別 P.19 D-1	世界中の骨董品が集まる大型骨董品センター。高級品が多い。

ブロカントとは、歴史は古くないものの人々に愛された品を扱う店のこと。仏語で「美しいガラクタ」という意味。

09 一生に一度は体験したいひと皿がここに！
3つ星シェフの料理に舌鼓！

要予約

美食大国フランスを訪れたなら、一度は食べておきたいのがフランス料理。どうせならミシュランガイドで最高級3つ星に認定された店で味わってみては？ パリ市内の3つ星レストラン9店舗の中から、ひと際注目されている3名のシェフの店を紹介しよう。

店内はヴェルサイユ宮殿の鏡の間をイメージ

予算目安 昼€85〜、夜€380〜

Menu おすすめメニュー

- 前菜：スコットランドのラングスティーヌ ウイキョウ、レモン風味 €135
- メイン：キュロワゾー産若い雌鶏とモリーユ茸 €175

※メニューは季節により変更

左からスズキの活け締め、ウイキョウとレモンを添えたラングスティーヌ、キュロワゾー産の若い雌鶏とモリーユ茸
©pmonetta

★★★ **アラン・デュカスの3つ星レストラン**

ヴェルサイユ宮殿を復元した店内

ル・ムーリス・アラン・デュカス
Le Meurice Alain Ducasse

1817年創業のル・ムーリス内にあるメインダイニング。2013年9月からアラン・デュカスが統括している。

🏠 228 Rue de Rivoli,1er ☎ 01-44-58-10-55 🕐 12:30〜14:00、19:30〜22:00 土・日曜 Ⓜ 1号線チュイルリー駅から徒歩1分 🌐 www.alainducasse-meurice.com/fr

英語OK

オペラ・ガルニエ周辺 ▶ MAP 別 P.10 B-3

アラン・デュカス

史上最年少となる33歳で3つ星を獲得して注目を集めた、モナコ出身のシェフ。現在、シェフに就任している2店舗が3つ星評価。世界8カ国に24店舗以上を展開するフレンチ界の巨匠。

WHAT IS 3つ星レストラン

「ミシュラン」社が発行する「レッド・ミシュラン」で、「わざわざ旅行する価値があるほどの料理を提供している」店のこと。3つ星が最高ランクで①素材②調理技術の高さ③オリジナリティ④コストパフォーマンス⑤料理全体の一貫性の5つのポイントで評価される。

料理はシェフの故郷ブルターニュの食材を使用

Menu
おすすめメニュー

- 前菜:キャビアがのった ラングスティーヌのタルト €105
- メイン:和牛のプランチャ €190
- デザート:ナッツ入りカボチャの キャラメリゼしたラビオリ €36

★★★
ヤニック・アレノの
3つ星レストラン

シャンゼリゼに佇む一軒家レストラン

パヴィヨン・ルドワイヤン
Pavillon Ledoyen

ナポレオンがジョセフィーヌに出会ったと伝えられる歴史ある建物にある。洗練された都会的感覚の新フレンチ料理を味わおう。

🏠 8 Av. Dutuit, 8e　☎ 01-53-05-10-00
🕐 12:30〜14:30、19:30〜22:00
㊡ 土曜の昼、日曜　🚇 1・13号線シャンゼリゼ・クレマンソー駅から徒歩3分
🌐 www.yannick-alleno.com/fr/
日本語OK　英語OK
シャンゼリゼ大通り周辺　▶MAP 別P.9 F-3

予算目安　昼€82〜、夜€380〜

シャンゼリゼに面した広い庭の中にあって、静寂さも魅力。重厚な調度品に囲まれ最高級の料理を味わう至福の時

ヤニック・アレノ

2007年、勤務していたル・ムーリスを3つ星に導く。その能力が評価され、2014年7月、既にミシュラン3つ星に認定されていたレストラン、ルドワイヤンのシェフに抜擢された。

HOW TO レストランでの楽しみ方

❶ 再度、予約を確認
前日にレストランから電話で予約確認の連絡がある。ない場合は念のため、問い合わせを。

ひと言会話
- Je voudrais confirmer ma reservation pour demain, au nom de ××.
××の名前で明日の予約が入っているか、確認をお願いします。

❷ 店内へ入る
身だしなみと態度に注意を。まずは入口で予約者の名前を伝え、席まで案内してもらおう。

ひと言会話
- ××, s'il vous plaît.
××です。お願いします。

❸ まずはアペリティフを注文
サービス係が、アペリティフ(食前酒)としてシャンパンのオーダーを薦めてくれる。

ひと言会話
- Oui, s'il vous plaît／Non, merci.
はい、お願いします。／いいえ、結構です。

❹ 料理を注文する
フレンチの料理名は難解なものが多い。コースであれば、メニューは大概決められている。

ひと言会話
- Est ce que vous avez le menu fixé?
セットされたコースメニューはありますか?

❺ ワインを注文する
高級レストランでは、ワインのセレクトにはソムリエが登場。料理に合う銘柄を聞こう。

ひと言会話
- Que recommandez vous pour ce plat?
この料理には、どのワインがおすすめですか?

❻ 料理を楽しむ
料理を味わう時は、かたくなりすぎずに、リラックスしてその場の雰囲気や味も楽しもう。

❼ チーズとデザートを楽しむ
星付きレストランでは、食事が終わった後でもチーズやデザートがたっぷり出てくる。食べすぎないように気を付けつつ味わおう。

❽ 代金を支払う
食後のお茶や食後酒を満喫しながらひと休みしたら席でお会計を。チップをお忘れなく。

ひと言会話
- L'addition, s'il vous plaît.
お会計をお願いします。

人気の3つ星レストランは、なかなか予約がとれないことも。パリ行きが決まったら、早めに予約を。予約の取り方は別冊P.26参照。

エリック・フレションの 3つ星レストラン

一流パラスホテルのダイニング

エピキュール
Epicure

名門ホテル内のメインダイニング。長年2つ星は獲得していたものの、満を持して2009年に3つ星に。素材に対するこだわりで有名。

🏠 112 Rue du Faubourg Saint-Honoré, 8e
☎ 01-53-43-43-40　🕐 7:00～10:30、12:00～14:00、19:00～22:00　無休　🚇 9・13号線ミロメニル駅から徒歩3分　🌐 www.oetkercollection.com/fr/hotels/le-bristol-paris/restaurants-et-bar/restaurants/epicure/　日本語OK
英語OK　シャンゼリゼ大通り周辺　▶MAP 別 P.9 F-2

Menu
おすすめメニュー

- 前菜:ソローニュのキャビア、タラダマシの燻製のマッシュポテト €150
- メイン:パン・ド・ミーで包んだメルラン €69
- デザート:ミントチョコレート €36

予算目安　昼€145～、夜€340～

a. 中庭を眺めながら食事をいただく優雅さは、パリで随一
b. ラングスティーヌとキャヴィア、ロスコフのカニの緑トマトのゼリー寄せ

エリック・フレション

タイユヴァン、トゥール・ダルジャン、クリヨンといった最高級のレストランで腕を磨いた。1999年にル・ブリストルの総料理長に就任。ノルマンディ地方出身。

HOW TO
覚えておきたいレストランでの基本作法

清潔感ある服装で

星付きレストランでは、男性はジャケットの着用が好まれる。清潔感のある服装で望みたい。

あいさつはきちんと

入店したら、まずは「Bonjour（ボンジュール）」フランス語であいさつ。これで印象が違う。

食べるときは音をたてない

スープを飲む時は、音をたてないようにスプーンで静かに口に運ぶ。カトラリーの音にも注意。

リクエストはギャルソンへ

用事があれば「S'il vous plaît.（スィル・ヴ・プレ）」とギャルソンへ。会計方法はP.63参照。

3つ星シェフの
セカンドレストラン

セカンドレストランとは、3つ星シェフが腕を振るう1〜2つ星、または星なしのレストランのこと。ここ数年で、星付きシェフによるリーズナブルなレストランやビストロの出店が増加。より幅広い層の人たちが美食を楽しめるようになった。一流シェフの味を気軽に試してみよう！

a. 風味のよい柔らかい子羊
b. カリッと揚がったカレイ

Menu おすすめメニュー
- 前菜：ベルヴュー風オマールブルー、メイン：鳩のソテー＆煮込み €190のコースから

Ⓐ アラン・デュカスの セカンドレストラン
🍴 予算目安 昼€105〜、夜€190〜

Menu おすすめメニュー
- 前菜：イカのにんにく風味のソテー €15
- メイン：ソーセージとじゃがいものピュレ €21

Ⓑ エリック・フレションの セカンドレストラン
🍴 予算目安 昼・夜€35〜

Ⓐ エッフェル塔でガストロノミーを満喫

ル・ジュール・ヴェルヌ
Le Jules Verne

エッフェル塔内の専用エレベーターでアクセス。125mの高さからパリを一望する展望レストランで一流の味を。

📍 Tour Eiffel, Av. Gustave Eiffel, 7e ☎ 01-45-55-61-44
🕐 12:00〜13:30、19:00〜21:30 休 無休 🚇 6号線ビラケム駅から徒歩7分 www.lejulesverne-paris.com 英語OK
エッフェル塔周辺 ▶ MAP 別P.16 B-2

アラン・デュカスの1つ星レストラン

Ⓑ 国鉄駅構内で朝食も夕食もOK

ラザール・パリ
Lazare Paris

ノルマンディ行きの列車が発着するサン・ラザール駅構内にあり、モーニングからディナーまで利用できる。

📍 Parvis de la Gare St-Lazare, Rue Intérieure, 8e
☎ 01-44-90-80-80 🕐 7:30〜23:30（昼12:00〜15:30、夜19:00〜）休 無休 🚇 3・12・13・14号線サン・ラザール駅から徒歩1分 lazare-paris.fr/ 英語OK
オペラ・ガルニエ周辺 ▶ MAP 別P.10 B-1

レディーファーストで	大声で話さない	香水はほどほどに	上手にナプキンを利用

エレガントな装いで大切なのは華麗なエスコート。男性は女性を優先させた振る舞いを。	周りのテーブルの人々の会話の妨げになるような、大きな声で話すのは避けよう。	料理やワインも香りを楽しむもの。香水を臭わせては食事のおいしさも感じられない。	ハンカチやティッシュの代用として活躍するのは布製ナプキン。手や口を拭く時に利用。

店内では背筋をのばすことも忘れずに。猫背だと洗練されていないと見なされ、よいサービスが受けられないかも。

パリでしたい10のこと **10**

予約不要

日本未上陸のお菓子にうっとり♪
絶品スイーツに首ったけ！

世界トップレベルのパティシエが集うパリは、芸術作品のようなケーキの宝庫。有名店の新作はもちろん、エクレアやマカロンなどの定番だって、パリならではのフレーバーもあって見逃せない。日本では食べられない、パリならではの口福(こうふく)体験を！

パティスリー

フランス語でパティスリー(Pâtisserie)とは「お菓子、ケーキ」のこと。日本未上陸のブランドはもちろん、日本に先駆けて登場する新メニューにも注目！ 名店揃いのパリだから、テイクアウトしていろいろ試すのもおすすめ。

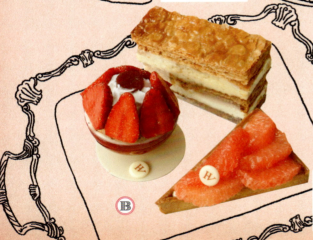

Ⓐ カラフルな小ぶりタルト€5.90〜6.50。バーレット・フランボワーズ(上)、レモンクリームのバーレット・シトロン(中央)、バーレット・ピスタチオ(左)

Ⓑ ミルフォイユ・バニーユ€6.70(上)、イチゴクリームたっぷりのユーゴ・フレーズ€6.20(中央)、さわやかなグレープフルーツのタルト€6.90(下)

エクレア・ブームの立役者
レクレール・ド・ジェニー
L'Éclair de Génie

色鮮やかで美味なエクレアを提案するアダム氏は名門店のフォション出身。色とりどりの果物やクリームで飾られ、目でも楽しめる。

バーレット・オランジュ €7

🏠 14 Rue Pavée, 4e ☎ 01-42-77-85-11 ⏰ パティスリー11:00〜19:30、カフェ〜18:00 🚫 無休 🚇 1号線サン・ポール駅から徒歩1分 英語OK

バスティーユ広場周辺 ▶MAP 別 P.20 B-2

宝石のように美しい大人のお菓子
ユーゴ・エ・ヴィクトール
Hugo & Victor

星付きレストランに勤務していたユーゴ氏がオープン。スタイリッシュな見た目のスイーツは、濃厚な味わいで甘党に支持されている。

ユーゴ・フレーズ €6.20

🏠 7 Rue Gomboust, 1er ☎ 01-42-96-10-20 ⏰ 11:30〜19:30(金・土曜〜20:00) 🚫 日・月曜 🚇 7・14号線ピラミデ駅から徒歩1分 英語OK

オペラ・ガルニエ周辺 ▶MAP 別 P.10 C-3
※閉店(2019年5月現在)

ラム酒が効いたババ・オ・ラム€5.50(上)、カカオ66%のチョコムース、カライブ€5.50(右)、レモンの酸味が程よいタルト・オ・シトロン€6(下)

時計回りに上から大きいサイズのアラベスク€5.50、セレスト、モザイク、アンヴィ、ジャルダン・オン・コルスは小さなサイズで各€2.20〜

HOW TO 買い方

箱に詰めてもらう

ショーケースにはアートな仕上がりのケーキが並ぶ。パティスリーで購入すると、通常は箱に入れてくれる。

ひと言会話
・Pourriez vous me faire un paquet, s'il vous plaît.
プーリエ ヴ ム フェール アン パッケ スィル ヴ プレ
箱に入れていただけますか?

WHAT IS サロン・ド・テ

近ごろパリでは、サロン・ド・テを併設するパティスリーやショコラティエが急増。店それぞれが持つ世界観も合わせて堪能して。

サロン・ド・テ→P.70

❶ 店内へ入る

ケーキを販売するブティックとサロン・ド・テの入口が分かれているショップが多い。入口で待つとスタッフが席へ誘導してくれる。

ひと言会話
・J'aimerais avoir une table, s'il vous plaît.
ジュメレ アヴォワール ユヌ ターブル スィル ヴ プレ
テーブルをお願いします。

❷ 注文する

ショーケースに陳列されたケーキから選べる場合は指さし注文も可能。メニューを見て選ぶ場合もクラシックな名称が多いので、注文もスムーズにいくはず。

注文方法→別P.26

❸ 料金を支払う

「お会計お願いします。(L'addition, s'il vous plaît/ラディシオン・スィル・ヴ・プレ)」と伝えレシートが届いたら基本はテーブルでお会計。

C
最先端マカロンをチェック
ピエール・エルメ
Pierre Hermé

シュー・アンヴィ
€7.20

ふっくらとした繊細な生地で、やさしい甘さのクリームを挟んだマカロンが評判。日本未発売のフレーバーも先行して味わうことができる。

🏠 72 Rue Bonaparte, 6e　☎ 01-43-54-47-77
🕐 10:00〜19:00(土曜〜20:00)　無休　4号線サン・シュルピス駅から徒歩3分　日本語OK　英語OK
ルーヴル美術館周辺　▶MAP 別P.18 C-3

D
意外性があるスイーツにトキメキ
ラ・パティスリー・シリル・リニャック
La Pâtisserie Cyril Lignac

エキノックス
€6

テレビにも登場するスターシェフの店。伝統を大切にしつつ、独自のアイデアで斬新な食感や味に仕上げた驚きがあるケーキが並ぶ。

🏠 2 Rue de Chaillot, 16e　☎ 01-55-87-21-40　🕐 7:00〜20:00(月曜〜19:00)　無休　9号線イエナ駅から徒歩3分　英語OK
シャンゼリゼ大通り周辺　▶MAP 別P.8 B-3

食べるのが難しいと敬遠されがちなミルフィーユだが、最初に倒して横からナイフを入れると切りやすい。　67

ショコラトリー

ショコラトリーとはフランス語でチョコレート専門店のこと。お祝いやパーティでチョコを贈る習慣があるフランスでは、老若男女問わずチョコが大好き。各ショコラティエの創意工夫が結集したチョコは、ひと粒で誰もが幸せを感じる味わい。

あらゆる形のチョコが約30粒入ったレ・バロタン・ド・ショコラ€27（250ｇ）

Henri Le Roux

クラシックなレシピを継承
アンリ・ルルー
Henri Le Roux

ブルターニュ地方で誕生したブランド。本国フランスでは、滑らかな舌触りのショコラが人気。キャラメルにも定評がある

- 1 Rue de Bourbon le Château, 6e
- ☎ 01-82-28-49-80　⊙ 11:00〜19:30（日・月曜 11:00〜14:00、15:00〜18:30）　無休
- 4号線サン・ジェルマン・デ・プレ駅から徒歩1分　日本語OK　英語OK

ルーヴル美術館周辺　▶ MAP 別 P.19 D-3

パット・ド・フリュイ€90/kg（右上）、ノワゼット・デュ・ピエモンとアマンド・デュ・ピエモンは各€140/kg（中）、キャップ・ウ・バ・キャブル€180/kg（左下）

ボンボン・ド・ショコラ 36個入り€34、9個入り（€12）、72個入り（€65）もある

フレッシュで上質なショコラ
ジャック・ジュナン
Jacques Genin

3つ星に輝くレストランや最高級ホテルにおろしていたパティシエのショップ。カカオの風味豊かでフレッシュなチョコが評判。

- 133 Rue de Turenne, 3e　☎ 01-45-77-29-01　⊙ 11:00〜19:00（土曜〜20:00）　月曜　8号線フィーユ・デュ・カルヴェール駅から徒歩5分　日本語OK　英語OK

マレ　▶ MAP 別 P.20 C-1

Jacques Genin

ショコラの種類

ガナッシュ
溶かしたチョコに生クリームや洋酒を合わせたもの。濃厚で口溶け抜群

トリュフ
キノコのトリュフをかたどったチョコ。中にガナッシュが入っている

プラリネ
焙煎したナッツをカラメル化。ペースト状にしてチョコと合わせている

ロシェ
ナッツ類をチョコで固めたもの。ゴツゴツとした食感が特徴

オランジェット
砂糖漬けしたオレンジピールをチョコレートでコーティングしている

アマンドショコラ
ローストやキャラメリゼしたアーモンドをチョコでコーティングしたもの

アンスタンクト€22（左）、フルーツジュレをコーティングしたクルール€24（右）

Patrick Roger

ショコラのアーティスト
パトリック・ロジェ
Patrick Roger

M.O.F（フランス国家認定最優秀職人）であり、ショコラの芸術家とも呼ばれている職人。繊細かつ斬新で新しい味覚を生み出している。

- 3 Place de la Madeleine, 8e　☎ 01-42-65-24-47　⊙ 10:30〜19:30　無休　8・12・14号線マドレーヌ駅から徒歩1分　www.patrickroger.com　英語OK

オペラ・ガルニエ周辺　▶ MAP 別 P.10 A-3

チョコレートの祭典 サロン・デュ・ショコラとは？

1995年パリで誕生し、2002年からは日本でも毎年開催されている、世界的にも有名なチョコレートの祭典。およそ200人のシェフやパティシエを含む60カ国以上が出展し、名パティシエの新作チョコレートをはじめ多くのチョコレートが楽しめる。ほかにも、ワークショップやファッションショーなどの催しも充実（入場は有料）。

次回開催日時（予定）
日時：2019年10月31日〜11月3日
🏠 ポルト・ドゥ・ヴェルサイユ見本市会場
Ⓜ 12号線ポルト・ドゥ・ヴェルサイユ駅から徒歩1分

チーズ入りチョコ
(Balloluxe Chocolats au fromage)
16個€17.90

木〜土曜限定のエクレア€4.40〜（右）とプランセス・ノワゼット€6.10〜（左）

世界トップクラスの品質
ジャン・ポール・エヴァン
Jean-Paul Hévin

世界のショコラ業界を20年以上牽引し続けるショコラティエ。エヴァン氏自らカカオを選んだ繊細な味わいのひと粒にファンも多い。

🏠 231 Rue St-Honoré, 1er ☎ 01-55-35-35-96 ⏰ 10:00〜19:30 休 日曜 Ⓜ 1号線チュイルリー駅から徒歩4分
英語OK
オペラ・ガルニエ周辺 ▶ MAP 別 P.10 B-3

ボンボン・ショコラのレ・ザタンシォン
(Les Attentions)
2個€4〜

熟練の技によるショコラ
ラ・メゾン・デュ・ショコラ
La Maison du Chocolat

1955年創業。60年以上の歴史を持つ「ショコラのメゾン」は、パリの人々にとって特別な日のためのチョコレートとして親しまれている。

🏠 8 Bd. de la Madeleine, 9e ☎ 01-47-42-86-52 ⏰ 10:00〜20:00（日曜〜13:00）休 無休 Ⓜ 8・12・14号線マドレーヌ駅から徒歩1分 www.lamaisonduchocolat.fr
日本語OK 英語OK
オペラ・ガルニエ周辺 ▶ MAP 別 P.10 B-3

チョコレート・フォンデュは仏語で「Fondue au Chocolat（フォンデュ・オ・ショコラ）」。具材に果物のほかマドレーヌなども使用。

ショコラトリー併設サロン

ショコラトリーもサロンスペースがある店舗なら、ゆったり過ごせる。店内ならではのケーキを味わったり、チョコ以外の魅力を再発見してみては。

おすすめメニュー
パリ・ブレスト €9
バニラ風味の
ミルフォイユ €9

サロン限定のケーキは必食

ジャック・ジュナン
Jacques Genin

毎日作るできたてショコラに負けず、ケーキも評判。注文後に仕上げるミルフィーユなど店内ならではの味を堪能することができる。

🏠 133 Rue de Turenne, 3e　☎01-45-77-29-01
🕐 11:00〜18:30 (土曜〜19:30)　休 月曜　8号線フィーユ・デュ・カルヴェール駅から徒歩5分
🌐 jacquesgenin.fr　[日本語OK] [英語OK]
マレ ▶MAP 別 P.20 C-1

野イチゴのタルト €12
甘酸っぱい野イチゴが盛りだくさん!

季節限定のケーキもあり

クルミのタルト €9
クルミの食感がたまらない大人の一品

a. らせん階段の上のアトリエから随時運ばれるフレッシュなケーキが自慢　b. 日本語を話してくれるチャーミングなスタッフも

70

パティスリー併設サロン

ラグジュアリーな空間で、見た目にも可愛いスイーツを味わえば美味しさも倍増。スイーツに合わせたティーセレクトにも心が躍る。

おすすめメニュー
モンブラン €9.30
ショコラ・ショー €8.20

a. ショーケースに並ぶスイーツは乙女心をくすぐる可愛いものばかり　b. 豪奢なサロンとは一転、白がベースカラーの爽やかなショップスペース

フランボワーズ風味のマカロン！
ポンパドゥール
€9.10
甘酸っぱさが口に広がる人気商品！

ミルフォイユ・ア・ラ・ヴァニーユ・ブルボン
€9.20
パイ生地の歯ざわりがよく、軽い食感

100年の歴史を誇るサロン
アンジェリーナ
Angelina

1903年創業。ココ・シャネルが訪れるなど当時の社交場として人気を集めた。ベル・エポックの時代を彷彿とさせる、きらびやかな内装が素敵。

▲ 226 Rue de Rivoli, 1er　☎01-42-60-82-00
⏰ 7:30〜19:00（金曜〜19:30、土・日曜8:30〜19:30）　無休　1号線チュイルリー駅から徒歩1分　www.angelina-paris.fr　英語OK

オペラ・ガルニエ周辺　▶MAP 別P.10 B-3

1階で選んでからサロンへ行こう

ナポリタン
各€7.90
ショコラとナッツの王道コンビが楽しめる！

a. ジャンヌ・ダルクの像が立つピラミッド広場に面した一画　b.1階がブティックで階段を上ると2階がサロン・ド・テになっている

待望のサロン・ド・テがオープン
サロン・ド・テ・セバスチャン・ゴダール
Salon de thé Sébastien Gaudard

フォションでシェフパティシエを務めたセバスチャン氏の話題のサロン・ド・テ。モンブランやエクレアなどシンプルで伝統的なケーキにこだわる。

おすすめメニュー
モンブラン €8.50
パリ・ブレスト €8.50
タルト・オ・シトロン €8.50

▲ 1 Rue des Pyramides, 1er　☎01-71-18-24-70
⏰ ブティック10:00〜19:30（日曜〜19:00）、サロン・ド・テ〜19:00　月曜　1号線チュイルリー駅から徒歩2分　英語OK

ルーヴル美術館周辺　▶MAP 別P.18 C-1

ティーサロンで使用されたことから盛岡の民芸品、南部鉄器の急須がパリで人気。カラフルなものなどバリエも豊富。

HOW TO パリの**事件簿 BEST5**

マナーやルールを知らずに、恥ずかしい思いはしたくない！ パリの知っておきたいポイントを、シチュエーション別に紹介。くれぐれもこんな「事件」は回避しよう。

📁 事件ファイル

注文しようと店員を呼んだら、白い目で見られた……

パリの事件簿 No.1
カフェ&レストラン

普段日本の飲食店で無意識にしていることもパリでは通用しないことが多い。ルールを守って楽しい食事を。

解決！ 店内で大声はNG！ハンドサインでスマートに注文を

フランスをはじめとする欧州諸国では、日本のように「すみませーん！」と大声を出して店員を呼びとめるのはマナー違反。テーブルごとに担当のギャルソンが決まっていることもあるので、アイコンタクトやハンドサインを使ってオーダーしよう。

こんなハンドサイン使ってみて！

店員を呼びたいときは、店員がこちらを見たタイミングで手を挙げ、人差し指を立てるサインを示して。

「Good」を表すサムズアップは日本とほぼ同じ意味。出された料理がおいしかったときにはぜひ使ってみよう。

こんなハンドサイン使っちゃダメ！

日本では「OK」の意味で使われるが、パリでは「役立たず」の意味になる。誤解を生まないよう注意が必要。

欧米でも意味合いは同じで、ブーイングするときに使う。スポーツ観戦など以外で使うと怒りを買ってしまう。

パリを楽しむツアー

アクティビティをお得に楽しむ！
『Visa優待特典』活用術

アクティビティがお得に楽しめるVisaカードの優待特典で、パリ旅行をもっと満喫！

{その1} パリ・ア・ヴェロ・セ・サンパの全ツアーが **10%OFF**

パリ市内を周遊する自転車ツアー。パリの有名なモニュメントをめぐるツアーをはじめ、さまざまなコースが充実。経験豊富なガイドの案内付きで、美しいパリの街並みを存分に味わえる。

{その2} オープン・ツアー・パリのバス乗車パスが **15%OFF**

パリの主要観光スポットを回る、2階建てオープンバスツアー。全4コースあり、50以上の停留所ではどこでも乗り降り自由。いつもとは違う目線で楽しむパリを体験してみては。

「Visa優待特典2018・パリ」
- 優待期間 ▶ ～2018年12月31日まで
- 対象 ▶ 日本国内で発行されたVisaカードのみ対象
- 詳しくはこちら ▶ www.visa.co.jp/travel-with-visa/destinations/paris.html

パリの事件簿 No.2
トイレ

パリで一番困るのがトイレ。公共の場にあるトイレの数が少ないので、見つけたらできるだけ利用しよう。

🖊 事件ファイル
駅でトイレに行きたいのに見つからない……

解決！
トイレのあるところを事前にチェック！

地下鉄の駅をはじめ、コンビニやトイレのあるショップもほとんどないのがパリ。市内散策に出かける場合は、公衆トイレの場所などチェックしておこう。また日本ほど清潔ではないので、ウェットティッシュなどを持ち歩くのもおすすめ。

パリのトイレ事情

場所	利用料金	備考
街中	€0.50〜	係員不在の場所はコインのみ使用可
カフェ＆レストラン	無料	別途、ドリンク等のオーダーは必要
美術館	無料	別途、施設の入館料金が必要
デパート	無料	お客様用トイレは数が限られている。一部有料もある。
国鉄の駅	約€1〜	大型の駅構内に限り設置されている
電車	無料	TGVや地方行きの長距離電車に限り車内設置されている。メトロ・RER線の車内にはないのでご注意。
空港	無料	比較的、清掃が行き届いている

公衆トイレの使い方

駅・観光地の公共トイレはほとんどが有料。無人の場合は所定の位置にコインを入れ、ドアロックを解除して使用。係員がいる場合は使用料を支払って使う。カプセル型の街の公衆トイレは無料のものも。

パリならではのおしゃれなトイレタイム

フランスのメーカー「Point WC」が作った高級公衆トイレ。料金は€1.50と高めだが、ドリンクコーナーやメイク直しスペースなどの設備が充実。市内3カ所に設置（→MAP 別P.10 B-2）。

🗼 他にも覚えておきたいパリのマナー

フランスと日本では異なるマナーがまだまだある。知っていればなんてことないものばかりなので、事前に正しい知識を身につけ、楽しい旅行に。

服装｜露出の多い服装は要注意
歴史的建造物の見学もパリ観光の醍醐味のひとつだが、教会を訪れる際には服装に気をつけて。信仰の場所なので、肌の露出は抑え、帽子は脱ぎ、大声を出さずに静かに行動を。また、ミサの時間の見学は控えよう。

交通｜エスカレーターは左側を空けて
空港や駅、百貨店などに設置されたエスカレーター。日本でも急いでいる人のために片側を空ける習慣があるが、パリにも同じエチケットがある。空けるのは左側。日本でいう大阪式になっている。

撮影｜美術館での撮影はルールを厳守
フランスの多くの美術館、博物館では写真撮影が可能になっている。だが、作品保護のためフラッシュの使用は禁止。三脚やセルフィスティック（自撮り棒）も他の人の迷惑になるため使用できないので覚えておこう。

挨拶｜基本的な挨拶はフランス語で話してみて
レストランやショップに出入りするときは必ずスタッフの人に挨拶するのがお決まり。入店時には「ボンジュール」、退店時には「メルスィ、オ・ルヴォワール」と挨拶をすれば、店員も気持ちのよいサービスをしてくれる。

記念写真の撮影時もマナーに注意。店内での撮影は店員さんに断ってから（→別P.27）。言葉が通じなくても、ジェスチャーで聞いてみて。

パリの事件簿 No.3 ホテル

ホテルもマナーやルールを守ってスマートに利用を。洗濯事情からチップの支払い方まで知っておいて損はなし！

🔍 事件ファイル
洗濯物を外に干したらホテルの人に怒られた

解決！ 加湿器代わりに室内に干すのがベスト

旅行中の荷物を少なくするために、下着などは自分で洗濯して使いまわす人も多いのでは。でも外から見えるベランダやバルコニーなど、室外に干すのは景観を乱すという理由でNG。室内干し用にフックの付いたロープや洗濯バサミを持っていけば役立つかも。

使用済みのタオルはどこに置けばいい？

使用済みのタオルは、ふわっとまるめて、床かバスタブの中に置くのがルール。きれいに畳んだり、テーブルに置くと新しいタオルと交換してくれないので注意。

洗濯した衣類はどこに干せばいい？

清掃員が部屋に入るので、下着などの洗濯ものを部屋干しするのは避けるのがベスト。干すときは浴室を使うのがおすすめ。

ホテルの星の数ってどうやって決めるの？

星の数は、部屋の平米数、バスなどの設備、フロント営業体制などの基準がフランス政府によって定められている。ホテルのエントランスにそのランクを示す指定看板を付けることが義務付けられている。

エレベーターの階数表示は日本と違う？

フランスでは、日本でいう1階は、地上階（レドショッセ）と呼び、Rや0という数字で表される。そして日本の2階はフランスでは1階に。日本よりマイナス1階と覚えておこう。

5階	⟷	4e
4階	⟷	3e
3階	⟷	2e
2階	⟷	1er
1階	⟷	R or 0

ホテルの料金の目安は？

星の数	宿泊料金の目安	施設規模
★ 1つ星	€30〜100	・最低7室あること ・バスルームがあること　ほか
★★ 2つ星	€50〜200	・全室の40％がバスまたはシャワー付き ・4階以上ならエレベーターがあること　ほか
★★★ 3つ星	€80〜300	・全室に専用の洗面台があること ・50％の部屋が専用トイレを備えていること　ほか
★★★★ 4つ星	€100〜600	・90％以上の部屋に専用トイレ・バス、洗面台があること ・館内にレストランがあることほか
★★★★★ 5つ星	€500〜8000	・全室に専用のバスルームがあること ・寝室1〜2室付きのスイートルームがあること　ほか

スリッパ姿で歩くのはマナー違反！

ホテルの廊下など、部屋の外をパジャマ姿やスリッパ姿で出歩くのはマナー違反。部屋を一歩出たら、そこは公共スペースなので、外出時同様の格好を心がけて。

ホテルでのチップは必要？

フランスのホテル料金はサービス料が含まれているので基本必要なし。でもポーターに荷物を運んでもらったりした場合は、その場で€2程度を渡そう。

パリの事件簿 No.4
空港

空港で必ず通る手荷物検査。せっかく買ったお土産を没収されないよう、気をつけるべきポイントを押さえて。

事件ファイル

手荷物チェックで
マカロン没収！
液体じゃないのに……

解決！ 機内持ち込みNG。
緩衝材と一緒にスーツケースへ

フランス土産で人気の、マカロン、チーズ、チョコレート。この3つはクリーム部分が溶けるものとして液体扱いとなる。どれも機内持ち込みができないので、スーツケースに詰めて持ち帰ろう。せっかくのお土産が破損しないよう、箱や衣類など、緩衝材代わりに使ってパッキングを。

航空会社のHPを事前にチェック！

それぞれ航空会社によって、機内持ち込みできる荷物の規格は異なる。利用する航空会社のHPでチェックしよう。液体の持ち込み制限は日本出国時と同様。

強い匂いのチーズは真空パックで！

空港の免税店以外で購入したものを手荷物として持ち込むと、没収の対象となる。匂いの強いものは真空パックや保冷バッグなどに入れて、受託手荷物として預けて。

パリの事件簿 No.5
地下鉄

パリ市内の移動に便利な地下鉄。せっかくだから乗り降りのルールを覚えて、しっかり使いこなそう。

事件ファイル

駅に着いたけど
扉が開かない……

解決！ 手動でドアを開ける
旧式もまだまだ多い

自動ドアが普及しているが、いまだ手動式の電車も多い。また手動式でもレバーで開けるものやボタン式があり、電車が完全停止してから開けられるようになっている。いずれも閉まるときは自動。降車時はドアに近い人が開けるのがマナー。

切符をなくしたら罰金！

切符は乗車時だけ必要で出るときには必要ないが、検札が抜き打ちであるので、降車するまで捨てずに持っておこう。切符を持っていないと無賃乗車扱いになり、罰金（約€50）が課される。

メトロミュージシャンを見てみよう！

駅構内のいたるところでいろいろな音楽を演奏しているミュージシャンたちがいる。彼らはパリ市交通団体の試験に合格し、許可証を持っている。心づけとしてお金を渡してあげるのもよし。

壊れやすいマカロンを持ち帰りたいなら、小さな密封容器を持っていくのもアイディアのひとつ。スーツケースに入れて運ぼう。

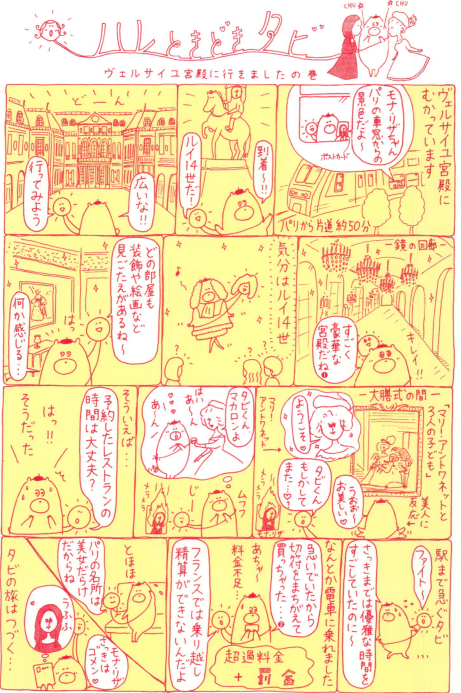

TOWN

P.78　エッフェル塔周辺

P.88　シャンゼリゼ大通り周辺

P.98　オペラ・ガルニエ周辺

P.124　ルーヴル美術館〜シテ島、サン・ルイ島

P.138　サン・ジェルマン・デ・プレ

P.152　マレ〜バスティーユ広場周辺

P.166　カルチェ・ラタン

P.172　モンマルトル

P.180　モンパルナス

P.190　サン・マルタン運河周辺

エッフェル塔周辺

多くの観光客が集うパリ観光のマストエリア

Tour Eiffel

セーヌ河で一番目立つ豪華な
アレクサンドル3世橋

パリ万博の会場としても有名
芸術色の強い観光エリア

見ずには帰れないエッフェル塔、1900年のパリ万博の会場にもなったシャン・ドゥ・マルス公園を中心に、美術館や博物館が点在する観光客に大人気のエリア。おしゃれなカフェやレストランも充実している。アート鑑賞でセンスを磨き、緑の芝生が広がる公園でのんびり過ごそう。

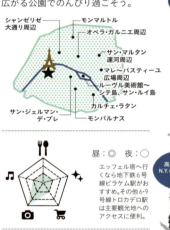

昼:◎ 夜:○

エッフェル塔へ行くなら地下鉄6号線ビラケム駅がおすすめ。その他6・9号線トロカデロ駅は主要観光地へのアクセスに便利。

ぐるっと歩いて約6時間

エッフェル塔周辺でしたい12のこと

- ☐ ❶ モデルコース約6時間で制覇 → P.79

見上げて、上って、見下ろして
エッフェル塔でしたい8のこと → P.80

- ☐ ❷ 第1展望台でトゥール・モンパルナスを見る → P.81
- ☐ ❸ 第2展望台で世界遺産の街並みを見る → P.81
- ☐ ❹ 第3展望台でパリ全景を見る → P.81
- ☐ ❺ 眺めて楽しむ5シーン → P.82
- ☐ ❻ エッフェル塔を望むレストランでフレンチを堪能 → P.83
- ☐ ❼ エッフェル塔で手紙を出す → P.83
- ☐ ❽ エッフェル塔を食べる → P.83
- ☐ ❾ エッフェル塔を買う → P.83
- ☐ ❿ お目当ての作品に出会いに
  選りすぐりの個性派ミュゼへ → P.84
- ☐ ⓫ 個性派博物館でナポレオン探し！ → P.85
- ☐ ⓬ コスパ抜群でこの味わい！
  €20以下の本格ランチで大満足 → P.86

大きな噴水があるシャイヨー宮 / 季節によって、エッフェル塔前の広場にメリーゴーラウンドも登場 / シャイヨー宮からのエッフェル塔の眺めは壮大

エリアで楽しむパリ

エッフェル塔周辺

アルマ橋からオルセー美術館まで続く河岸の散歩道。ところどころにベンチもあるので、デリやワインを買って、ゆったり楽しむのもいい！

セーヌ河の散歩道　アレクサンドル3世橋

B 市立近代美術館 →P.85

ポン・ドゥ・ラルマ駅　下水道博物館

C レ・ゾンブル →P.83

サン・ピエール・デュ・グロ・カイユ教会

サン・ドミニク通り

有名シェフの店や話題のカフェ、高級食材店などが並ぶ、パリ随一のグルメ通り

ラ・トゥール・モブール駅

E シャン・ドゥ・マルス公園 →P.82

パリっ子の憩いの場。ゆったりとランチを楽しむ人や読書をする人々の姿も

エコール・ミリテール駅　**D** アンヴァリッド →P.85

平和の壁

ヴィラージュ・スイス →P.60

ラ・モット・ピケ・グルネル駅

ランドマーク

エッフェル塔

鉄骨を多用して組み立てられ、「鉄の貴婦人」と称される展望タワー兼電波塔。3つの展望台がある。混雑も予想されるので、朝か、夕方以降に訪れるのがおすすめ。
→P.80

マストスポット

アンヴァリッド

ルイ14世の命令で建設された旧軍病院。ナポレオンの柩が地下霊廟に安置されている。敷地内にある美しい庭園も見どころ。中央にある黄金のドームが目印。
→P.85

市立近代美術館

セーヌ河沿いに位置するパリを代表する美術館のひとつ。規模はそれほど大きくはないが、おもに20世紀を代表する芸術家たちの作品を展示している。
→P.85

COURSE モデルコース　所要 約6時間

すばやく移動したい場合は車や地下鉄8号線を利用すれば便利！

A エッフェル塔 —車で3分→ **B** 市立近代美術館 —徒歩10分→ **C** レ・ゾンブルでランチ —車で6分→ **D** アンヴァリッド —徒歩11分→ **E** シャン・ドゥ・マルス公園

エッフェル塔周辺／シャンゼリゼ大通り周辺／オペラ・ガルニエ～ルーヴル美術館周辺／シテ島、サン・ルイ島／サン・ジェルマン・デ・プレ／マレ・バスティーユ広場周辺／カルチェ・ラタン／モンマルトル／モンパルナス／サン・マルタン運河周辺

大阪にある初代通天閣は明治45年、エッフェル塔をモデルに建てられた。ちなみに下半分のモデルはエトワール凱旋門。

予約不要
所要 1時間30分

見上げて、上って、見下ろして
エッフェル塔でしたい8のこと

パリのシンボル、エッフェル塔。せっかくのパリ旅行だから、さまざまな方法で近付いて楽しみたい！ とっておきのビュー・スポットから各フロアの特徴まで、下から、上から、7つのプランでエッフェル塔を満喫しよう。

DOWN↓

WHAT IS
エッフェル塔 *Tour Eiffel*
花の都の象徴的存在

1889年の第4回パリ万博のモニュメントとして建てられた。当時、古い街並みに突如現れた斬新な姿の塔は賛否両論を巻き起こしたが、今ではパリの顔として世界中の人々から愛されている。

高さ324m

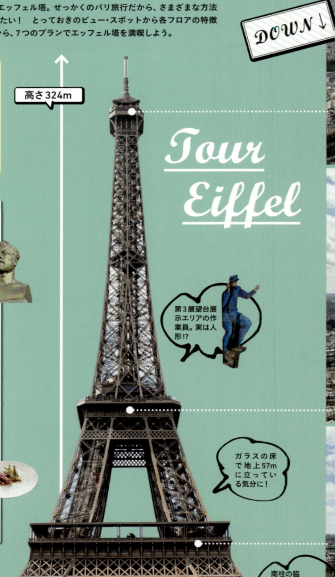

エッフェル塔 早分かり

Question
造ったのは誰？

A 橋梁建造の専門家だったギュスターヴ・エッフェルが設計。万博に間に合わせるため、2年2カ月という非常に短い期間で建てられた。

Question
何のために建てられたの？

A パリ万博の呼び物として造られ、終了後に解体される予定だったが、軍が使用するために残された。現在はテレビ用電波塔の役目も担っている。

Question
どのくらいの観光客が来るの？

A 現在も行列ができるほどの人気ぶりで、1年間に約700万人もの観光客が訪れる。1889年の完成からの来訪者は3億人以上にもなる。

Question
どんな施設があるの？

A 第1展望台にはミシュラン1つ星のジューヌ・ヴェルヌ、第1&2展望台と地上には公式ショップ、南柱には郵便局など、さまざまな店が入る。

第3展望台展示エリアの作業員。実は人形!?

ガラスの床で地上57mに立っている気分に！

南柱の脇（→P.83）に郵便局あり！

data
🏠 Champ de Mars, 7e ☎01-44-11-23-23 ⏰ 9:30〜23:45、階段〜18:30（夏期9:00〜24:45） 無休 €無料 第2展望台€16、第3展望台€25、階段€10（第2展望台まで） RER C線シャン・ドゥ・マルス・トゥール・エッフェル駅から徒歩7分 www.tour-eiffel.fr 英語OK
▶ MAP 別P.16 B-2

80

1 地上276m
第3展望台で パリ全景を見る

パリ市内20区を360°見渡せる絶景スポット！ セーヌ河をまたぎ、グラン・パレやオペラ座、マドレーヌ寺院などを眺めることができる。

- マドレーヌ寺院
- オペラ座
- グラン・パレ
- セーヌ河

2 地上115m
第2展望台で 世界遺産の街並みを見る

セーヌ河沿いに広がる歴史的街並みを眺めるには、ここからが一番！ アンヴァリッドやオルセー美術館を望遠鏡（3分€2）で楽しんでみて。

- アンヴァリッド

3 地上57m
第1展望台で トゥール・モンパルナスを見る

ひときわ高い建物が高さ210mのトゥール・モンパルナス。塔の足下に広がる公園の直線上にある。

- トゥール・モンパルナス

HOW TO 展望台への行き方

第2展望台まではエレベーターまたは階段で、第3展望台へは最上階行きエレベーターに乗り換えて上る。行き方によってチケット購入場所が異なるので注意して。

	階段	エレベーター	
予約	不可	可	
		有	無
待ち時間	ほぼなし（長いことも）	約5〜30分	約30分〜2時間
所要時間			
↓第1展望台	なし	0〜1時間	
↓第2展望台	なし	0〜1時間	
↓第3展望台	不可	0〜1時間	
料金	€10	€16（第2展望台）€25（第3展望台）	

※混雑状況により変動あり

チケットの買い方

エレベーターで上がるなら北側と東側支柱にある窓口へ。階段なら南側支柱にボックスがある。どこまで上るかで料金も異なる。

オンラインで簡単予約！

日程が決まっている場合は、チケットのオンライン予約がおすすめ。日付、人数、見学時間など必要事項を記入すればOK。オンライン決済もできる。フランス語と英語、スペイン語対応。eチケットはプリントアウトして、当日入口で見せよう。

Step1
❶第3展望台（Summit）または、第2展望台（2nd floor）を選択
❷スクロールして、カレンダーから日付を選ぶ
❸更にスクロールしてチケット数を選択
❹すべて入力後、ここをクリック

Step2
見学希望時間を選択

Step3
❶金額を確認して、「I'm not a robot」のチェックボックスをクリック
❷ここをクリック

Step4
❶「Electronic Ticket」を選択
❷以下の個人情報を入力 携帯番号（ハイフンなし）／パスワード／パスワード再入力／居住国／E-mail／E-mail再入力／姓／名
❸Boxをチェック
❹ここをクリック

エリアで楽しむパリ｜エッフェル塔周辺｜シャンゼリゼ大通り周辺｜オペラ・ガルニエ周辺｜ルーヴル美術館〜シテ島、サン・ルイ島｜サン・ジェルマン・デ・プレ｜マレ＆バスティーユ広場周辺｜カルチェ・ラタン｜モンマルトル｜モンパルナス｜サン・マルタン運河周辺

エッフェル塔は10年に一度ペンキ塗り替えが行われ、遠近差を出すために3色のブロンズ色のペンキで塗られている。

4
眺めて楽しむ 5シーン

どの方向から、どんな時間に眺めても美しいエッフェル塔。塔のある風景が特に絵になる、5スポットをご紹介。カメラ片手に訪れよう。

Scene 1
緑と塔のコントラスト

📖 シャン・ドゥ・マルス公園から
▶MAP 別P.16 C-2

Scene 2
橋とのコラボ

📖 プレジダン・ケネディ通りから
▶MAP 別P.16 A-2

Scene 3
花々と一緒に

📖 シャン・ドゥ・マルス公園から
▶MAP 別P.16 C-2

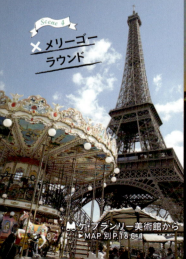

Scene 4
×メリーゴーラウンド

📖 ケ・ブランリー美術館から
▶MAP 別P.16 C-1

日没後〜23:00まで毎正時にライトの点滅が楽しめる！

Scene 5
×イルミネーション

5 エッフェル塔を望むレストランでフレンチを堪能

窓際の席やテラス席などから、エッフェル塔を望みつつ食事が楽しめるレストランも充実。パリのシンボルを存分に楽しんで。

屋根付きなので、雨の日だってOK

ガラス張り店内から塔を遠望
レ・ゾンブル
Les Ombres

ケ・ブランリー美術館屋上のレストラン。全面ガラス張りで、エッフェル塔を中心に市内が一望できる。

- 27 Quai Branly, 7e
- 01-47-53-68-00　12:00〜14:15、19:00〜22:30　無休
- ディナー€77〜　RER C線ポン・ドゥ・ラルマ駅から徒歩2分
- www.lesombres-restaurant.com　英語OK
- ▶MAP 別P.16 C-1

6 エッフェル塔で手紙を出す

南柱の入口には郵便局エッフェル塔支店。局内の専用ポストに投函するとオリジナルの消印が押される。ポスト横には切手の自販機も。

こっちに投かん！

オリジナルスタンプ

手軽に買えるシート切手

差出人　　宛先（名前、住所を記入）

航空便 "Par Avion" と記入

7 エッフェル塔を食べる

塔内のカフェテリアでも、エッフェル塔をかたどったキャンディなどのお土産を販売。エッフェル塔を味わいながら、ひとやすみ。

スタンドカフェの限定土産
ビュッフェ・トゥール・エッフェル
Buffet Tour Eiffel

第2展望台にあるセルフサービス式のカフェ。各種ドリンクやプレッツェルやペストリーなどの軽食、エッフェル塔の形を模したお菓子を販売。

- Tour Eiffel 2e étage（エッフェル塔内）
- 9:30〜23:00（夏期〜24:00）　不定休
- ▶MAP 別P.16 B-2

エッフェル塔の形をしたキャンディ €4.50

エッフェル塔ポンポン（グミ）€2.50（1袋）

8 エッフェル塔を買う

エッフェル塔をモチーフにしたキーホルダーやピンバッジ、塔がデザインされたメモ帳やペン、マグカップなど、パリを象徴するお土産が勢揃い。

ポストカード　小€1.50、大各€2.50

ボディーに塔のイラストがかかれたボールペン　各€2

メモスタンド €6.50

エッフェル塔グッズといえばココ！
第1展望台 オフィシャルショップ
Boutique Officielle de la Tour Eiffel

エッフェル塔が入ったスノードームや、塔内限定販売のテディベアなど多彩な品揃え。

- Tour Eiffel 1er étage（エッフェル塔内）
- 9:30〜23:00（夏期9:00〜24:00）
- 無休　▶MAP 別P.16 B-2

 毎時0分から5分間、エッフェル塔のライトが点滅。通称シャンパン・フラッシュと呼ばれている。

エリアで楽しむパリ

エッフェル塔周辺 / シャンゼリゼ大通り周辺 / オペラ・ガルニエ周辺 / ルーヴル美術館〜シテ島、サンルイ島 / サン・ジェルマン・デ・プレ / マレ〜バスティーユ広場周辺 / カルチェ・ラタン / モンマルトル / モンパルナス / サン・マルタン運河周辺

Sightseeing

お目当ての作品に出合いに
選りすぐりの個性派ミュゼへ

芸術の都・パリでは、さまざまなミュゼ(美術館)が点在。世界的に有名な大型美術館から小規模な施設まで、ジャンルも規模も多種多様。数あるミュゼの中でも、有名なあの作品に出合える、個性派ミュゼを厳選してご紹介。目当ての作品を見るために、足を運んでみよう。

彫刻

- ダンテ『神曲』に登場する"地獄の門"で思索するダンテの姿や、ロダン自身がモデルとも言われている
- サイズは189×98×140cmのサイズで、等身大より、やや大きめ

考える人
Le Penseur
オーギュスト・ロダン作 1902年
近代彫刻の父とも言われるロダンの代表作

日本でも有名人！
ロダンの『考える人』

誰もが目にしたことがあるに違いないほど数多く鋳造され、世界中に設置されている彫刻。ここで観られるのは貴重なオリジナル作品の一つ。

ロダンの邸宅が美術館に
ロダン美術館
Musée Rodin

ロダンが晩年の約10年間を過ごした邸宅で、庭園には大作「カレーの市民」や「地獄の門」などの作品が惜しみなく展示されている。弟子のカミーユ・クローデルの作品も紹介。

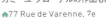

🏠 77 Rue de Varenne, 7e
☎ 01-44-18-61-10
🕐 10:00～17:45
休 月曜　料 €10、庭園のみ€4
🚇 13号線ヴァレンヌ駅から徒歩5分
🌐 www.musee-rodin.fr
▶ MAP 別P.17 F-2

モネ コレクション

"印象派"はこの絵から始まった
モネの『印象・日の出』

この絵を出展した展覧会が風刺新聞で酷評され、注目された。絵のタイトルから、同じ画風の画家が印象派と呼ばれるように。

モネの名だたる作品をチェック
マルモッタン美術館
Musée Marmottan Monet

他エリアのオススメ！

美術収集家のポール・マルモッタンのコレクションを展示する美術館。世界最大級のモネ・コレクションを所蔵し、年代ごとの絵画技法の変化が分かる。なかでも「印象・日の出」「睡蓮」などの代表作は見逃せない。

🏠 2 Rue Louis-Boilly, 16e
☎ 01-44-96-50-33
🕐 10:00～18:00（木曜～21:00）
休 月曜　料 €11（オーディオガイド€3）
🚇 9号線ラ・ミュエット駅から徒歩7分
🌐 www.marmottan.fr
パッシー　▶ MAP 別P.14 C-1

© RMN-Grand Palais / Droits réservés / distributed by AMF

印象・日の出
Impression, soleil levant
クロード・モネ作　1872年
霧の中の太陽や数本のマストが浮かび上がるように描かれている

のちに時代をリードした"印象派"とは、この絵画のタイトルから名付けられている

84

近代美術

世界最大級のびっくり絵画！
デュフィの『電気の妖精』

パリ万国博覧会の際、電気館に展示するために制作された巨大絵画。電気の普及に尽力した人々が鮮やかな色彩で描かれている。

← 62.4m →

10m

電気の妖精
La Fée Electricité

ラウル・デュフィ作　1937年

電気を作り出してきた人々を妖精として描いたデュフィの大作

歴史に名を残すエジソンなどの科学者たちの姿が、一枚の絵で描かれている

20世紀アートを多数展示
市立近代美術館
Musée d'Art Moderne de la Ville de Paris

パレ・ドゥ・トーキョーの東翼内にある美術館。デュフィやマティスなど、20世紀を代表するアーティストの絵画が見もの。プロダクトデザインも多く収蔵する。有望な若手アーティストの企画展も常時開催しているので、要チェック。

- 11 Av. du Président Wilson, 16e　☎01-53-67-40-00
- 10:00〜18:00（木曜〜22:00）　休 月曜　無料（特別展は有料）
- 9号線イエナ駅から徒歩5分
- www.mam.paris.fr
- ▶MAP 別P.16 C-1

Check!

見逃せないモニュメント
個性派博物館でナポレオン探し！

黄金ドームの真下にナポレオンが眠る

地下霊廟にナポレオンが眠る
アンヴァリッド
Hôtel National des Invalides

軍事博物館内には、実物大のナポレオン騎馬像がいくつも並ぶ

ルイ14世が建設した負傷兵士のための軍事医療施設。現在は軍事博物館など複数の博物館や、兵士用の教会が入る。ナポレオンの墓をメインに、縁がある作品を観て回りたい。

- 129 Rue de Grenelle, 7e　☎01-44-42-38-77
- 軍事博物館 10:00〜18:00（11〜3月 〜17:00）ほか
- 無休　€12（教会、立体地図博物館、軍事博物館の共通券）　8号線ラ・トゥール・モブール駅から徒歩4分
- www.musee-armee.fr
- ▶MAP 別P.17 E-2

現在では建物の大部分が博物館となったアンヴァリッドだが、いまでも一部は軍事病院として利用されている。

コスパ抜群でこの味わい！
€20以下の本格ランチで大満足

パリに来たらフランス料理を試したい。でも高級レストランともなれば、ひとり2万円近くはする。そこでおすすめなのが、見た目も味も大満足の美食がリーズナブルに楽しめる庶民派のビストロ。ただ、特にランチタイムは混み合うため可能なら予約がベター。

前菜＋メイン＋デザート ＋ワイン　€15.90
ドリンクも付いて、この値段はうれしい！ 12:00〜22:00まで注文OK。

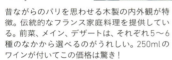

コスパはピカイチ！
ル・ロワイヤル
Le Royal

昔ながらのパリを思わせる木製の内外観が特徴。伝統的なフランス家庭料理を提供している。前菜、メイン、デザートは、それぞれ5〜6種のなかから選べるのがうれしい。250mlのワインが付いてこの価格は驚き！

🏠 212 Rue de Grenelle,7e
☎ 01-47-53-92-90
🕐 7:30〜23:00　土・日曜　Ⓜ 8号線エコール・ミリテール駅から徒歩6分
▶ MAP 別P.16 C-2

前菜 ウフ・マヨネーズ œuf mayonnaise
デザート ババ・オ・ラム baba au rhum, chantilly
メイン 仔牛の白ワイン煮込み branquette de veau, riz blanc

| 前菜＋メイン　€19 |
メイン＋デザート　€19
日替わりのセットメニューはボリューム満点。12:00〜15:00まで注文OK。

5つ星の味をお手軽に
カフェ・コンスタン
Café Constant

5つ星ホテルのクリヨンで腕を振るった有名シェフ、クリスチャン・コンスタン氏が手掛けるレストラン。肉料理を中心に、洗練されたビストロの味が楽しめる。予約は不可。

🏠 139 Rue Saint-Dominique,7e　☎ 01-47-53-73-34　🕐 7:00〜11:00、12:00〜23:00　㊡ 無休　Ⓜ 8号線エコール・ミリテール駅から徒歩9分　英語OK　▶ MAP 別P.16 C-2

前菜 クミン風味のニンジンのクレーム、海老のフライ Crème de Carotte au cumin, Gambas en kadaïf
メイン 鴨の胸肉、ショウガ風味のサツマイモのピュレ、フライドポテト Magret de Canard, écrasé de patate douce au gingimbre, pommes gaufrettes

WHAT IS
セットメニュー

レストランやビストロに入店した際にはメニューの見方にとまどうかもしれないが、どの店もほとんど同じ。前菜、メイン、デザートの各ジャンルのなかから好きなものをひとつずつ選んで組み合わせるのが一般的。店によっては「前菜＋メイン」または「メイン＋デザート」、「前菜＋メイン＋デザート」といったお得なセットメニューを用意しているところもある。

前菜 Entrée

オードブルなどの小皿料理。代わりにスープやサラダを頼んでもよい。

＋

メイン Plat

肉や魚、甲殻類の料理から一品を選ぶことがほとんど。

＋

デザート Dessert

甘いものが苦手な人はチーズプレートを試してみてはいかが？

前菜
ゆで玉子のマヨネーズ和え
Œuf dur mayonnaise

デザート
クレーム・キャラメル
Crème Caramel

メイン
エシャロットソースの
牛のハラミステーキ
Bavette sauce échalotte

前菜＋メイン＋デザート
またはエスプレッソ €18

前菜とメインに、デザートはクレーム・キャラメルかアイス、またはコーヒー。

エッフェルを眺めてランチ
ル・マラコフ
Le Malakoff

トロカデロ広場に近く、テラス席の一部からエッフェル塔が遠望できる。セットメニューは12:00から注文。通し営業で料理の待ち時間が短いため、時間がない人に便利。

🏠6 PL. du Trocadéro et du 11 Novembre,16e ☎01-45-53-75-27 ㊠7:30〜24:30（土・日曜8:30〜）㊡無休 Ⓜ6・9号線トロカデロ駅から徒歩1分 英語OK ▶MAP 別P.16 A-1

ビストロでチップを支払うときは、€15前後の食事なら2人分で€5くらいのチップが目安。

エリアで楽しむパリ
エッフェル塔周辺
シャンゼリゼ大通り周辺
オペラ・ガルニエ周辺
ルーヴル美術館周辺
シテ島、サン・ルイ島
サン・ジェルマン・デ・プレ
マレ・バスティーユ周辺
カルチェ・ラタン
モンマルトル
モンパルナス
サン・マルタン運河周辺

シャンゼリゼ大通り周辺

マロニエ並木が美しい、パリのメインストリート

Av. des Champs-Élysées

市立美術館として公開しているプチ・パレ

パリを象徴する王道ストリート 外せない見どころが集結

パリに来たら真っ先に訪れたい、世界で最も美しいメインストリート。凱旋門を起点にコンコルド広場へとマロニエ並木が約2kmにわたって続く。「欲しいものは何でも揃う」と謳われる通り、高級ブランドのブティックやコスメショップ、カフェ、レストランなどあらゆる店が軒を連ねる。

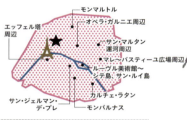

- シャルル・ド・ゴール・エトワール駅
- ル・ロワイヤル・モンソー・ラッフルズ →P.198
- ここから地下を通って、凱旋門の入口へ
- Ⓒ キャトルヴァンシス・シャン →P.22、95
- Ⓔ 凱旋門 →P.90
- ジョルジュ・サンク駅
- クレベール駅
- Ⓓ ラデュレ・シャンゼリゼ店 →P.97
- マカロンで有名なラデュレ・シャンゼリゼ店。お茶とスイーツが楽しめるサロンも併設
- イエナ駅周辺には美術館や博物館が点在。街散策も兼ねて美術館めぐりもおすすめ
- フォーシーズンズ ホテル ジョルジュサンク・パリ →P.198
- バカラ博物館
- ギャリエラ博物館
- 国立ギメ東洋美術館
- 徒歩11分
- アルマ・マルソー駅
- 市立近代美術館 →P.85
- イエナ駅

昼：◎　夜：○

凱旋門へのアクセスは地下鉄1・13号線シャンゼリゼ＝クレマンソー駅から大通り沿いを散策しつつ向かうルートがおすすめ。

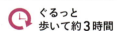

ぐるっと歩いて約3時間

シャンゼリゼ大通り周辺でしたい**11**のこと

- ☐ ❶ モデルコース約3時間で制覇 →P.89
- ☐ ❷ モンテーニュ通りでお買い物 →P.89
- ☐ ❸ グラン・パレ＆プチ・パレ訪問 →P.89
- シャンゼリゼ大通りのランドマーク **凱旋門**でしたい5のこと →P.90
- ☐ ❹ 展望台から東西南北を一望する →P.90
- ☐ ❺ 夜景を見る →P.91
- ☐ ❻ レリーフ、彫刻を鑑賞する →P.91
- ☐ ❼ 凱旋門グッズを買う →P.91
- ☐ ❽ 無名戦士の墓をお参りする →P.91
- ☐ ❾ パリの名所×グルメを一度にかなえる **レストランバス**で街一周！ →P.92
- ☐ ❿ ブレイクタイム on シャンゼリゼ大通り **カフェテラス**でひとやすみ →P.94
- ☐ ⓫ 乙女の心をわしづかみ！ **ラデュレ**で1日お姫さま気分 →P.96

88

シャンゼリゼ大通りの西端にそびえる凱旋門　世界最大のフロアを持つルイ・ヴィトン本店　大通り沿いにはオープンテラスのカフェが点在する

エリアで楽しむパリ／エッフェル塔周辺／シャンゼリゼ大通り周辺／オペラ・ガルニエ周辺／ルーヴル美術館〜シテ島、サン・ルイ島／サン・ジェルマン・デ・プレ／マレー・バスティーユ広場周辺／カルチェ・ラタン／モンパルナス／モンマルトル／サン・マルタン運河周辺

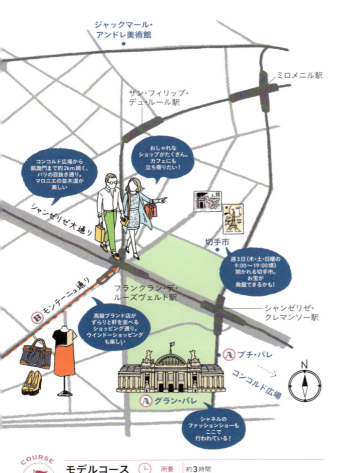

- ジャックマール・アンドレ美術館
- ミロメニル駅
- サン・フィリップ・デュ・ルール駅
- おしゃれなショップがたくさん。カフェにも立ち寄りたい！
- シャンゼリゼ大通り
- コンコルド広場から凱旋門まで約2km続く、パリの目抜き通り。マロニエの並木道が美しい
- 切手市
- 週3日(木・土・日曜の9:00〜19:00頃)開かれる切手市。お宝が発掘できるかも！
- フランクラン・デ・ルーズヴェルト駅
- シャンゼリゼ・クレマンソー駅
- モンテーニュ通り
- 高級ブランド店がずらりと軒を並べるショッピング通り。ウインドーショッピングも楽しい
- Ⓐ プチ・パレ
- Ⓐ グラン・パレ
- コンコルド広場
- シャネルのファッションショーもここで行われている！

ランドマーク

・凱旋門

フランス軍の勝利を讃えて、ナポレオンの命で建てられた。現在はパリを代表する観光名所のひとつで、パリの街はここからは放射線状に道がのびている。
→P.90

マストスポット

・モンテーニュ通り

シャンゼリゼ大通りと交差する道。有名ブランドが並ぶ。

🚇9号線アルマ・マルソー駅、1・9号線フランクラン・デ・ルーズヴェルト駅から徒歩1分

・プチ・パレ

19世紀の芸術作品をメインに展示するパリ市立美術館。

🏠Av. Winston Churchill, 8e
🕐10:00〜18:00(企画展のみ金曜〜21:00) 休月曜 料無料(企画展は有料) 🚇1・13号線シャンゼリゼ・クレマンソー駅から徒歩2分
▶MAP 別P.9 F-3

・グラン・パレ

さまざまなジャンルの企画展などが開かれる国立ギャラリー。

🏠3 Av. du Général Eisenhower, 8e 🕐10:00〜20:00(水曜〜22:00) 休火曜 料企画により異なる 🚇1・13号線シャンゼリゼ・クレマンソー駅から徒歩2分
▶MAP 別P.9 E-3

COURSE モデルコース ⏱ 所要 約3時間

Ⓐ グラン・パレ&プチ・パレ → 徒歩10分 → Ⓑ モンテーニュ通り → 徒歩7分 → Ⓒ キャトルヴァンシス・シャンでお土産探し → 徒歩1分 → Ⓓ ラデュレでティータイム → 徒歩8分 → Ⓔ 凱旋門

☀ シャンゼリゼ大通りは毎年11月末から翌年1月まで、華やかなイルミネーションでライトアップされる。　　89

|予約不要|
|所要 🕐 1時間|

シャンゼリゼ大通りのランドマーク
凱旋門でしたい5のこと

世界で最も華やかな通りといわれるシャンゼリゼ大通りの西端にある威風堂々と立つ壮麗なモニュメント・凱旋門。展望台から眺められる12本の通りが延びる大パノラマや、外壁の精巧なレリーフ鑑賞など、凱旋門でできる5つのしたいことを紹介！

WHAT IS 凱旋門

フランスの栄光を象徴

正式名称は「エトワール凱旋門」。古代ローマの凱旋門を基にした新古典主義建築の代表作のひとつ。屋上のテラスに上ることができ、整然としたパリの街並みをパノラマで眺められる。

1 展望台から東西南北を一望する

北東にサクレ・クール寺院、東南にシャンゼリゼ大通り、南にエッフェル塔、北西に新凱旋門を望める。12本の大通りが放射線状に延びる様子は絶景。

フランス革命100周年を記念し、パリ万博に合わせて建てられたエッフェル塔。高さ324mの塔は凱旋門の上からでも一目瞭然

 南

Arc de Triomphe

凱旋門早分かり

Q uestion
誰が建てた？

A 1806年のアウステルリッツの戦いの勝利を記念してナポレオン1世の命令により建設。紆余曲折があり完成したのは1836年のこと。

Q uestion
凱旋した人はいるの？

A 第2次世界大戦時にパリを占領したナチス・ドイツのヒトラーが戦車で凱旋パレードを行った。ナポレオン自身は完成前に世を去っている。

Q uestion
ほかにも凱旋門があるの？

A パリ東南のチュイルリー公園にカルーゼル凱旋門、北西方向のラ・デファンスに新凱旋門がある。3つの凱旋門は一直線に並んでいる。

Q uestion
「エトワール」の意味は？

A 凱旋門はエトワール(星)広場と呼ばれていた場所に建てられた。広場を中心に12本の通りが放射状に延びている。

data
🏠 Pl. Charles-de-Gaulle, 8e ☎01-55-37-73-77 ⏰10:00〜23:00(10〜3月〜22:30) 休 無休 💶€12
🚇 RER A線、1・2・6号線シャルル・ド・ゴール・エトワール駅から徒歩1分
🌐 www.paris-arc-de-triomphe.fr
▶MAP 別P.8 B-2

高さ50m

幅45m

90

北

海抜130mのモンマルトルの丘。頂上には堂々と佇む白亜のサクレ・クール寺院(右)と、パリ最古の教会として有名なサン・ピエール教会が見える

シャンゼリゼ大通りの東端にあるコンコルド広場。広場の中央にはエジプトのルクソール神殿から運んできたオベリスクがそびえ、その背後にはルーヴル美術館の姿も！

フランス革命200年を記念して建てられた新凱旋門。幅108m、高さ110m、奥行き112mで、中心の空洞部はノートルダム大聖堂がすっぽり収まるほど巨大

東　西

HOW TO
展望台へのアクセス

パリの中心に立つ気分を味わえる高さ約50mほどの展望台。比較的混雑が少ない。

❶ 地下へ

凱旋門へは広場の下を通る地下道でアクセス。シャンゼリゼ大通り側に地下道の入口がある。

❷ チケットを買う

チケット売り場は凱旋門の足元に。期限内であればパリ・ミュージアム・パスも利用できる。

❸ 階段を上る

細くて長い272段のらせん階段を上る。体が不自由な人用のエレベーターも設置されている。

2 夜景を見る

日没後は一斉にライトアップ

季節やイベントによってライトアップの色が変わり、幻想的な雰囲気に包まれる。特にシャンゼリゼ大通りも光輝くクリスマスシーズンは最高！

日没の時刻は17時頃～22時頃と変動

3 レリーフ、彫刻を鑑賞する

外壁には彫刻が飾られ、アーチ部分には細かい部分まで彫られた人物のレリーフが施されている。足元から門全体を見上げて見るのも圧巻。

随所にフランスの栄光を讃える彫刻やレリーフが刻まれている

 「1792年の義勇軍の出陣」の有名なレリーフ

5 無名戦士の墓をお参りする

門の下には第一次世界大戦で亡くなった無名兵士の墓がある。墓標には「祖国のために死んだ一人のフランス人兵士ここに眠る」とある。

毎日18:30になるとロウソクが灯され、次から次へと参拝者が訪れる

4 凱旋門グッズを買う

門の上層部には売店があり、ミニチュアの凱旋門やポストカード、ポスターなどが販売されている。多数のオリジナルグッズのなかから、お気に入りを見つけよう。

消しゴム 各€2.50 ／ ミニチュア €11 ／ マグネット €2.50 ／ バッグ用フック €6

★ 屋上に到着する直前には資料展示室も。凱旋門の建築工程についてなど、フランス語の資料や映像資料がある。

エリアで楽しむパリ｜エッフェル塔周辺｜シャンゼリゼ大通り周辺｜オペラ・ガルニエ周辺｜ルーヴル美術館～シテ島、サンルイ島｜サン・ジェルマン～デ・プレ｜マレ～バスティーユ広場周辺｜カルチェ・ラタン｜モンマルトル｜モンパルナス｜サン・マルタン運河周辺

91

要予約
所要
2時間15分

パリの名所×グルメを一度にかなえる
レストランバスで街一周！

眺めのよいレストランで、ゆったりとフランス料理を味わいたい！ でも定番の観光スポットも、たくさん回りたい！ そんな欲張りな願いを叶えてくれる、画期的なバスが登場。全面ガラス張りのグルメバスに乗って、食事と観光のツアーへ出かけてみよう。

最高のテーブル席へ。
本格的フランス料理に舌鼓！

真下から見上げるエッフェル塔は、圧巻！！

ランチ €65
※ドリンク付き €85
ディナー €100
※ドリンク付き €130

ランチとディナーの1日2回運行（各2便）。ランチは4皿、ディナーは6皿

広々とした２階建て
バスの上階は、なん
とレストラン！

360°ガラス張り！！

各テーブルには丁寧な
立ち寄りスポットの説明
が付いている

各名所の
日本語オーディオ
ガイド付き！

限定10組だから快適！

キッチン、冷暖房、
トイレ付き

メニュー例
前菜	モッツァレラチーズのブラータ
メイン	鯛のフィレステーキ サーロインステーキ
デザート	アイスクリームのイチゴ、リュバーブ添え

※メニューは季節により変更。
ディナーは6品のコースから

２階からの眺めは、どのレストランにも負けない
特等席！ ゆったりとコース料理が楽しめる

写真は前菜1品、メイン2
品、デザート1品のラン
チコース。グラスワイン
（€8〜）の注文も可能

バスに乗って景色を見ながら食事を
バストロノーム
Bustronome

登場するなりパリ市民の間でも話題の新感覚のレストラン。本格フレンチのコース料理に舌鼓を打ちながら、有名スポットのバス観光が楽しめる。ライトアップされた街並みを眺める夜のツアーも人気。

🏠 2, Av.Kléber（集合場所） ☎ 09-54-44-45-55 🕐 ランチ12:00〜13:45、12:30〜14:15、ディナー19:30〜22:30、20:30〜23:30 無休 💴 昼€65〜、夜€100〜 🚇 RER A線、1・2・6号線シャルル・ド・ゴール・エトワール駅から徒歩3分 🌐 www.bustronome.com ※予約はHPから
[日本語OK] [英語OK]

▶ MAP 別P.8 B-2

バスのルート

パリ市内の定番観光スポット約19カ所をめぐる。時速約10kmでゆっくり走行。各スポットでは一時停車もしてくれるので、車窓からの記念撮影もばっちり！

🕐 12:00 出発

集合場所は凱旋門前。スタッフに予約者名を告げて乗車

凱旋門 → P.90

頭上近くを凱旋門が通り過ぎて行き、迫力満点！

エッフェル塔 → P.80
アンヴァリッド → P.85
ノートルダム大聖堂 → P.126

うつりゆく車窓からのパリの美しい風景に会話も弾む

ルーヴル美術館 → P.26
オペラ座 → P.100

道路状況により全スポットが回れないこともあるので注意

🕐 13:45 解散

バスの38席の座席はすべて2階にあり、トイレも完備されている。

ブレイクタイム on シャンゼリゼ大通り
カフェテラスでひとやすみ

「世界で一番美しい通り」ともいわれるシャンゼリゼ大通り。マロニエ並木沿いにショップやカフェが軒を連ね、常に人々で賑わっている。"パリならではの雰囲気"を感じたいのであれば、見晴らしのよいテラスのあるカフェへ。ゆったりとしたパリの風景を楽しみたい。

マロニエ並木の美しいパリの風景に溶け込む

日中は混み合うテラス席。この席を確保したいなら、オープン直後がおすすめ

ジャンボン・ドゥ・パリのクロックムッシュ €24
パリ名物のハムとチーズを挟んだ人気のトースト

シャンゼリゼを行き交う人々を眺めつつ優雅な時間を過ごす

最高級クラス「パラスホテル」にある格式高い老舗カフェ。1899年の誕生以降、作家や映画監督など、数々の著名人が足繁く通ったことでも知られる。カフェメニューからコース料理まで味わえる。

シャンゼリゼ大通りのシンボルカフェ
ル・フーケッツ・パリ
Le Fouquet's Paris

🏠 99 Av. des Champs-Élysées, 8e
☎ 01-40-69-60-50　⏰ 7:00〜翌1:00　㊡ 無休　㊟ ランチはアラカルトの前菜＋メインで€50〜、ディナー€86〜　🚇 1号線ジョルジュ・サンク駅から徒歩1分
英語メニュー
▶ MAP 別P.8 C-2

スモークチキンのシーザーサラダ €27
パルミジャーノチーズがたっぷりの絶品サラダ

エスカルゴ €32
食感がクセになる。辛口白ワインと一緒にどうぞ

テラス席で
くつろぎのひととき

オレンジとグリーンを組み合わせたインテリア。優しい色合いで落ち着ける雰囲気

パン・ペルデュ　€18
ブリオッシュパンにミルクと卵を含ませて焼き、キャラメリゼした名物。

籐の椅子が配されたテラス席では、シャンゼリゼ大通りを行き交う人々が眺められる

世界初のコラボストアで特別なティータイムを

コスメブランド「ロクシタン」と、パティスリーの「ピエール・エルメ」がコラボした、コンセプトストア。ここだけの限定アイテムやメニューも揃う。内装は人気建築家のローラ・ゴンザレスが手がけ、開放感と上品さを兼ね備えた店内に。

スイーツはテイクアウトももちろんOK

両ブランドがコラボして調合した香りのハンドクリーム€24

中央にある、円状になったショーケースが特徴

コスメとスイーツが融合した新感覚カフェ
キャトルヴァンシス・シャン
86 Champs

🏠 86 Av. des Champs-Élysées, 8e
☎ 01-70-38-77-38
🕗 8:30〜23:30（金・土曜〜24:30）
Ⓜ 無休
🚇 1号線ジョルジュ・サンク駅から徒歩2分
🌐 www.pierreherme.com
英語OK
▶ MAP 別P.9 D-2

両ブランドのロゴが書かれた外観

ロクシタン創業者のオリビエ氏とピエール・エルメ氏は友人同士。これまでにも数々のコラボ商品を手がけてきた。

乙女の心をわしづかみ！
ラデュレで1日お姫さま気分

1862年創業の老舗パティスリー、ラデュレ。シャンゼリゼ大通りに鎮座する支店には、ブティックのほかサロン・ド・テもあり、早朝から深夜まで利用可能。レディな空間で、食事にショッピングに1日姫気分で過ごしちゃおう！

Laduréé Champs-Elysées

マカロン 各€1.90
サクッとした食感が特徴。ローズとレグリスが人気

AM 10:30 Breakfast

AM 11:30 Boutique

マカロン・キーリング €35
エッフェル塔とマカロンのチャーム付き

ショッピングバッグ €23〜
人気のオリジナルトートは大小で展開

ルームキャンドル "アダージョ" €47
素焼きの器入り。スパイシーな香り

いつも賑わうブティックへは午前中に訪れたい。ブランドの代名詞であるマカロンやケーキといったテイクアウト用のスイーツを中心にヴィエノワズリーや、雑貨やティーセットなどのオリジナルアイテムも販売。

サラダ・コンコルド €26
チキンのフィレとキュウリやトマトのサラダ

PM 0:30 Lunch

オムレツやサンドイッチ、サラダなど定番の軽食メニューを用意。前菜とメインか、メインとデザートの、2種類の組み合わせからどちらかを選べるセットメニュー（€35）もオーダー可。

パリらしい優雅な空間

ラデュレ・シャンゼリゼ店
Ladurée Champs-Élysées

1862年にパリで創業したパティスリー。看板メニューのマカロンや見た目も華やかなケーキが世界中で愛されている。乙女心をくすぐるオリジナルグッズのファンも多い。ディナーやバーまで楽しめるのはシャンゼリゼ店のみとなっている。

🏠 75 Av. des Champs-Élysées, 8e
☎ 01-40-75-08-75
🕐 サロン 7:30～23:30（金曜～24:30、土曜8:30～24:30、日曜8:30～、祝日の前日は～24:30）
休 無休 料 朝食セット€19.50～、ランチ€35～、ケーキ€7.20～ 🚇 1号線ジョルジュ・サンク駅から徒歩2分
▶ MAP 別 P.9 D-2

START

オススメはフルーツサラダなど果物たっぷりの朝食セット（10:30～12:00まで提供）。バラとフランボワーズ風味のパン・ペルデュ（€12.50）も人気。

GOAL

PM 7:00 Bar

レモンカクテル（左）とバラのカクテル　各€22
レモンはテキーラ、バラはウォッカベース

シャンゼリゼ店は、スイーツのようなカクテルが味わえるラデュレ・ル・バーを併設。10:30からオープンしているが、紫のライトが幻想的な夜に訪れたい。アルコールのほかソフトドリンク、パフェなどのデザート、食事もOK。

ヴェリーヌ・ブレジール・シュクレ　€10.50
マカロンが主役の一杯

ヴェリーヌ・サントノレ　€10.50
カリッとしたキャラメルのシュー入り

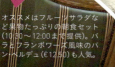

ル・プチ・デジュネ・シャンゼリゼ　€29
フルーツサラダやBIOの卵料理やパン数種類など

サントノレ・ローズ・フランボワーズ　€9.90
ローズとラズベリーの風味が豊か。土台はパイ生地

タルト・シトロン
レモンの酸味が強めなのが特徴的

マカロン 6個入り　€18.20
パステルカラーのボックスが可愛い

PM 3:00 Tea Time

シャンゼリゼ大通りが見下ろせるサロンスペース。スイーツはケーキやマカロンセット、ソルベなどからセレクト。ブレンドティーのマリー・アントワネット（€7.40）をはじめ、20種類前後あるお茶を合わせて、優雅なティータイムを。

ラデュレはパリ風マカロン発祥の店。20世紀半ばに、クリームをはさんだマカロンを世界で初めて作った。

エリアで楽しむパリ　エッフェル塔周辺　シャンゼリゼ大通り周辺　オペラ・ガルニエ周辺　ルーヴル美術館～シテ島、サン・ルイ島　サン・ジェルマン・デ・プレ　マレ、バスティーユ、広場周辺　カルチェ・ラタン　モンマルトル　モンパルナス　サン・マルタン運河周辺

97

食・買・遊がぎゅっと詰まった
オペラ・ガルニエ周辺
Opera Garnier

観光にグルメ、ショッピングが同時に楽しめる

存在感のあるたたずまいと圧倒的な豪華さで、観光客の目を惹き付けるオペラ座。周辺には大型デパートやブランド・ブティック、雑貨店など数々のショップやレストラン、カフェが軒を連ねる。歴史を物語る寺院や教会も点在するため、観光とショッピング、どちらも楽しめる人気のエリアだ。

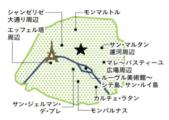

昼：○　夜：◎

このエリアの観光なら、乗り入れの多い地下鉄8・12・14号線マドレーヌ駅か3・7・8号線オペラ駅の利用が便利。

 ぐるっと歩いて約3時間

オペラ・ガルニエ周辺でしたい17のこと

- ☐ ❶ モデルコース約3時間で制覇 →P.99
- ☐ ❷ ギリシャ神殿のようなマドレーヌ寺院を参拝 →P.99

豪華なたたずまいにひと目ぼれ
オペラ座でしたい5のこと →P.100

- ☐ ❸ 場内を見学する →P.100
- ☐ ❹ 彫刻を鑑賞する →P.100
- ☐ ❺ オペラ、バレエを鑑賞する →P.101
- ☐ ❻ オペラ座を上から見る →P.101
- ☐ ❼ オペラ座グッズを買う →P.101
- ☐ ❽ 今日の気分はミート？ or シーフード？肉&魚介にこだわる**ビストロ**へ →P.102
- ☐ ❾ 世界三大珍味を堪能**エビスリー付きのレストラン**へ →P.106
- ☐ ❿ 本場の味を自宅で再現！食材店で**厳選フード**を買う →P.108
- ☐ ⓫ ワインビギナーでも安心！本場フランスで**ワインデビュー** →P.110
- ☐ ⓬ パリで欲しいものが勢揃い！**老舗デパート**でまとめ買い →P.112
- ☐ ⓭ プチプラアイテムの宝庫、スーパーで€5以下の優秀**お土産**ハント →P.114
- ☐ ⓮ 歴史あるアーケードパッサージュでレトロ探し →P.116
- ☐ ⓯ フレンチカラーに染まる店内でキュートな**手芸品**を集める →P.118
- ☐ ⓰ 見ているだけでハッピーな気分に！LOVE**ランジェリー**を見つける →P.120
- ☐ ⓱ フランス流、大人のたしなみお気に入りの**香り**に出合う →P.122

エリアで楽しむパリ

オペラ・ガルニエ周辺

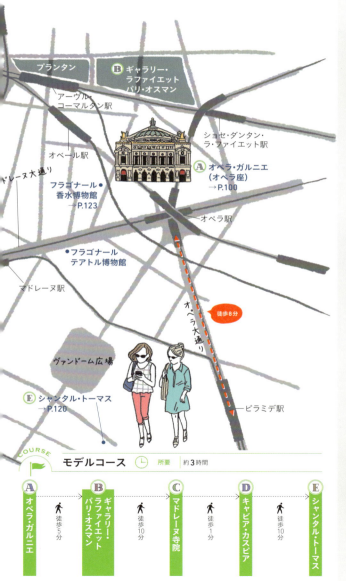

| COURSE | モデルコース | ⏱ 所要 | 約3時間 |

- Ⓐ オペラ・ガルニエ → 徒歩5分
- Ⓑ ギャラリー・ラファイエット パリ・オスマン → 徒歩10分
- Ⓒ マドレーヌ寺院 → 徒歩1分
- Ⓓ キャビア・カスピア → 徒歩10分
- Ⓔ シャンタル・トーマス

ランドマーク

オペラ・ガルニエ（オペラ座）

19世紀に建てられた豪華な劇場。『オペラ座の怪人』の舞台としても知られる。夜の公演を中心に名作オペラやバレエを上演。
→ P.100

マストスポット

マドレーヌ寺院

ギリシャ神殿のような荘厳な外観が印象的な大型寺院。レリーフや装飾の数々も見応えがある。寺院横では花市も開催される。

🏠 Pl. de la Madeleine, 8e
⏰ 9:30〜19:00　休 無休
⌘ 無料　🚇 8・12・14号線マドレーヌ駅から徒歩1分
▶MAP 別P.10 B-3

ギャラリー・ラファイエット パリ・オスマン

全3館からなる老舗の大型デパート。ファッションからグルメ、お土産品まですべてが揃う。日本語サービスもあるので安心。
→ P.113

☀ デパートのプランタン屋上ではオープンエアーな空間で食事が可能。セルフスタイルのデリカテッセンがある。　99

予約ベター
所要
2時間

豪華なたたずまいにひと目ぼれ
オペラ座でしたい5のこと

荘厳な建物に緑色のドーム、金色の装飾が遠くからでも目を引く建物、オペラ・ガルニエ。通称・オペラ座は19世紀に建てられた歴史ある劇場。舞台のチケットがなくても入場はOK。贅を凝らした造りやその空間美を堪能しに出かけてみよう。

WHAT IS
オペラ座 *Opéra Garnier*

その大きさと豪華さに圧倒

正式名称はオペラ・ガルニエ。1800年、ナポレオン3世の命令で建築開始。1875年に完成した。黄金のロビーをはじめバロック様式と古典様式を織り交ぜた豪華絢爛な内装が見もの。

オペラ座早分かり

Question 誰が建てた？
Answer ナポレオン3世が建築を計画しデザインを公募。そのなかから無名のシャルル・ガルニエの案が採択された。

Question 「オペラ座の怪人」とは？
Answer この劇場を舞台にした、ガストン・ルルー作の小説。怪人の悲恋と殺人事件が描かれている。

Question どんなオペラが上演された？
Answer 有名作品では1861年にワーグナーが『タンホイザー』を、1880年にはヴェルディが『アイーダ』を上演。

data Pl.de l'Opéra, 9e
☎01-71-25-24-23　10:00～16:30、7月中旬～9月上旬～17:30(※電話受付9:00～19:00)　不定休　€11～　3・7・8号線オペラ駅から徒歩1分
www.operadeparis.fr
▶MAP 別P.10 C-2

他エリアのオススメ!

もうひとつのオペラ座
オペラ・バスティーユ *Opéra Bastille*

フランス革命200年を記念して1989年にバスティーユ広場に建てられた劇場。最新の舞台や音響設備を導入。
Pl.de la Bastille, 12e　☎08-92-89-90-90　不定　不定休　1・5・8号線バスティーユ駅から徒歩1分　見学のみ€15(ガイド付き)　www.operadeparis.fr
バスティーユ広場周辺　▶MAP 別P.21 D-3

1 場内を見学する

公演のない時間帯には見学ができ、自由見学€11と英語ガイド付€15.50がある。英語ガイドは11:00～、14:30～。日本語パンフレットもあるので活用しよう。

オペラ図書館・博物館
実際に舞台で使われたオペラの台本などを展示。閲覧には許可申請が必要。

ロビーと大階段
ロビーを抜けると目の前に広がる大理石の大階段。上がると劇場内の観客席につながる。

グラン・フォワイエ
鏡と窓を駆使して空間の広がりを演出する宮殿風のロビー。寓話がモチーフの天井画も必見。

2 彫刻を鑑賞する

ネオ・バロック様式の建物で、繊細な彫刻が置かれている。外観だけでも目を引きつけられるポイントがいっぱい。

アポロン像
緑銅屋根の頂上部分には、彫刻家ニメ・ミレーによるアポロン像を設置。金色の竪琴を掲げている。

黄金の像
ミューズ(芸術の女神)の像。左右の屋根の上に鎮座している、オペラ座のシンボル。

幅125m

高さ82m

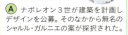

Opéra Garnier

天井画も必見！

HOW TO 観劇

建物だけでなく、せっかく行くならオペラ鑑賞も楽しんでみよう。観劇の流れをチェックして、本場の芸術に触れてみて。

① チケットを買う

まずはプログラムや料金をオペラ座の公式HPでチェック。チケットの予約はオンラインで購入するか、日本のチケット代行サービスを利用すればOK。人気演目は早期の事前予約が必須だ。

	インターネットで	窓口で
予約	前日まで	1時間前まで
チケット	プリントアウト	その場で受け取り
支払い	クレジットカードのみ	クレジットカード／現金
申込時間	24時間	10:00～18:30（季節により変動あり）
休日	無休	日曜
言語	英・仏	英・仏
DATA	www.operadeparis.fr	→P.100

※当日券は、公演1時間前より窓口で販売

日本語の予約サイト

Classictic
www.classictic.com/ja/

ワールドチケットぴあ
www.wt-pia.jp

③ オペラ、バレエを鑑賞する

1964年に完成した

観客席は5階建てで約2200席を用意。客席の丸天井には、オペラとバレエをモチーフにしたシャガールの『夢の花束』が描かれている。

④ オペラ座を上から見る

オスマン大通りを挟み正面に建つギャラリー・ラファイエット パリ・オスマン（→P.113）の8階にあるルーフ・トップ・テラスからは、オペラ座の建物裏を間近に見ることができる。

⑤ オペラ座グッズを買う

売店ではロゴ入りのアイテムも販売している。バレエ小物から服飾雑貨まで多種多様なラインナップ。オペラ関連のDVDも充実。

トゥシューズ 各€125～

トゥシューズのキーホルダー €6 ／ シーリングスタンプ €14.90 ／ オペラグラス €79

オリジナル商品がいっぱい！

ラ・ギャラリー・ドゥ・ロペラ・ドゥ・パリ
La Galerie de l'Opéra de Paris

エントランス右手にあり、レペットのバレエ用品などオペラ座にまつわる商品を販売。オペラ、バレエ関連の書籍やDVDを豊富に扱う書店も併設している。

🏠 オペラ・ガルニエ内
☎ 01-53-43-03-97
🕙 10:00～18:30　無休
英語OK　▶MAP 別P.10 C-2

② 会場へ入る

公演は19:30以降から始まることが多く、入場は約1時間前から可能。終了時間は公演内容によってまちまちだが23:00を過ぎることもあるので、事前に食事は済ませておこう。

正装は少ないが、男性はジャケット、女性はワンピースの着用が◎。残数席はラフな服装でOK

③ 退場する

公演終了が深夜になる場合は、帰りの足を考えておこう。劇場近くのタクシー乗り場は混むので、少し離れた乗り場も把握しておこう。近距離でも安全を考えて、タクシーの利用を。

オペラ座の建物は木造で、照明にろうそくを使っていたため、焼失、再建を過去に14回も繰り返している。

今日の気分はミート？ or シーフード？
肉&魚介にこだわる**ビストロ**へ

ドレスコードやマナーなどが求められるレストランとは違い、カジュアルに料理を楽しめるのがビストロ。日本でいう"食堂"のような存在で、それぞれの得意料理を看板に、家庭的な味、庶民の味を提供。リーズナブルにフランスの"美食"に出合える。

アンガス牛のイチボ　€45（コース）
Picanha de Bœuf Black Angus
丹念に熟成された腰と尻の間の肉（イチボ）は驚くほど柔らかく、さっぱりした味わい。1人前でこの量は食べ応え十分！

多彩な　肉　　　　　　　　　　　　　　　BOEUF
定番のビーフ、仔牛に加え、ラムや鴨も多く使われる。野ウサギやイノシシといったジビエ肉もフランスならでは。

HOW TO　注文

コースは、2品（前菜＋メイン、またはメイン＋デザート）か、3品（前菜＋メイン＋デザート）の組み合わせを選べる。アラカルトの場合は何品か選んでコース仕立てにするのが基本。

前菜　　　　　メイン　　　　デザート
 ＋ ＋
Entrée　　　　Plat　　　　　Dessert

「フランス語は読めない」という人におすすめなのが、あらかじめコースメニューが決まっているムニュ（Menu）。店先の看板に書かれていることが多く値段も表記されている。

ガッツリ肉を味わいたいあなたに
カフェ・デ・ザバトワール
Café des Abattoirs

ミシュラン2つ星のビストロなどを展開するミッシェル・ロスタン氏が手がける肉料理の専門店。極上の熟成肉がリーズナブルに食べられると評判。ボリュームもたっぷり。

🏠 10 Rue Gomboust, 1er
☎ 01-76-21-77-60　⏰ 12:15〜14:15（土・日曜 12:30〜14:30）、19:15〜22:30（日・月曜〜22:00）※18:00〜テラス席のみオープン（おつまみ類）　無休　ランチ€22〜、ディナー€32〜　🚇 7・14号線ピラミデ駅から徒歩1分
英語OK
▶ MAP 別P.10 C-3

デノワイエの乳飲み仔牛の
もも肉、根菜　€32

Quasi de veau de lait "Desnoyer",
légumes racines

有名食肉店のデノワイエから仕入れた仔牛のもも肉を、柔らかな部位のみロースト。赤ワイン仕立てのソースで召し上がれ。

仔羊の胸腺のムニエル、
杏茸、ジャガイモのピュレ　€19

Ris d'agneau meunière,
chanterelles, pomme purée

ふんわり食感の仔羊の胸腺肉をこんがり焼いてムニエル。濃厚なソースは仔牛の肉汁で作ったジュ・ド・ヴォーがベース。

VEAU 仔牛　　　AGNEAU 仔羊

肉料理はもちろん魚介も充実

ラシーヌ
Racines

19世紀に造られたパッサージュ・デ・パノラマ（→P.117）内にあり、内装にも趣がある。仔牛肉はもちろん魚介類やチーズなどの食材は、イタリアとフランスのものを使っている。

🏠 8 Passage des Panoramas, 2e
☎ 01-40-13-06-41　⏰ 12:00～14:00、19:30～22:00　❌ 土・日曜　💴 ランチ・ディナーともアラカルトのみで約€50　🚇 8・9号線グラン・ブールヴァール駅から徒歩1分
英語OK
▶ MAP 別 P.11 E-2

バラエティ豊富な肉料理にトライ

レ・カナイユ
Les Canailles

1つ星レストランのドミニク・ブシェでシェフを務めたセバスチャン氏と、サービス長のヤン氏がオープンしたネオ・ビストロ。仕入れによりウサギや鴨なども登場。

🏠 25 Rue La Bruyère, 9e
☎ 01-48-74-10-48　⏰ 12:00～14:30、19:00～22:30　❌ 土・日曜　💴 ランチ・ディナーとも2品（前菜＋メイン、メイン＋デザート）で€28～、3品で€35～　🚇 12号線サン・ジョルジュ駅から徒歩3分
英語OK
▶ MAP 別 P.10 C-1

カジュアルなビストロで本格的なフレンチを提供する店を「ビストロノミー」と呼ぶ。€30～60で料理が味わえる。

タラのオペラ仕立て、
カカオローストのリゾット、
カボチャのロースト、
コーヒーのソース　€22

Cabillaud Côtier, façon Opéra,
risotto au Gruē, potimarron rôti,
sauce café

イカスミでマリネし、ソテーされたタラの下にはカカオ風味のリゾットが。コーヒーのソースで味わう。

POISSON 魚　新鮮なシーフード

おもなシーフード料理

- **Sole Meunière**　舌ビラメのムニエル
- **Bouillabaisse**　ブイヤベース
- **Les Huîtres**　生ガキ
- **Dourade Poêlée**　鯛のポワレ（蒸し焼き）
- **Filet de Bar**　スズキのフィレ（切り身）
- **Moules Marinières**　ムール貝の白ワイン蒸し

最優秀ビストロに輝いた名店

ビストロ・ヴォルネイ
Bistro Volnay

ビストロ専門誌で頂点に輝いた有名店。メニューには肉料理とともに、旬の魚介類を用いた料理が並ぶ。オーナーが3つ星店のソムリエ出身のため、ワインの品ぞろえも自慢。

🏠 8 Rue Volney, 2e
☎ 01-42-61-06-65　🕐 12:00〜14:30、19:00〜22:30
休 土・日曜　料 ランチ€35〜（前菜＋メイン、メイン＋デザートなど）、ディナー約€50〜　🚇 3・7・8号線オペラ駅から徒歩4分
英語OK
▶ MAP 別P.10 B-3

大食漢のバリックのための一品 €62
L'assiette Gourmande Balik
スモークサーモンの盛り合わせ。スライスやタルタル、オレンジ風味など多彩。

ヒメジのオイル焼き €24
Filets de Rouget Poêlés à l'huile d'Olive parfumée aux anchoirs
身が柔らかなヒメジをソテー。アンチョビとハーブで風味豊かに仕上げた一品。

クリスチャン・ディオールの卵 €39
Œuf " Christian Dior
常連だった有名デザイナーのお気に入りを再現。半熟玉子にブイヨンゼリー、キャビアを重ねたメニュー。

新鮮な魚をふんだんに使ったスープやポワレ、ムニエルなどの名物料理がたくさん。カキやムール貝といった貝類にもトライしたい。

CAVIAR
キャビア

大物俳優のシーフード専門店
レカイユ・ドゥ・ラ・フォンテーヌ
L'Ecaille de la Fontaine

大名優、ジェラール・ドパルデューがオーナーを務める。スペシャリテはカキだが魚料理の評判も高い。価格設定が手頃なこともあり、近隣のビジネス客でいつも賑わう。

🏠 15 Rue Gaillon, 2e
☎ 01-47-42-02-99 🕐 12:00〜14:30、19:00〜23:00
休 土・日曜 💰 ランチ、ディナーともに€38〜（前菜＋メイン） 🚇 3号線キャトル・セプタンブル駅から徒歩3分
英語OK
▶ MAP 別P.10 C-3

ラグジュアリーな空間でキャビアを堪能
カフェ・プルニエ
Café Prunier

1872年に創業した歴史あるキャビア専門店。2階のレストランではキャビアのほかにもサーモンやカキなど魚介を用いた料理が堪能できる。1階ではお土産用に購入も可能。

🏠 15 Pl. de la Madeleine, 8e
☎ 01-47-42-98-91 🕐 12:00〜14:30、19:00〜23:00
休 日曜 💰 ランチ€47〜、ディナーはアラカルトで€100〜 🚇 8・12・14号線マドレーヌ駅から徒歩1分
英語OK
▶ MAP 別P.10 A-2

身がやわらかく崩れやすい魚料理を食べる際は、店によっては専用のフィッシュスプーンが用意されているので使ってみよう。

世界三大珍味を堪能
エピスリー付きのレストランへ

教会の周囲を、高級食材店や星付きレストランがぐるりと囲む、マドレーヌ寺院周辺。キャビア、フォアグラ、トリュフの世界三大珍味を扱うエピスリーもあり、レストラン併設店では気軽に味見も可能。なかなか味わえないフランスご自慢の高級食材を試してみよう！

WHAT IS エピスリー
エピスリーとは、フランス語で"食材店""お惣菜屋"という意味。生産地や製造方法などにこだわりがある、上質な厳選食材を扱う専門店で、市内のあちこちにある。

ジャガイモのピュレのバエリのキャビア添え
Pomme de Terre au Caviar avec Impérial Baeri
€89

キャビア30gと、ジャガイモのピュレのセット。毎朝焼き上げる、そば粉入りパンケーキのブリニと一緒に味わいたい。

キャビア
Caviar
チョウザメの卵を塩漬けにしたもの。オードブルにぴったり。

高級トリュフを存分に味わう
ラ・メゾン・ドゥ・ラ・トリュフ
La Maison de la Truffe

1932年創業のトリュフ専門店。黒いダイヤモンドと呼ばれる黒トリュフや白トリュフを各種扱う。レストランでは、独特の風味を五感で楽しめる、シンプルな料理が堪能できる。

- 19 Place de la Madeleine, 8e
- 01-42-65-53-22
- レストラン12:00〜15:00、19:00〜22:30（15:00〜17:00は一部のメニューのみ可能）、エピスリー10:00〜22:00 休日曜 ランチ€60〜、ディナー€80〜 8・12・14号線マドレーヌ駅から徒歩1分
- 英語OK 英語メニュー
- ▶ MAP 別P.10 A-2

トリュフ
Truffe
独特の芳香が特徴の食用きのこ。パスタやリゾットなどの料理のアクセントに効果的。

黒トリュフのリゾット
Risotte à la truffe
€43

リゾットに黒トリュフのスライスをのせたシンプルな料理。パルメザンチーズとの相性も抜群で、トリュフの本来の香りが引き立つ。

そのほかのおすすめメニュー
トリュフの卵スクランブル
Œufs de Poule en Brouillade à la Truffe
€40

ふわふわの卵の上に、スライスされた白トリュフがたっぷり。香りと食感を十分に感じられる量に感動。

エピスリーカタログ

黒トリュフのオリーブオイル
Huile d'Olive Truffe noire
100ml €39.50

フランス産のトリュフを使用したエクストラヴァージンオリーブオイル。サラダなどにかけて。

バタークリーム
Crème de beurre
75g €11.50

トリュフ風味のバタークリーム。パンに塗るだけで、ごちそうの出来あがり。

エピスリーカタログ

キャビア入りのタラマ
Tarama au Cavier
90g €13

タラの卵をペースト状にしたタラマにキャビアが光る。パンなどにのせて味わって。

バエリのキャビア
BAERI
30g €51

濃厚ななかにも繊細な味わいが特徴。ヘーゼルナッツの香りもやや感じられる。

キャビアが3種よりどりみどり
キャビア・カスピア
Caviar Kaspia

1927年オープンの老舗。バエリ、オセトラ、ベルーガの厳選された3種のキャビアを味わえる。宝石のように光り輝くキャビアは、ウォッカと合わせて。

🏠 17 Place de la Madeleine, 8e
☎ 01-42-65-33-32 🍴レストラン 12:00〜翌1:00、エピスリー 10:00〜24:30 💰ランチ€76〜、ディナー€99〜 🚇8・12・14号線マドレーヌ駅から徒歩1分 [英語OK][英語メニュー]
▶MAP 別P.10 A-2

そのほかのおすすめメニュー
キャビア3種
Buisson de Caviar
€321

3種類のキャビアを30gずつ味わえる。贅沢に味を比べてみて。

フォアグラ
Fois gras

太らせたガチョウや、アヒルなどの肝臓。濃厚な味わいが特徴。

フォアグラのカルパッチョ
Carpaccio de fois gras de canard au miel, caramel balsamique et sel de Guérand
€19

薄くスライスした生フォアグラに、ハチミツやバルサミコ酢をかけたシンプルな料理。タマネギのコンポートと一緒に。

そのほかのおすすめメニュー

自家製フォアグラのテリーヌ
Assiette de fois gras de canard Maison chutney et toast
€17

フォアグラはオニオンコンフィの甘みとバルサミコ酢とも相性抜群。濃厚なので、少しずつ味わって。

フォアグラのポワレ
Escalope de fois gras de canard poêlée sur son pain d'épice et mesclun
€19

厚切りにした生フォアグラをレアに焼き上げたもの。焼きリンゴと重ねて、スパイス入りのパンと一緒に楽しむ。

驚きの価格でフォアグラを堪能
コントワール・ドゥ・ラ・ガストロノミー
Comptoir de la Gastronomie

他エリアのオススメ！

1836年から続く老舗のフォアグラ専門店。フランス南西部のフォアグラを驚くほどリーズナブルに堪能できる。甘みのある白ワイン「ソーテルヌ」と合わせて召し上がれ。

🏠 34 Rue Montmartre, 1er
☎ 01-42-33-31-32 🍴レストラン 12:00〜15:00、19:00〜23:00（金・土曜19:00〜24:00）※15:00〜19:00も数種のメニューは注文可能、エピスリー 8:00〜20:00（月曜9:00〜）休日曜 💰ランチ€24〜（火〜金曜€14.50〜）、ディナー€31〜 🚇4号線レ・アル駅から徒歩3分
[英語OK][英語メニュー]
ルーヴル美術館周辺 ▶MAP 別P.19 E-1

フォアグラの缶詰
Fois gras d'Oie entier
120g €26

自家製のフォアグラを缶詰にした一品。日持ちがよくお土産にも持ってこい。

フォアグラソース
Sauce au fois gras
180g €7.80

旨味があり肉の味を引き立てるステーキソース。隠し味にも使える。

エピスリーカタログ

肉類はベーコンやソーセージなどの加工肉も、飛行機で日本に持ち帰ることができない。現地で味わおう。

107

本場の味を自宅で再現！
食材店で厳選フードを買う

美食の国フランス・パリには、舌の肥えたパリの人々に愛されるこだわりの食材や調味料を取り扱う食材店（エピスリー）が点在している。日本ではなかなかお目にかかれないコンフィチュールやマスタードなどの調味料や、こだわりのハチミツなどを購入して、フランスの味を自宅で再現してみてはいかが？

C　ミエル・ダカシア
Miel d'Acacia
€9.10
プロヴァンス産ハチミツ。アカシアの香りが料理の味を引き立てる

E　レ・コント・ドゥ・プロヴァンスBIOのマンゴーソース
Les comtes de Provence Coulis de Mangue BIO
€4.50
有機栽培マンゴーのソース。ヨーグルトやフロマージュブランとぴったり

C　ミエル・ドゥ・ラヴァンド
Miel de Lavande
€10.60
ラベンダーのハチミツ。爽やかな香りなのでお菓子作りのアクセントに

A　モン・プルミエ・テ
Mon premier thé
€14.80
カフェイン少なめの紅茶。パリ限定で、チョコ、バニラ、キャラメル、ラズベリーなどのフレーバーが

A　ローズ・エ・リーチ
Velours de Framboises Litchis
€7.50
木苺とライチをたっぷりと使用した、一番人気のコンフィチュール

高級食材

A 世界の美食が集まるフードブティック

フォション
Fauchon

1886年に創業した世界中の高級食材を扱う食品専門店。茶園から選ぶ紅茶や収穫時期にこだわるジャム、ケーキや惣菜まで、数々の美食が並ぶ。ティールームとレストランも併設している。

🏠 30 Place de la Madeleine, 8e
☎ 01-70-39-38-00
⏰ 10:00〜22:30　休 日曜　Ⓜ 8・12・14号線マドレーヌ駅から徒歩1分
英語OK
▶ MAP 別 P.10 B-2

マスタード

B 上品な風味のフレッシュマスタード

マイユ
Maille

1747年創業の老舗のマスタード専門店。伝統的な製法で作られた30種のマスタードやビネガーなどが揃う。フレッシュなマスタードは目の前でポットに詰めたものを購入できる。

🏠 6 Place de la Madeleine, 8e
☎ 01-40-15-06-00
⏰ 10:00〜19:00（祝日11:00〜18:00）　休 日曜　Ⓜ 8・12・14号線マドレーヌ駅から徒歩1分
英語OK
▶ MAP 別 P.10 B-3

ハチミツ

C 味見しながら選べるハチミツ専門店

ラ・メゾン・ドゥ・ミエル
La Maison de Miel

50種類以上のハチミツをテイスティングできる、1898年から続くブティック。フランスを中心に世界各国のハチミツ、ハチミツを使った飴やシードル、コスメや石けんなどを販売している。

🏠 24 Rue Vignon, 9e
☎ 01-47-42-26-70
⏰ 9:30〜19:00　休 日曜　Ⓜ 8・12・14号線マドレーヌ駅から徒歩3分
英語OK
▶ MAP 別 P.10 B-2

D テリーヌ・ランデーズ
Terrine Landaise
€3
薄切りバゲットやクラッカーにのせて簡単アペリティフに

B バルサミコビネガー
Vinaigre Balsamique de Modene
€13.50
甘酸っぱくコクのあるバルサミコ酢。サラダや魚料理で活躍

D 黒粒コショウ
Poivre Noir en Grains Black Peppercorns
€8
産地によって香りもさまざま。用途によって使い分けたい

B シャブリのマスタード
Moutarde Chabli
€29.50（250ｇ）
シャブリワイン入りの香り高いマスタード。肉料理にぜひ！

高級食材

D 各界著名人が愛する高級食料品店
エディアール
Hédiard ※工事のため一時、閉店中

フランス指折りの高級食料品店。スモークサーモンやマスタード、フォアグラといった食材からチョコレートまで1000点以上の商品を扱う。隣にカフェも併設しておりランチのオーダーも可。

🏠 21 Place de la Madeleine, 8e
☎ 01-43-12-88-88
🕘 9:00〜20:00　🚫 日曜　🚇 8・12・14号線マドレーヌ駅から徒歩1分
英語OK
▶ MAP 別P.10 A-2

高級食材

E パリの高級店によるマルシェ空間
ラファイエット・グルメ
Galeries Lafayette Paris Haussmann Gourmet

デパート「ギャラリー・ラファイエット パリ・オスマン」のグルメ館。地下はマルシェをテーマに肉や野菜、調味料など、地上階はスペインやギリシャなど世界各国の料理が楽しめる専門店も。

🏠 40 Bd. Haussmann, 9e
☎ 01-40-23-52-67　🕘 8:30〜21:30（日曜11:00〜20:00）　🚫 無休　🚇 7・9号線ショセ・ダンタン・ラ・ファイエット駅から徒歩1分
英語OK
▶ MAP 別P.10 C-2

WHAT IS
お土産におすすめの調味料

① 塩
パッケージもかわいい仏産の自然海塩は、人気の高いお土産のひとつ。

② ハチミツ
種類豊富なハチミツは、試食もできる専門店でお気に入りを見つけて。

③ ワインビネガー
ワイン大国ならではの調味料。ドレッシングとして使うのがおすすめです。

⚑ 上記のエディアール・マドレーヌ店は工事のため閉店中（2019年5月現在）。リニューアルオープン予定は未定。

Shopping
ワインビギナーでも安心！
本場フランスでワインデビュー

世界に名だたるワインの名産地、フランス。訪れたなら、本場のワインの味にも触れておきたいところ。初心者には分かりづらいワインも、おもな銘柄を少し知るだけで、ぐっと選びやすくなる。この機会に、自分のお気に入りの1本を見つけてみては？

飲みたいワインを見つけてみよう

1杯€1〜試飲できるので、運命のワインを見つけてみよう！

フランス最大規模の品揃え。日本語が話せるソムリエがいるので、分からないことはいろいろ聞ける

エチケットの見方

ワインを知るにはラベルから。ラベルの見方を知って、産地や格付けを読み解こう。

- **ブドウ収穫年** — 原料となるブドウが収穫された年の気候にも味が左右される
- **AOC 原産地** — AOC（原産地呼称統制）により、生産地名が限定されているものほど格付けが高い
- **原産地** — 地域、地区（村、畑名）の順に記載される
- **銘柄** — いわゆるワイン名。醸造所やブドウの品種などに由来する
- **生産者** — 生産会社やワイナリーの名前など醸造元が記載されている

おもな銘柄

銘柄はブドウの品種や産地からつけられることも。各銘柄の特徴的な1本をピックアップ。

ボルドー
原産地：Cotes de Castillon
銘柄：Les Ormeaux du Puy Arnaud
価格：€19
特徴：2種以上のブドウをブレンド。深みがある味わい

ブルゴーニュ
原産地：Bourgogne
銘柄：Les Vergers
価格：€21.50
特徴：シャルドネ１種類を使用。気候で味が異なる

コート・デュ・ローヌ

原産地：Rhone Gigondas
銘柄：La Belle Cime
価格：€26.50
特徴：スパイスのような香り。軽やかな舌触りも魅力

ラングドック

原産地：Corbieres Boutenac
銘柄：Viel Homme
価格：€19
特徴：フルーティーな香りで、渋みが強いのが特徴

プロヴァンス

原産地：Coteaux Varois
銘柄：Les Idées Heureuses
価格：€15.30
特徴：辛口で酸味が少ない。普段飲めるものが多い

ロワール

原産地：Cote Roannaise
銘柄：La Chapelle du Puy
価格：€18.20
特徴：フルーティーで軽やかな辛口ワインが中心

ワイン€15～（ボトル）、タルタル・ドゥ・ブッフ・ア・ラ・ミニュット€25

ローヌ地方産の赤ワイン。ふくよかな味わいが特徴

新鮮な牛赤身肉と野菜、ハーブを合わせたフレッシュなタルタルステーキなど、シンプルな肉料理がぴったり

HOW TO
ワイン選びのコツ

コツ1　各フロアの特徴をチェック！
地下階
一面にずらりと並べられたワイン貯蔵庫

地上階（1階）
試飲スペースがあり、日本語が話せるソムリエも常駐。好みのワイン探しが楽しめる

2階
ワインバー・レストラン。下階のワインを持ち込んで、料理と一緒に楽しむことも可能

コツ2　予算や用途を決めておくこと
豊富な種類のワインが並ぶ専門店では、まずは予算を決めておくと選ぶ時の指針になる。他にも、赤や白などの種類、特徴、合わせる料理などを具体的に設定し、お店の人に伝えよう。

コツ3　迷ったらプロのおすすめを
「今月のおすすめ」などはワインのプロフェッショナルであるスタッフが自信を持ってセレクトしたもの。手っ取り早く選ぶなら、こうしたお店セレクトのワインから選ぶのもひとつの手。

おすすめワイン

1＋un
€40
すっきりとした辛口のシャンパン。ミネラルを感じるはつらつとした味わいが特徴。キレがよいため、どんな料理にも合うが、カルパッチョやタルタル、ハーブを使った前菜と相性抜群。

En Bully
€37
ブルゴーニュ地方の赤ワイン。ピノ・ノワール100％。華やかな香りと繊細さが特徴の上品な味。シンプルな赤身肉の料理のほか、カツオだしを使った和食との相性もバッチリ。

コツ4　ワインの保存は環境も大切
思うよりずっとデリケートなワイン。フランスから持ち帰った後は長旅で疲れている。すぐに開栓せずに1週間ほど休ませてから飲むと、本来の味わいに近い味を堪能できるはず。

a.b. さまざまな銘柄がずらりと並ぶ店内。何を選んだらいいか分からなければ、店員さんにおすすめを聞いてみよう　c. ショップの2階はレストランになっていて、購入したワインの持ち込みもOK

レストランも併設
ラヴィニア
Lavinia

3階建ての建物の中に6500種ほどのワインやワインアクセサリーがずらりと並ぶ。特にフランス産ワインは生産地ごとに見やすくディスプレイ。高級ワイン専用のカーヴも売り場に備えている。

🏠 3 Bd. de la Madeleine, 1er
☎ 01-42-97-20-20　🕙 10:00～20:30（レストラン12:00～21:00）
休 日曜　🚇 8・12・14号線マドレーヌ駅から徒歩1分
日本語OK　英語OK
▶MAP 別 P.10 B-3

ワインを楽しむには適温で味わうのがポイント。白なら冷蔵庫で冷やして、赤なら15度前後が目安。

Shopping
パリで欲しいものが勢揃い！
老舗デパートでまとめ買い

世界中の名品と最旬トレンドが集まる大型デパート。パリには、創業100年以上を誇る老舗が点在。ここでは、そんななかでも、ヨーロッパ最大の規模を誇るギャラリー・ラファイエット パリ・オスマンをフィーチャー。きらびやかな館内へ、足を運ぼう。

格式ある豪華な内装はまるで宮殿のよう

2014年9月にリニューアルオープン！
フランスの特産品や高級食材などと、最新インテリアが一緒になったメゾン＆グルメ館が新装

地下1F ～ 1F
厳選されたグルメが一堂に！

地下1階から地上2階まで3つのフロアに分けて商品を陳列。地下1階は生鮮食料品のマルシェ、地上階はスイーツや世界の料理など、1階はワイン関連の売り場（→P.109）。

数年熟成された希少なチーズも集まる。ハムやソーセージ、オリーブなどの種類も豊富

ダロワイヨやピエール・エルメ、サダハル・アオキなど、有名パティスリーも多数出店する

世界各国から集めた2500種類以上の銘柄を扱う。ボルドーワイン専門のセラーも併設する

紳士館
- 3F スーツ、シャツ＆ニット
- リネン、寝具
- 2F スポーツウエア、肌着
- 靴、ジーンズ
- 1F
- 地上階 革製品、時計、香水

メゾン＆グルメ館
- 2F リネン、寝具
- インテリア、テーブルウエア
- 1F キッチン用品、ワイン、酒類
- 地上階 パティスリー、ブーランジェリー
- 地下1F 食料品、生鮮食品

トイレ：🚻
カフェ：☕

築100年以上
のクーポール
（丸天井）

屋上の
テラスから
パリの景色を
一望できる！

7F	テラス
6F	書籍、土産
5F	子ども服、玩具
4F	ランジェリー、バッグ
3F	婦人服（フォーマル）
2F	婦人服（プレタポルテ）
1F	婦人服（ラグジュアリー、デザイナーズ）
地上階	コスメ、アクセサリー、時計
地下1F	婦人靴

本館

ヨーロッパ最大級の売り場面積を誇る老舗

ギャラリー・ラファイエット パリ・オスマン

Galeries Lafayette Paris Haussmann

1893年創業の歴史ある大型デパート。本館のネオ・ビザンチン様式のクーポールは必見。

🏠 40 Bd. Haussmann, 9e ☎ 01-42-82-36-40 ⏰ 本館・紳士館・メゾン館 9:30～20:30（日曜 11:00～20:00）、グルメ館 8:30～21:30 休 無休 🚇 7・9号線ショセ・ダンタン・ラ・ファイエット駅から徒歩1分

日本語OK　英語OK　▶MAP 別P.10 C-2

6F
困った＆買ってない！はココで解決

6階にはパリのお土産ものを扱うコーナーを設置。Tシャツやバッグ、マグネットなどの定番アイテムや、パリならではのグッズ、フランス地方の土産まで幅広く揃う。

エッフェル塔の食器拭き €9.50
エッフェル塔グッズも各種ある

エッフェル塔のモチーフ入りノート €5.90
自分へのお土産も忘れずに！

2～5F
パリらしい装いを見つける

最先端モードを取り入れたプレタポルテや、専属のスタイリストが選ぶショップが入る。カジュアルライン、スポーツウエアなど、パリのファッションをリードするアイテムが充実。

レースのワンピース €139
透かし模様が素敵なデザイン

花柄ジャケット €299
フレンチブランドは要チェック

地上階
お気に入りコスメはまとめて！

コスメを中心にメイクアップ用品、フレグランス、ネイルなど、有名ブランドの新作がいち早く登場。ラファイエット限定出店のコスメブランドも見逃せない。

Aesop（イソップ）のハンドクリーム €23
リッチなテクスチャーで肌が潤う人気アイテム

Sérum éclat anti-taches 30ml €38.90
肌に輝きを与える、シミ予防の美容液

Caudalie（コーダリー）€28.90
ボルドーのブドウ畑から生まれたブランド、Eau de Beautéのフェイスローション

地下1F
もう一足欲しい！

売り場面積は世界有数の広さを誇り、有名ブランドが充実。スポーティーコーデには欠かせないスニーカー専用スペースも登場。

Chatelles Paris（シャテル・パリ）のシューズ €199

日本語OKのサービス！

本館地上階のコスメフロア奥にある免税手続きカウンターと、紳士館地上階にある観光案内所には日本語対応可能なスタッフが常駐。免税書類の作成や周辺観光で困ったことがあれば尋ねてみて。

快適に
お買い物を
楽しんで！

日本人スタッフ

エリアで楽しむパリ

エッフェル塔周辺／シャンゼリゼ大通り周辺／オペラ・ガルニエ周辺／ルーヴル美術館～シテ島、サン・ルイ島／サン・ジェルマン／マレ・バスティーユ／広場周辺／カルチェ・ラタン／モンマルトル／モンパルナス／サン・マルタン運河周辺

ギャラリー・ラファイエット パリ・オスマン本館の天井は、クーポールと呼ばれるステンドグラスが美しい丸天井になっている。

113

Shopping

プチプラアイテムの宝庫、スーパーで
€5以下の優秀お土産ハント

パリ市民の日常生活がうかがえるスーパーマーケット。棚に並ぶ日用品も、フランス語で書かれているだけで、おしゃれに見えるから不思議。人気の4つのスーパー＆コンビニで、お土産に使えるお手頃価格の商品をセレクト。

雑貨

マグカップ
各€1.50
グレーやブルーグリーンのほか、赤などフレンチカラーも取り扱っている C

（吹き出し）重ねて収納できるのが優秀！何色も揃えたい

鍋つかみ
€4.50
北欧風デザインのオリジナルグッズ。同じ柄のエプロンなどもある C

ポケットティッシュ
€0.99（10個入り）
オリジナルブランドのポケットティッシュ。日用品は鉄板のお土産アイテム B

皮むきナイフ
€3.09
果物や野菜などの皮むきが楽しくなりそうな小型サイズの便利なナイフ A

シリコン製の調理用スプーン
€3.50
耐熱シリコンを使用しているので、ソースの取り分けなど、高温の調理にも利用できる C

（吹き出し）やわらかいシリコンでできているから、食材がすくいやすい

コスメ

ガルニエのシャンプー
€3.67
髪の毛がしっとり・ツヤツヤになると評判の、アルガンオイルと椿油入り B

（吹き出し）アルガンオイルの花のような香りに包まれ、リッチなバスタイムが過ごせる

48時間の持続効果を目指すデオドラント
€4.80
フランスで有名なNARTA社のデオドラント。敏感肌用でノン・アルコール D

（吹き出し）ソフトな塗り心地で肌が弱い人からの支持が厚い！

bioのハンドクリーム
€3.99
モノプリのオリジナル。アロエとハイビスカスのエキス入りで爽やかな香り C

リップクリーム
€2.78
マルセイユ石鹸ブランドの商品。乾燥した唇用で、シアやアロエを配合 A

 A
コンビニ感覚で立ち寄って
モノップ
Monop'

大手スーパーチェーンのモノプリが展開するコンビニエンスストア。生活雑貨のほか、軽食やお菓子、デリなども扱う。簡単に食事を済ませたい時にも便利。

🏠 9 Bd. de la Madeleine, 1er ☎ 01-42-86-61-54
🕘 8:00〜24:00（日曜9:00〜13:00）　休 無休　🚇 8・12・14号線マドレーヌ駅から徒歩1分
▶ MAP 別P.10 B-3

 B
リーズナブルな価格が魅力
フランプリ
Franprix

日曜も営業する庶民的なスーパーマーケット。リーズナブルな価格が人気で、さらに"リーダー・プライス"というお得なオリジナルブランドの商品も並ぶ。

🏠 39 Rue Godot de Mauroy, 9e
☎ 01-42-66-02-00　🕘 8:30〜21:00（日曜9:00〜13:00）　休 無休　🚇 3・9号線アーヴル・コーマルタン駅から徒歩1分　英語OK
▶ MAP 別P.10 B-2

持っていると便利なエコバッグ

スーパーマーケットでは各店舗オリジナルのエコバッグを販売。レジ近くに陳列されているので、会計時に他の商品と一緒にピックしよう。軽くかさばらないのでお土産にも最適だ。

カラフルなモノプリのエコバッグ。€1.50

食品

アペリティフ用ミニゴーフル（塩）
€ 1.59

ハーブが入ったゴーフル。ちょうどよい塩味で一度食べたらやみつきに **B**

グリーンタップナード
€ 1.49

クラッカーやパンなどにつけて食べても

オリーブの果実をペースト状にしたもの。ピッツァやサンドイッチにも使える **B**

バーベナ&ミントのハーブティー
€ 1.20

さっぱりとした風味のミントティー。食後のお口直しや、胃が疲れている時に飲んでも **B**

アーティチョークのグリエ
€ 3.35

タルタルソース作りに使ったり、サラダに入れたりと何かと重宝する **B**

お菓子

オリジナルブランドのチョコサンドサブレ
€ 1.50

軽い歯触りのサブレでマカダミアナッツ風味のチョコを包んだ **D**

エッフェル塔デザインのチョコ
€ 3.99

お土産に役立つ、パリのシンボルがパッケージに描かれたチョコレート **C**

キャラメルクッキー
€ 1.50

パリならではのキャラメル味が上品

ひと口食べると、チョコレートの中からキャラメルソースが溶け出す **B**

HOW TO 買い方

❶ 入店する

入口に警備員がいて、荷物をチェックされることもある。大きな荷物はレジで預かってもらうのがベター。お昼どきや夕方以降は地元の買い物客で混雑するので、15〜16時頃がおすすめ。

❷ 商品を選ぶ

日本と同様に、入口付近に積まれた買い物かごを持ってショッピングスタート。果物や野菜は量り売りでひとつからでも購入できる。値段確認をしたい時は自分で量るか、レジで量って確認を。

レジに量りがあれば、会計前に忘れず計量して価格をチェック。必要量を備え付けの袋に入れ、写真のような計量器のタッチパネルに沿ってアイテムを選択。値札シールを貼ってレジへ。

量り売り

❸ レジで商品を並べる

会計の順番が近づいてきたら、商品は購入者自身がレジ台に並べるシステム。並べ終わったら次の人が商品を置けるように、備え付けの区切りのバーを立ててあげると親切。

❹ 代金を支払う

レジ袋が有料か無料かは店によって異なる（有料のチェーン店も多い）。自分で商品を詰めてから、レジで金額を支払う。スタッフもお客さんもマイペースなので慌てずに。

C
何でも揃う大手スーパーチェーン

モノプリ
Monoprix

パリ市内を歩いていると、いたるところで見かける大手チェーン。食品からコスメ、雑貨まで何でも揃う。ロゴが入ったオリジナル商品はお土産にもおすすめ。

🏠 21 Av. de l'Opéra, 1er
☎ 01-42-61-78-08 🕘 9:00〜22:00（日曜10:00〜20:00） 休 無休 🚇 7・14号線ピラミデ駅から徒歩1分
英語OK ▶MAP 別P.10 C-3

D
郊外に多い巨大S.C.のスーパー版

カルフール・エクスプレス
Carrefour Express

パリ郊外にある大型スーパーマーケット「カルフール」のコンパクト版。食料や日用雑貨を中心に、安価なプライベートブランドも充実しコンビニ感覚で使える。

🏠 205 Rue Saint Honoré, 1er ☎ 01-49-26-08-61
🕘 7:00〜22:00（日曜10:00〜） 休 無休
🚇 1号線チュイルリー駅から徒歩3分
英語OK ▶MAP 別P.10 C-3

 パリにもスーパーより小規模なコンビニエンスストアがいくつかあるが、日付が変わる前に閉まるところが多い。

歴史あるアーケード
Shopping
パッサージュでレトロ探し

パリにはガラスの屋根に覆われたアーケード街・パッサージュが点在。注目はパリで最も美しいといわれる「ギャルリー・ヴィヴィエンヌ」。歴史を重ねた趣ある店の並びを眺めて、ぶらぶら歩くだけでも楽しい。レトロなパリの風景を探しに出掛けよう。

WHAT IS
パッサージュ *Passage*

パッサージュとは、18世紀末〜19世紀頃に造られたガラス屋根が特徴のアーケード街のこと。建設当時は、パリ最先端のショップ街として話題を集めた。今は、個性的なショップやレストランが建ち並んでいる。

ギャルリー・ヴィヴィエンヌ
Galerie Vivienne

- 多種多様なポストカードがあって迷っちゃう
- 古本屋さんでレアな本探しも楽しい♪
- 老舗ワインショップで極上の1本を発見！
- 内部のディスプレイも素敵！
- あっ。かわいいもの見つけた！

《 おすすめのパッサージュ 》

パッサージュ名	住所	営業時間	アクセス	特徴	MAP
ギャラリー・ヴィヴィエンヌ *Galerie Vivienne*	4 Rue des Petits-Champs, 2e	8:30頃～20:30頃 (※店舗により異なる)	3号線ブルス駅から徒歩4分	1823年に建設された、ネオ・クラシック様式の優雅な建物が並ぶ	▶別 P.11 D-3
パッサージュ・ジョフロア *Passage Jouffroy*	10-12 Bd. Montmartre, 9e	7:00頃～21:30頃 (※店舗により異なる)	8・9号線リシュリュウ・ドゥルオー駅から徒歩1分	1836年にオープン。レトロなおもちゃ屋や古書店が建ち並んでいる	▶別 P.11 E-2
パッサージュ・デ・パノラマ *Passage des Panoramas*	11 Bd. Montmartre, 2e	6:00頃～24:00頃 (※店舗により異なる)	8・9号線グラン・ブールヴァール駅から徒歩1分	1799年に建てられた歴史的建築物は必見。古切手を扱う店が多い	▶別 P.11 E-2
パッサージュ・デュ・グラン・セール *Passage du Grand Cerf*	145 Rue St-Denis, 2e	8:30頃～20:30頃 (※店舗により異なる)	4号線エティエンヌ・マルセル駅から徒歩2分	1825年にオープン。映画『地下鉄のザジ』の舞台として知られる	▶別 P.11 F-3
ギャラリー・ヴェロ・ドダ *Galerie Véro-Dodat*	19 Rue Jean-Jacques-Rousseau～2 Rue du Bouloi, 1er	7:00頃～22:00頃 (※店舗により異なる)	1・7号線パレ・ロワイヤル・ミュゼ・デュ・ルーヴル駅から徒歩3分	1826年の創建当初は高級店が多かった。日曜は休み	▶別 P.19 D-1

- アンティークのインテリア用品や絵画なども
- 店先のロゴもなんだか絵になる……
- 小道を彩る緻密なモザイク
- ウインドーショッピングにぴったり
- 思わず手に取りたくなる雑貨もたくさん！
- アーケードの入口もレトロな雰囲気満点！

🚩 パッサージュの正式名称は「パッサージュ・クヴェール(passage couvert)」。ガラス屋根で覆われた小道という意味。

117

Shopping

フレンチカラーに染まる店内で
キュートな手芸品を集める

古い物を大切に使い続ける習慣があるフランスでは手芸をする人が多い。メルスリー（手芸店）の数も多く、ビーズ、ボタン、リボンなどのパーツも、手の込んだ個性的な物が揃う。日本では見つからないエスプリあふれるアイテムを持ち帰って、ハンドメイドを楽しもう。

ボタン
Bouton
エッフェル塔などのユニークな絵柄ものはお土産にしても喜ばれそう！

- シンプルに活用できるエンブレム入りボタン ・€1 Ⓑ
- 各€1.60〜 Ⓑ
- 格子柄と花柄の透け感があるボタン ・€4.60 Ⓑ
- 鮮やかな色がインパクト大
- 飾りボタンにぴったりなハート形 ・€1.50 Ⓑ
- パリの風景をモチーフにした貝殻ボタン ・各€6.50 Ⓒ
- 珍しいココナッツの実を使った花柄ボタン ・各€5.80 Ⓒ

水玉のバッグの中にはソーイングセットが。乙女な一品 ・各€13.50 Ⓒ
中身はこんな感じ！

Ⓐ 色あざやかな毛糸やリボンがズラリ
ル・コントワー
Le Comptoir

手仕事好きが高じて、古い手芸店を受け継いだ女性オーナーのお店。フランス産の物を中心にセレクトした天然素材の毛糸と手芸本のコレクションは圧巻。ユニークなプリントの布地やリボン・ブレード類、ボタンも見逃さずに。

🏠 26 Rue Cadet,9e ☎01-42-46-20-72 🕐 11:00〜14:00、14:30〜19:00（金曜〜18:30）休 日曜、月曜午前
🚇 7号線カデ駅から徒歩1分
▶MAP 別P.11 E-2
※閉店（2019年5月現在）

ビーズ
Perle
カラフルな色使いのビーズ。1個からでも購入可能なのがうれしい！

- 様々な形のビーズの詰め合わせ ・€5.50/25g Ⓑ
- 女の子モチーフのウッドビーズ ・各€3.50 Ⓒ
- 上の写真と同じシリーズのピンク系 ・€5.50/25g Ⓑ

118

- A 各€8.70
- アルパカウールの毛糸
- €4.50/セット C
- アンティークの手縫い用の糸

- 各€6.50 A
- メリノウール製の上質な毛糸

毛糸
Laine
ハンドメイドや天然素材など、厳選したカラフルな毛糸が多数揃う。

- 各€3.90 A
- 貴重なデッドストックのシルク糸

糸巻き
Bobine
カラー、素材、デザインもさまざま。糸は生地や用途に合わせて選ぼう。

- 各€4.50 C
- リネンの手縫い糸

B
なんでも揃う手芸の総合店
モード・エ・トラヴォー
Modes & Travaux

1919年に創業した3フロア構成、総床面積およそ400m²の大型店。ビーズやリボン、毛糸など、ひと通りの手芸用品が揃う。注目はモンマルトルの生地専門店、サン・ピエールのオリジナル商品。手芸キットも取り扱いあり。

- 🏠 10 Rue de la Pépinière,8e   ☎ 01-43-87-10-07
- 🕐 10:00〜19:00   休 日曜   🚇 3・12・13・14号線サン・ラザール駅から徒歩1分
- 英語OK ▶MAP 別 P.10 A-2

- 計り売りなので、欲しいだけ買える B
- アンティークのブレード
- €11/m C

房紐（タッセル）
Gland
アンティークからモダンな物まで、アイテムも幅広い！

リボン＆ブレード
Ruban & Galon
質感、素材、幅、柄など作るものをイメージして選んで。

- デッドストックのリボンテープ
- €5/m A
- パリらしいおしゃれなデザインがいっぱい B
- €5.70/m B
- リボンレース
- サイズや色、デザインなど、よりどりみどり！ C

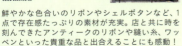

C
レアなアンティークが探せる
ウルトラモッド
Ultramod

鮮やかな色合いのリボンやシェルボタンなど、1点で存在感たっぷりの素材が充実。店と共に時を刻んできたアンティークのリボンや縫い糸、ワッペンといった貴重な品と出会えることにも感動！

- 🏠 3/4 Rue de Choiseul,2e   ☎ 01-42-96-98-30
- 🕐 10:00〜18:00(8月10:30〜17:30)   休 土・日曜   🚇 3号線キャトル・セプタンブル駅から徒歩1分
- 日本語OK ▶MAP 別 P.11 D-3

ピアス作りに挑戦！
思い出に自分だけのアクセサリー作りに挑戦！

自分好みのパーツをセレクト → ペンチを使いパーツを組み立てる → ピアスキャッチを繋げて完成！ → 完成！

エリアで楽しむパリ

エッフェル塔周辺 / シャンゼリゼ大通り周辺 / オペラ・ガルニエ周辺 / ルーヴル美術館〜シテ島、サン・ルイ島 / デュプレ / サン・ジェルマン / マレー・バスティーユ広場周辺 / カルチェ・ラタン / モンマルトル / モンパルナス / サン・マルタン運河周辺

メトロ2号線アンヴェール駅からサクレ・クール寺院に向かう途中のエリアにはメルスリーが多い。スリが多いので、買い物中は防犯を意識して。

Shopping

見ているだけでハッピーな気分に！
LOVE ランジェリーを見つける

パリジェンヌにとって、ランジェリーもおしゃれの必需品。単なる下着にとどまらず、ファッション感覚で楽しむ人たちも多い。そんなパリには、女性たちを虜にするショップがたくさんある。お気に入りの1点を見つけて、見えないおしゃれを楽しもう。

大人女子を魅了する情熱的なデザイン

シャンタル・トーマス
Chantal Thomass

ファッションデザイナー、シャンタル・トーマスのランジェリー店。セクシーでファッション性の高い下着は、着けると女性らしいカーヴィーなボディラインに近付ける。

- 211 Rue Saint Honoré, 1er
- 01-42-60-40-56
- 10:30〜19:00
- 日曜
- 1号線チュイルリー駅から徒歩2分
- 英語OK
- ▶MAP 別P.10 C-3

a. モードなアイテムからフェミニンでかわいらしいデザインまで揃う。手前のキャミソール€360　b. ストッキングもラインナップ豊富

a.

上品フェミニンなテイストを演出

ヤスミン・エスラミ
Yasmine Eslami

スタイリストとして第一線で活躍するヤスミン氏が立ち上げたブランド。セクシーすぎず、かわいすぎず、上質素材にこだわった、大人のためのランジェリー。

🏠 35 Rue de Richelieu,1er
☎ 09-84-51-51-14
🕛 12:00〜19:00　休 日・月曜
🚇 1・7号線パレ・ロワイヤル・ミュゼ・デュ・ルーヴル駅から徒歩3分
英語OK
▶ MAP 別P.11 D-3

a.b.c 店内のディスプレイも見どころのひとつ。微妙な透け具合で、おしゃれな大人の魅力を最大限に演出。セットアップで€145〜

b.

c.

パリ最大級のランジェリーコーナー

ギャラリー・ラファイエット パリ・オスマン ランジェリー・フロア
Galeries Lafayette Paris Haussmann, l'espace lingerie

ギャラリー・ラファイエット パリ・オスマン本館ランジェリー売り場。3500m²のフロアにオリジナルブランドやプリンセス・タムタムなど50以上のブランドが並ぶ。

→ P.113
英語OK

a. ランジェリーとストッキング類を扱うフロア b. オリジナルショーツはお得な値段で購入できるかも

b. Mignonne

a.

☀ 常駐スタッフがいないヤスミン・エスラミ。開いていない場合は、入口左手のボタンでドアを開けてもらおう。　121

Shopping

フランス流、大人のたしなみ
お気に入りの香りに出合う

パリジェンヌにとって、おしゃれの基本ともいうべき香水。香りは、視覚だけでは完結しないファッションの一部として定着している。香水はその人の個性を引き出してくれる魔法のアイテム。"香り"の本場パリで、ハッピーな気分にしてくれる、自分だけのお気に入りの香水を見つけよう！

WHAT IS
香水

もともとは宗教的な用途などに利用されていた香水が、楽しみやたしなみとして使われるようになったのは近代になってからのこと。フランスでは16世紀頃から、体臭消しとして発展していった。ヴェルサイユ宮殿にトイレがなかったため、防臭対策として王が香水を利用したことがきっかけだったともいわれている。温暖な気候に恵まれ、花などの天然香料がふんだんに手に入った南仏では、香水産業が発展。今でも調香師になるためには、南仏のグラースかパリで10年以上学ぶ必要があり、そのほとんどがグラースの出身者だ。

香水 早分かり

Question 香水にはどんな種類があるの？

A シャワー感覚で利用するオーデコロンから、数時間ほんのりと香りがただようオードトワレ、少量で半日〜1日香りが持続するオードパルファン、パルファンまで、持続時間や濃度によっておもに4つに分けられる。

Question 自分にぴったりの香りは？

A まずどんなに人気の香水であっても、自分が好きな香りでなくては意味がない。店員に相談しながらいくつかテスティングしてみよう。ただし、一度にたくさん試すと嗅覚が麻痺してしまうので3〜4点を限度に。

Question 香水には何が含まれている？

A 香りのもととなる香料には、花や樹皮などの植物、生殖腺分泌物などの動物性の天然香料のほか、化学的に作った合成香料がある。これらの香料をアルコールに溶解した溶液が香水。市販のものには通常、数十種類もの香料が調合されている。

Orientale
オリエンタル

中東で採取される天然香料をベースとした深みのあるセクシーな香り。ムスクやアンバーなどの動物性香料やウッディ系の香料がおもに使用される。イランイランやジャスミンなど甘く特徴的な花が加わるとさらにエキゾチックに。

フラキンセンス（乳香）
アフリカ北東部原産の低木の樹皮から染み出す芳香性の液。

イランイラン
熱帯多雨林地方に咲く木の花から抽出される香り高い精油。

サンダルウッド
インド原産の樹木から採れる落ち着いた香り。別名白檀。

ジャスミン
香りの王様ともいわれ、持続性のある甘美な強い香りが特徴。

 €47
ソレイユ *Soleil*
アンバー、ムスク、サンダルウッドの深い香りがジャスミン、ローズなどと合わさった大人気のフレグランス。

 €40
ディヤマン *Diamant*
甘酸っぱいオレンジの香りのあと、ローズ、ジャスミンの華やかな香りが続き、ムスクとバニラの濃厚な香りが残る。

 €40
ベル・ドゥ・ソレイユ *Belle de Soleil*
シトラス系の香りからプルメリア、ジャスミン、ムスクの香りが加わりちょっぴりエキゾチック。

香りは時間とともに変化

さまざまな香料からなる香水は、実は常に単一の香りではなく、時間とともに少しずつ変化。まずは華やかで印象深い香りが飛び出し、次にしっかりとした落ち着いた香り、そして最後に余韻を残すかのような香りが持続する。香水の種類によっても一番よい香りが訪れる時間や持続時間はさまざまだが、一般的に中盤のミドルノートが要とされている。

トップノート：〜10分程度
一番最初に感じるちょっと刺激のある香り。おもにシトラス系など。

ミドルノート：〜3時間程度
香水を選ぶ際に最も大切にしたい香り。おもにフローラル系など。

ラストノート：〜12時間程度
つけている人の体臭と混じり合い、人によって違う香りに変化する。おもにムスクやアンバーなどの動物性、サンダルウッドなどのウッディ系。

Floral
フローラル

花々をベースとした女性らしい香り。ローズなどひとつの花を基調としたシングルフローラル、さまざまな花をミックスさせたフローラルブーケなど、細かく分けることができる。最も人気のある香りで、香水市場の6割以上がフローラルに分類される。

ローズ
香りの女王とも呼ばれる高貴な香り。女性に好まれる。

フリージア
アヤメ科の花で、みずみずしい爽やかな香りが特徴的。

スイートピー
ほのかにただよう甘い香りが特徴。ほかの花との相性もよい。

フリボル
Frivole
シトラス系の爽やかな香りからジャスミン、スズランの香りへと変わる。

ベル・ドゥ・ニュイ
Belle de Nuit
ローズやゼラニウム、ムスクのハーモニーが神秘的でロマンチックな香り。

Chypre
シプレー

ヨーロッパに植生するオークモスをベースにベルガモットなどを合わせた上品な香り。ほのかな甘さと渋みが特徴で、フォーマルな場にも合う。シトラス系のシプレー・フルーティー、ハーブの香りを加えたシプレー・グリーンなど、さらに6種類に分かれる。

オークモス
（樫の木に生えるコケ）
森林や海、湖の匂いを思わせるどっしりとした存在感のある香り。

ベルガモット
シトラス系の爽やかな匂いに甘さがほんのり加わった落ち着いた香り。

フィギュ・フルール €38
Figuier Fleur
イチジクの花の甘い芳香とプロヴァンスの太陽の匂い。オークモスにベルガモット、ビターオレンジなどがアクセントになっている。

香水作り体験も！

香水の歴史や製造法などのレクチャー後、自分好みの香水を作ることができる体験講座。世界にひとつだけの香水は、お持ち帰りOKだから自分への最高のご褒美にもなる。

㊋ 毎週土曜 10:00～（仏語）、13:00～（英語）※所要各90分
㊌ €95 ※要予約（ウェブサイトから可能）
musee-parfum-paris.fragonard.com

香りについて知る
フラゴナール香水博物館
Musée du Parfum Fragonard

1926年創業の老舗香水メーカー、フラゴナール社が創設した、パリ初の香水専門の博物館。香りの歴史や効能、作り方などあらゆることがわかる。自分に合った上手な香水の選び方のアドバイスも聞ける。

🏠 3-5 Square de l'Opéra-Louis Jouvet, 9e ☎ 01-40-06-10-09 ⏰ 9:00～18:00 無休 無料
🚇 3・7・8号線オペラ駅から徒歩3分
▶ MAP 別 P.10 C-2

フランスでは女性も男性もお気に入りの香水を必ずひとつは持っているといわれるほど香りを好み、パーソナリティの一部になっている。

"美"を極めたあとは、ぶらぶら散歩が楽しい
ルーヴル美術館〜シテ島、サン・ルイ島
Musée du Louvre〜 Île de la Cité, St-Louis

外せない観光名所がたくさん
アートを感じる歴史的エリア

ルーヴル美術館、パレ・ロワイヤルをはじめ、世界的な美術館や文化遺産が目白押しのパリの中心地。かつて多くの芸術家が集った場所でもあり、現在もギャラリーや書店が点在している。歴史的スポット・シテ島はパリの発祥地とされ、隣に浮かぶサン・ルイ島には閑静な高級住宅が広がる。

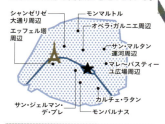

昼：◎ 夜：○
パリの主要美術館や歴史的建造物が集まる名所。アクセスもよく、多くの線が乗り入れるシャトレ駅などを拠点にすると便利。

ぐるっと
歩いて約**8時間**

ルーヴル美術館〜シテ島、サン・ルイ島でしたい **15** のこと

- ❶ 王道3時間コースでめぐる ルーヴル美術館でtrès bien！ →P.26
- ❷ 王道2時間コースでめぐる オルセー美術館で印象派に感動 →P.34
- ❸ 王道1時間コースでめぐる オランジュリー美術館でモネ鑑賞 →P.40
- ❹ モデルコース約8時間で制覇 →P.125
- 初期ゴシック建築の最高傑作
  ノートルダム大聖堂でしたい7のこと →P.126
- ❺ 南塔へのぼってパリ市街を一望する →P.126
- ❻ ファサードの彫刻、レリーフを見る →P.127
- ❼ 聖堂内の彫刻やステンドグラスを鑑賞する →P.128
- ❽ 大聖堂を眺めながらティータイム →P.128
- ❾ 宝物館で美術品を鑑賞する →P.129
- ❿ 古代の地下遺構を見る →P.129
- ⓫ ノートルダムグッズを買う →P.129
- ⓬ パリ発祥の地、シテ島、サン・ルイ島で
  素敵、かわいいパリ探し →P.130
- ⓭ コンシェルジュリーで歴史を体感 →P.130
- ⓮ パリ市民がのんびり過ごすカルーゼル庭園で
  パリ風ピクニックを楽しむ →P.132
- ⓯ ママンもシェフも御用達の
  キッチングッズで料理上手に →P.134

シテ島にある19世紀から続く花市場 / シテ、サン・ルイ島にはこぢんまりとしたショップが多い / ひと休みするのにぴったりのチュイルリー公園

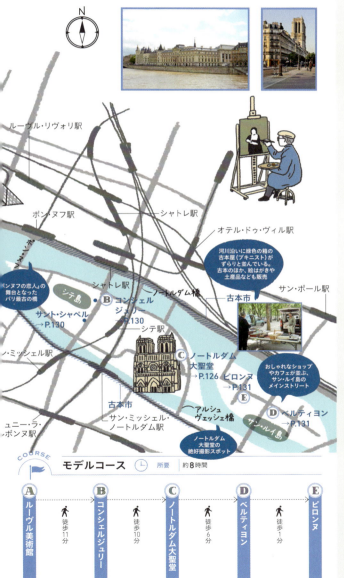

ランドマーク

ノートルダム大聖堂
初期ゴシック建築の最高峰といわれる建物で、世界遺産のひとつとなっている。
→ P.126

コンシェルジュリー
かつてマリー・アントワネットが囚われていた牢獄。現在は歴史資料館として一部が公開されている。
→ P.130

マストスポット

ルーヴル美術館
世界一の来場者数を誇る国立美術館。モナ・リザをはじめ、多くの有名作品が展示されている。
→ P.26

オルセー美術館
駅舎を改装した個性的な外観。モネやマネなど19世紀の印象派を中心とした作品が豊富に揃う。
→ P.34

オランジュリー美術館
モネの大作『睡蓮』など、印象派とポスト印象派の作品を展示。ルノワールやピカソの作品も必見。
→ P.40

モデルコース 所要 約8時間

A ルーヴル美術館 → 徒歩11分 → B コンシェルジュリー → 徒歩10分 → C ノートルダム大聖堂 → 徒歩6分 → D ベルティヨン → 徒歩1分 → E ピロンヌ

紀元前200年、ガリア族の漁師が暮らしたシテ島。のちに水運業で栄える土地でもあり、第1区に制定された。

125

エリアで楽しむパリ / エッフェル塔周辺 / シャンゼリゼ大通り周辺 / オペラ・ガルニエ周辺 / ルーヴル美術館〜シテ島、サン・ルイ島 / サン・ジェルマン・デ・プレ / マレ〜バスティーユ広場周辺 / カルチェ・ラタン / モンマルトル / モンパルナス / サン・マルタン運河周辺

予約不要
所要
1時間30分

世界遺産 初期ゴシック建築の最高傑作

ノートルダム大聖堂で したい7のこと

セーヌ河の中洲にあるシテ島はパリ発祥の地ともいわれ、フランス政治や権力機関の中心だった場所。まさにパリの中心地であり、島に堂々とそびえ立つノートルダム大聖堂は、当時の技術の粋を集めた屈指の建物だ。

WHAT IS
ノートルダム大聖堂
ゴシック建築の最高傑作
ローマ・カトリック教会の大聖堂で、現在もパリ大司教座聖堂として使われている。ゴシック建築ならではの優雅で美しいステンドグラスや石像、橋梁など、見どころがたくさんある。

1 南塔へのぼって パリ市街を一望する

高さ55mに位置し、大聖堂前広場やコンコルド広場、凱旋門などを一望。南塔からはセーヌ河とそこに架かる橋々を望む美しい景色をパノラマビューで見られる。

アンヴァリッド

ATTENTION
休業中のノートルダム大聖堂
2019年4月に起きたノートルダム大聖堂の火災により、当面は内部の見学ができず、休業中だ。2024年のパリオリンピックまでの再建を目指し、修復が進められている。

ノートルダム 大聖堂 早分かり

Question
いつ建てられた？

A 1163年に着工し、約200年の歳月をかけて建てられた。「ノートルダム」とは「我らが貴婦人」という意味で、聖母マリアを指している。

Question
鐘は鳴るの？

A 南塔の鐘はクリスマス、イースターなどのカトリックの重要行事のときのみに鳴らされる。毎日数回鳴るのは北塔にある4つの鐘。

Question
なぜたくさんシメールがいる？

A 数百体あるシメール（キマイラ）はギリシャ神話に登場する架空の怪獣を模した守り神。悪霊などの浄化や魔除けの役割を担う。

data
Pl. du Parvis Notre-Dame, 4e ☎01-42-34-56-10 ⏰7:45～18:45(土・日曜～19:15) 塔10:00～18:30(6～8月の土・日曜～23:00、10～3月～17:30) 地下聖堂10:00～18:00 休無休、クリプトは月曜 料無料、塔€10、クリプト€8 交4号線シテ駅から徒歩3分 www.notredamedeparis.fr
▶MAP 別P.19 F-3
※休業中(2019年5月現在)

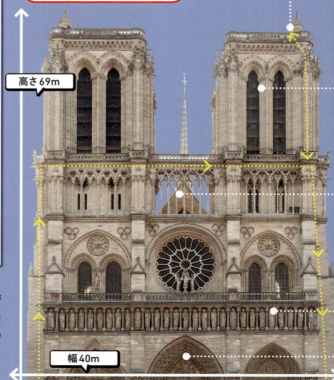

高さ69m
幅40m
西
北側入口
出口

エッフェル塔

トゥール・モンパルナス

南

ノートルダム大聖堂の塔

東

サクレ・クール寺院

北

北塔の4つの鐘は1856年に設置されたもの

キマイラの回廊
北塔と南塔を結ぶ展望スペース。手すりの端にはシメール、ガーゴイルなどが点在。サイズや形状、ポーズなど、一体一体異なる表情をしている。

鐘楼
重さ約13トンの「エマニュエルの鐘」は南塔につるされた大聖堂最大の鐘。鐘の舌の重さは500kgで、現在は電動で動かしている。鐘楼はヴィクトル・ユゴーの『ノートルダム・ド・パリ』の舞台にもなった。

HOW TO
展望台へのアクセス

展望台へは専用の入口かららせん階段をのぼる。順路は北塔から南へキマイラの回廊を経由して南塔から下りてくる。キマイラの回廊がメインの展望スポットだが、南塔の最上階からはパリの景色はもちろん、大聖堂身廊の尖塔なども見られる。

❶ 北側入口へ

北塔のクロワートル・ノートル・ダム通り側にある。人気があるので、行列覚悟で並ぼう。日本語をはじめ、各国語のパンフレットが置いてある。

❷ 2階のチケット売り場へ

大聖堂内の入場や見学は無料だが、展望台は有料（€10）。有効期限内のパリ・ミュージアム・パスも利用できるので、バス持参の人はパスを提示するだけでOK。

❸ 387段の階段をのぼる

ところどころに明かり取りの小窓があるらせん階段をのぼっていく。上のほうになるにつれて階段がだんだん狭くなる。少し広くなったところがキマイラの回廊。

2 ファサードの彫刻、レリーフを見る

3つの門の上には『旧約聖書』に登場する「最後の審判」などをモチーフとしたレリーフが施されている。フランス革命時に彫像の大部分が破壊されたが、1845年から修復作業が行われ、当時の装飾が復元された。

俺たちはパリの街を毎日見守ってるんだぜ！

王のギャラリー
王冠をかぶった28体の彫像はイエス・キリストの祖先であるユダヤとイスラエルの王たちといわれている。フランス革命時にはフランス王家を表す像と考えられて破壊された。

大聖堂の周りにはシメール、ガーゴイルなど、半人半獣の彫像が置かれている。ざっと数百体は確認でき、守護神として大聖堂を悪霊から守るように威嚇している役目があるという。

聖書や聖人にまつわる物語が刻まれている

ポルタイユ
門の上には左から「聖母戴冠」「最後の審判」「聖女アンナ」を表すレリーフがある。最も有名な「最後の審判」には3層の中段に天国へ行く人と地獄に落ちる人が描かれている。

中央扉口の側面には十二使徒の彫像が6体ずつ左右に並んでいる。その下の腰石部分には「貪欲」「傲慢」などの十二悪徳と「信仰」「慈悲」「謙虚」などの十二善徳が刻まれている。

日曜 11:00、12:45、18:00のミサではパイプオルガンが演奏され、大勢の人が音色を楽しむために足を運ぶ。

3 聖堂内の彫像やステンドグラスを鑑賞する

聖堂内部の天井高は約33mで、中世ヨーロッパの「森」をイメージして設計。柱の支えを結ぶアーチ天井は初期ゴシック様式の建物ならでは。見どころは3カ所あるステンドグラス製のバラ窓。北窓のバラ窓は直径13mにも及ぶ。

観光客のほか、熱心に祈る信者も多く見られる

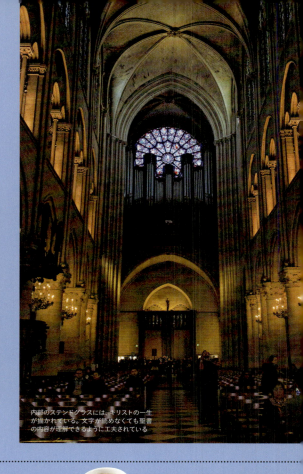
内部のステンドグラスには、キリストの一生が描かれている。文字が読めなくても聖書の内容が理解できるように工夫されている

4 大聖堂を眺めながらティータイム

さまざまなフレーバーの紅茶（€4.50～）がゆったり楽しめる

西側ファサードからの眺めが有名だが、セーヌ河越しに東側から眺めるノートルダム大聖堂も美しい。礼拝堂を支える飛梁など、河畔のカフェでお茶を楽しみながらその優雅なたたずまいを眺めてみるのも一興。

クレープもおいしい！
エスメラルダ
L'Esmeralda

サン・ルイ橋のたもと、シテ島にあるカジュアルな雰囲気のカフェ。オープンテラスのテーブルからは大聖堂の姿が一望できる。

🏠 2 Rue du Cloître Notre-Dame ,4e　☎01-43-54-17-72　🕐夏期7:30～24:00、冬期8:00～20:00※時期により異なる　休無休　🚇4号線シテ駅から徒歩4分
英語OK　英語メニュー
▶MAP 別P.19 F-3

隠れ家的なカフェ・ギャラリー
オー・ザール・エトセトラ
Aux Arts etc...

地元アーティストたちの絵画展なども開かれるギャラリー・カフェ。こぢんまりとした空間で、落ち着いてティータイムが楽しめる。天気のよい日はテラス席を選びたい。

🏠 15 Quai de Montebello,5e　☎01-56-81-68-77　🕐9:00～18:00　休火曜　🚇10号線モベール・ミュチュアリテ駅から徒歩3分
英語OK　英語メニュー
▶MAP 別P.19 F-3

内陣障壁彫刻
北側聖歌隊席の裏側の仕切りには、向かって左から右へ、イエス・キリストの生涯が誕生から順に彫刻された木製のレリーフがはめ込まれている。南側には復活後の物語が。

ピエタ像
1715年に彫刻家ニコラ・クストゥーが制作し、主祭壇の十字架の下に配置されている。両手を天に向けて、自分の子の死を嘆く母親を印象深く表現している。

後陣回廊 / ルイ13世像 / ルイ14世像 / 宝物館 / 北窓 / 身廊 / ポルタイユ

バラ窓
ファサード上、北窓、南窓の3か所に巨大なステンドグラスのバラ窓がある。ファサードのバラ窓の中央には聖母マリア像、南窓にはキリストと天使が描かれている。

> バラ窓からは幻想的な光が差し込んでくる

5 宝物館で美術品を鑑賞する

南周歩廊から宝物展示室に入る。司祭の着用したマントやミトラ、聖遺物容器や王冠、十字架など、大聖堂で大切に保存されてきたものが展示されている。入場料金は€5。

大聖堂にまつわる宝物が展示されている

6 古代の地下遺構を見る

> 昔のパリの様子が垣間見えておもしろい

大聖堂前の広場の地下が遺跡博物館に！

大聖堂のクリプトは考古学発掘現場になっていて、ローマ時代のリュテス、パリシイ時代にまでさかのぼる遺跡が残る。ミニチュア模型で当時の様子を分かりやすく説明している。

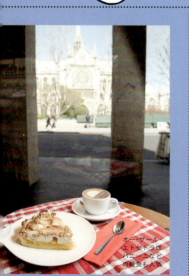

オー・ザール・エト・セトラはバーニュなどの軽食も人気

7 ノートルダムグッズを買う

周辺のショップにはノートルダム大聖堂のステンドグラスを飾りにしたり、ノートの模様に使った関連グッズがいっぱい。シメールのキーホルダーなどは不気味だけど訪問の記念のアイテムにおすすめ。

寺院モチーフのグッズ
ブティック・ノートルダム・トゥール
Boutique Notre-Dame Tours

ノートルダム・グッズを販売。大聖堂2階、展望台用チケット売場付近にある。展望台に上ったあとに引き返すことができないので注意。

🏠 ノートルダム大聖堂内2階
☎ 01-53-10-07-01　🕙 10:00～18:30　休 無休　英語OK
📍 MAP 別P.19 F-3
※休業中（2019年5月現在）

しおり 各€2.50

ステンドグラスの壁飾り 小€12.50／中€25

シメールのキーホルダー＆マグネット 各€3.50

ノート 各€5.90

エリアで楽しむパリ
エッフェル塔周辺 / シャンゼリゼ大通り周辺 / オペラ・ガルニエ周辺 / ルーヴル美術館～シテ島、サン・ルイ島 / サン・ジェルマン～デ・プレ / マレ・バスティーユ広場周辺 / カルチェ・ラタン / モンマルトル / モンパルナス / サン・マルタン運河周辺

「ピエタ」とは、十字架から下ろされたキリストを抱く聖母マリアの絵画や彫像のこと。人の名前ではない。

予約不要 所要 5時間

世界遺産 パリ発祥の地、シテ島、サン・ルイ島で
素敵、かわいいパリ探し

セーヌ河に浮かぶ小さなふたつの島、シテ島とサン・ルイ島。シテ島には歴史的建造物が点在し、サン・ルイ島にはこぢんまりとしたショップやカフェが立ち並ぶ。気が向くままに歩いて、自分だけの素敵でかわいいパリの風景を見つけよう。

Start AM 9:30

まるで城のような立派なたたずまい

14世紀、王室管理府（コンシェルジュリー）が置かれていた場所。館内には独房などが残されている

A

AM 11:30

クリップやステッカーなど、エッフェル塔をテーマにしたかわいらしい文房具も数多く並ぶ

C

AM 10:30

光の具合で刻々と表情を変えるステンドグラス

サン・ジャンの豪華なステンドグラスで囲まれた礼拝堂。静謐な空間に包まれて、厳かな気持ちに

B

思わず手に取りたくなるかわいい小物たちがいっぱい！

Cat paw

PM 0:30

カラフルなフレンチカラーの小物であふれるビロンヌの店内。どんな素敵な雑貨に会えるかな？

D

A マリー・アントワネットの独房
コンシェルジュリー
Conciergerie　　　史跡

14世紀、フィリップ4世の宮殿だった場所。フランス革命のとき、牢獄として使われた。コンコルド広場で処刑されたマリー・アントワネットが、最期の日々を過ごした場所でもある。

🏠 2 Bd.du Palais,1er ☎ 01-53-40-60-80 🕘 9:30～18:00 休無休 €9（サント・シャペルとの共通券€15）
🚇 4号線シテ駅から徒歩2分
▶ MAP 別P.19 E-2

B パリ最古のステンドグラス
サント・シャペル
Sainte Chapelle　　　教会

13世紀に建てられた、尖塔と2層式の礼拝堂からなる教会。礼拝堂の上層を360°埋め尽くすステンドグラスは壮観。創世記から列王記まで、1134場面におよぶ聖書の場面が描かれている。

🏠 4 Bd.du Palais,1er ☎ 01-53-40-60-80 🕘 9:00～19:00 休無休 €10（コンシェルジュリーとの共通券€15）🚇 4号線シテ駅から徒歩2分
▶ MAP 別P.19 E-2

C ひと味違うパリ土産が揃う
ラ・プリュム・ドゥ・ルイーズ・アン・リル
La Plume de Louise en l'Ile　ステーショナリー

組み立てて楽しむ、紙製のエッフェル塔€7.50～が勢揃い！　サイズ、色のバリエーションが豊かで、見ているだけでも楽しい。ほかにも、エッフェル塔をモチーフにした個性的なパリ土産が集まる。

🏠 3 Rue Jean du Bellay,4e ☎ 01-46-33-01-56 🕘 11:00～19:00 休無休 🚇 7号線ポン・マリー駅から徒歩5分
英語OK
▶ MAP 別P.20 A-3

START	AM9:30	AM10:30	AM11:30	PM0:30	PM1:00	PM2:00		GOAL	
ポン・ヌフ駅	A コンシェルジュリー	B サント・シャペル	C ラ・プリュム・ドゥ・ルイーズ・アン・リル	D ピロンヌ	E ベルティヨン	F ラ・シャルロット・ドゥ・リル		ポン・マリー駅	

徒歩5分／徒歩2分／徒歩10分／徒歩1分／徒歩2分／徒歩2分／徒歩5分

『ポン・ヌフの恋人』の橋を渡る／ノートルダム大聖堂が眺められる／道路脇には気になる店がいっぱい！

エリアで楽しむパリ

エッフェル塔周辺／シャンゼリゼ大通り周辺／オペラ・ガルニエ周辺／ルーヴル美術館～シテ島・サン・ルイ島／サン・ジェルマン・デ・プレ／マレ・バスティーユ広場周辺／カルチェ・ラタン／モンマルトル／モンパルナス／サン・マルタン運河周辺

さまざまな色や柄のエッフェル塔のグラフ店を販売しているラ・プリュム・ドゥ・ルイーズ・アン・リル

ちょっと変わったエッフェル塔グッズがたくさん

PM 2:00 Goal

散策の締めくくりにゆったりティータイム

アットホームな雰囲気のなか、ラ・シャルロット・ドゥ・リルでは紅茶とスイーツでティータイム。€12～

PM 11:00

パリ市民に愛されるアイスクリーム店ベルティヨン。どのフレーバーにしようか迷ってしまいそう

パリで一番の人気店 アイスクリームといえばココ！

D キャラクターのフレンチ雑貨が集合！
ピロンヌ
Pylones 雑貨

30年以上前から店を構える、フレンチデザインの雑貨屋さん。ポップでカラフルな色合いが人気のキャラクター小物は、キーホルダーが€5前後～。パリ市内に何店舗か支店がある。

🏠 57 Rue St.Louis en l'île, 4e ☎ 01-46-34-05-02 🕘 11:00～19:00 休 無休 🚇 7号線ポン・マリー駅から徒歩4分
英語OK
▶ MAP 別P.20 A-3

E パリジャンが愛するアイスクリーム店
ベルティヨン
Berthillon アイスクリーム

寒い季節でも行列ができるほどの人気店。新鮮なミルクなど、素材の味を生かした手作りアイスクリーム€3～を求めて、連日多くの人が並んでいる。スイーツが食べられるカフェも併設。

🏠 31 Rue St.Louis en l'île, 4e ☎ 01-43-54-31-61 🕘 10:00～20:00 休 月・火曜、7月下旬～9月上旬 🚇 7号線ポン・マリー駅から徒歩4分
▶ MAP 別P.20 A-3

F 種類豊富な紅茶とケーキでひと息
ラ・シャルロット・ドゥ・リル
La Charlotte de l'isle カフェ

落ち着いた店内で、おいしいお茶とともにホームメイドの焼き菓子はいかが？ ビオ素材をはじめ、上質素材で仕上げたケーキはお手頃価格なのもうれしい。

🏠 24, Rue St.Louis en l'île, 4e ☎ 01-43-54-25-83 🕘 14:00～19:00（土・日曜11:00～）休 月・火曜 ティー＆ケーキ€12～ 🚇 7号線ポン・マリー駅から徒歩5分
英語OK
▶ MAP 別P.20 B-3

シテ島は紀元前にパリシィ族が定住。そこからパリの歴史が始まったことからパリの発祥地とされる。

131

パリ市民がのんびり過ごすカルーゼル庭園で
パリ風ピクニックを楽しむ

市民の憩いの場である緑豊かなカルーゼル庭園は、美術鑑賞の合間に立ち寄るのにぴったりの場所。ベンチや木陰も多いので、ファストフードやデリフードを持参して、ちょっとしたパリっ子気分でピクニック気分を味わってみて。

いいお天気の日には、デリを持ち寄って、ピクニック気分！

A 生ハムのサンドウイッチ
€3.30
モチモチのバゲットに新鮮な生野菜と生ハムを挟んだ定番フード

B ポレンタのラザニア
€8.70
トウモロコシの粉を粥状にしたポレンタのヘルシーラザニア

B ツナとキヌアの冷製サラダ
€6.10
栄養素が高い穀物、キヌアと彩り野菜がたっぷり入ったサラダ

C ファラフェル
小 €6.50
スパイシーな味わいのアラブ風ミニコロッケのファラフェル

D パテ
€4.50
ビーフとポークのパテをパイ皮で包んだメニュー。ワインとの相性抜群

D ダック・パテのパイ皮包み
€3.89 (€29.50/kg)
鴨肉のパテをパイ皮で包んで焼き上げたジューシーな一品

シートや紙皿も持ち寄れば、ベンチがなくても心配なし！

WHAT IS カルーゼル庭園
Jardin du Carrousel

ルーヴル美術館とコンコルド広場の間に広がる庭園。ナポレオンの戦勝を記念して1808年に建てられたカルーゼル凱旋門をくぐると一面に広がる芝生では、カップルやファミリーがピクニックを楽しんでいる。

data
🏠 Le Jardin du Carrousel,1er ⏰ 24時間 無休
🚇 1・7号線パレ・ロワイヤル・ミュゼ・デュ・ルーヴル駅から徒歩5分 ▶MAP 別P.18 C-1

日本でもおなじみのブーランジェリー
ポール
Paul

カルーゼル庭園入口にあるベーカリー。屋台のようなたたずまいで、バゲットサンドウイッチなどを気軽にテイクアウトできる。

🏠 Le Jardin du Carrousel ⏰ 10:00〜20:00（火曜〜17:00） 無休 🚇 1号線チュイリー駅から徒歩6分
▶MAP 別P.18 C-1

132

Ⓓ オリエンタル・タブレ €6.16 (€35/kg)
食感が楽しいクスクスとパセリのサラダ

Ⓓ ハムのポーチドエッグ €8
ハムの上にトロトロの落とし卵をオン！

Ⓓ サーモンとブロッコリーのキッシュ €7.50
ほうれん草など野菜が入ってボリューミー

Ⓓ スモークサーモンのビュッシュ €10
スモークサーモンを丸太風にロール

高級食材店のデリは、味だけでなく見た目の美しさでも定評がある。型崩れしないのでピクニックにもよい

Ⓑ 穀物サラダ €6.80
穀物の香ばしさと食感がクセになるサラダ

Ⓑ ライム風味 イチゴ・ティラミス €4.20
甘酸っぱいライムとイチゴでさっぱり風味

料理がガラス容器に詰まったボコのデリは、持ち運びにもぴったり！ ベンチなどでも気楽に食べられる

Ⓒ 羊肉のピタサンド €9
スパイスが香るラム肉のヘルシーサンド

公園内にはランチに最適なスポットが点在。周辺の店で気になるデリやファストフードを調達して、ゆったりとしたひとときを過ごすのもよい

ボリューム感たっぷりのバゲットサンドは、食べ歩きにも最適！

Ⓐ ル・ミクスト €5.50
バゲットにハムとチーズ、レタスを挟んだ定番のサンドウイッチ

このあとは美術館へ寄っていこうか？

星付きシェフ×BIO食材ビストロ！ Ⓑ

ボコ
Boco

星付きシェフとのコラボでメニューを展開。ショーケースにずらりと並ぶガラス容器に入った惣菜を選ぶというシステム。

🏠 3 Rue Danielle Casanova,1er ☎01-42-61-17-67 🕚 11:00～22:00 休 日曜 🚇 7・14号線ピラミデ駅から徒歩1分
▶MAP 別P.10 C-3
※閉店 (2019年5月現在)

イスラエル料理の代表格ファラフェルといえばココ！ Ⓒ

ラス・デュ・ファラフェル
L'As du Fallafel

ヒヨコ豆のペーストに香辛料を混ぜ、小さく丸めたものを揚げた「ファラフェル」の人気店。ピタに挟んだサンドウィッチはテイクアウトに最適。

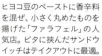

🏠 34 Rue des Rosiers, 4e ☎01-48-87-63-60 🕚 11:00～24:00 (金曜18:30、冬期の金曜～16:00) 休 土曜 🚇 1号線サン・ポール駅から徒歩4分
▶MAP 別P.20 B-2

エディアール *Hédiard*   →P.109

デリ販売店ではウェットティッシュは用意されていないので、自分で購入を。 133

キッチングッズで料理上手に

ママンもシェフも御用達の

Shopping

グルメ王国パリには、手頃なキッチン用品からプロのシェフやパティシエ御用達の本格調理器具まで、さまざまなキッチングッズが揃っている。日本では見かけないグッズのほか、デザインがかわいいものもいっぱい！ 素敵なグッズを持ち帰れば、自然と料理の腕も上達するかも!?

網バッグ
マルシェに行く時のエコバッグ
C 各€12.50

パン切りナイフとまな板セット
バゲットが置ける長いまな板
C €22

ミニ・パニエ
ちょっとした揚げ物や麺ゆでに活躍
A €10.15

ココット鍋
密閉性の高い鋳物ホーロー鍋
B €215.40

ココット鍋
ハート形もある！
B €216.50/28cm

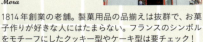

A プロも通う製菓道具の老舗
モラ
Mora

1814年創業の老舗。製菓用品の品揃えは抜群で、お菓子作りが好きな人にはたまらない。フランスのシンボルをモチーフにしたクッキー型やケーキ型は要チェック！

🏠 13 Rue Montmartre,1er ☎ 01-45-08-19-24
🕘 9:00〜18:15（土曜 10:00〜13:00、14:15〜18:30）
休 日曜　🚇 4号線レ・アル駅から徒歩2分　🌐 www.mora.fr　英語OK
▶ MAP 別 P.19 E-1

B 多彩な鍋鍋が自慢の専門店
ウ・ドゥイルラン
E. Dehillerin

料理とお菓子の道具の問屋街、レ・アルに店を構える。銅鍋やフライパンなど、機能性に優れた調理・製菓道具を扱う。商品の値段は店内にあるカタログで確認が必要。

🏠 18-20 Rue Coquillière,1er ☎ 01-42-36-53-13
🕘 9:00〜19:00（月曜〜12:30、14:00〜）　休 日曜
🚇 4号線レ・アル駅から徒歩4分　🌐 www.edehillerin.fr　▶ MAP 別 P.19 E-1

エリアで楽しむパリ

エッフェル塔周辺 / シャンゼリゼ大通り周辺 / オペラ・ガルニエ周辺 / ルーヴル美術館～シテ島、サン・ルイ島 / サン・ジェルマン・デ・プレ / マレ～バスティーユ広場周辺 / カルチェ・ラタン / モンマルトル / モンパルナス / サン・マルタン運河周辺

ケーキ型
エッフェル塔の形で土産にもぴったり！

レモン搾り器
ウサギのマスコットがかわいらしい

ティー・インフューザー
リンゴのデザインがユニーク

カゴ
鶏形をしたユニークな卵入れ

片手鍋
いろいろな場面で活躍しそう！

フライパン
プロも使用する熱伝導率の高い銅製

マッシャー
マッシュポテトやピュレ作りに

フライ返し
崩れやすい魚などを返すのに便利

ティーポット
色合いがキュート。日本でも活躍しそう！

フライパン
トマト形の蓋付き。使い勝手も◎

ボトルホルダー
遊び心たっぷりの収納用品

リンゴの皮むき器
タルトやコンポート作りに大活躍

布きん
シンプルな色柄で吸水性抜群

片手鍋
直径16cm(0.90ℓ)〜大小サイズあり

C アイディアグッズならココ
エヴァ・バザール
Eva Baz'Art

エッフェル塔モチーフの生活雑貨などお土産に適した商品が豊富な雑貨店。キッチン用品も多数販売。アイディア商品も並んでいるため、つい長居してしまう。

🏠 33 Rue Saint Louis en l'Ile,4e ☎01-46-33-64-20
🕙 10:30〜19:00 休 無休 🚇 7号線ポン・マリー駅から徒歩3分 [英語OK]
▶ MAP 別P.20 A-3
※閉店（2019年5月現在）

D パリのエスプリが詰まったグッズ
メルシー
Merci

[他エリアのオススメ！]

雑貨やアパレルを取り扱う総面積1500㎡を誇る巨大ライフスタイルショップ。地下にはパリテイストのキッチンアイテムから本格的な調理器具まで揃う。

🏠 111 Bd.Beaumarchais,3e ☎01-42-77-00-33
🕙 10:00〜19:30
休 日曜 🚇 8号線サン・セバスチャン・フロワッサール駅から徒歩1分 🌐 www.merci-merci.com [英語OK]
[マレ] ▶ MAP 別P.20 C-1

メルシーには持ち運び簡単なワインクーラーやプラスチック製のワイングラスなどピクニック用品も充実。

読めば快晴 ハレ旅 STUDY

フランスで知っておきたい キーワード A to Z

フランスでの食事やショッピング、お土産選びに役立つ、ひとこと情報をAからZまでのキーワード順にご紹介！知っておけば旅行がもっと楽しくなること間違いなし。

Avene [アベンヌ]
温泉水
南仏ラングドック地方のアベンヌ村から湧き出る温泉水。美肌に効果的と評判になり、ここの温泉水を配合したコスメシリーズが誕生。日本国内でも販売されている。

Bistro [ビストロ]
食堂
もともとは庶民的な一杯飲み屋のことだったが、最近はフランスの家庭料理が味わえるカジュアルなレストランのことをいう。本格的なフレンチが楽しめる店も急増中。

Cave a Manger [カーヴ・ア・マンジェ]

ワインが楽しめる食堂
本場の種類豊富なワインと料理が楽しめる居酒屋スタイルのレストラン。コスパがよい店も多く、気軽に楽しめるのも魅力的。料理のシェアがOKなのもうれしい。

Epicerie [エピスリー]

高級食材店
フォアグラやキャビア、生ハムなどの高級品も扱う食料品店。エディアール(→P.109)などでは、日本では出会えないレアなスパイスなども扱っている。

Fromagerie [フロマジュリー]
チーズ専門店
酪農大国・フランスだからこそ味わえる、希少な種類も扱っているチーズ専門店。通常、量り売りで販売しているため、滞在中にいろいろな味を試したい。

Boulangerie [ブーランジェリー]
パン屋
職人が小麦を選び、焼いたパンを販売する店。フランスの食卓に欠かせないパンは、バゲットやクロワッサンなど種類も形も豊富。本場の味を食べ比べしてみて。

Chocolaterie [ショコラトリー]
チョコレート専門店
歴史ある老舗から新進気鋭のニューフェイスまで、多彩なショコラ専門店が市内に点在。チョコレートは体によいと考え、習慣的に食べるフランス人が多い。

Gaspard et Lisa [リサとガスパール]
絵本キャラクター
1999年にフランスで誕生した絵本のシリーズ名。登場するキャラクターの名前でもある。独特なタッチで描かれる不思議な生き物の物語は日本でも人気が高い。

Confiserie [コンフィズリー]
砂糖菓子
キャンディーやヌガーといった砂糖を使った菓子の総称。フルーツのピューレを練り込んだギモーヴ、メレンゲ菓子のムラングなど、日本でブームのお菓子も多い。

Hermès [エルメス]
ハイブランド
1837年創業。当時はパリのランパール通りにある高級馬具店だった。ケリーやバーキンなどの洗練されたバッグは生産数も限られていて、世界中の女性の憧れ。

Brasserie [ブラッスリー]
ビールが飲める食堂
「ビール製造所」が起源。ビールなどのアルコールと一緒に、軽食が楽しめる大衆居酒屋的な店を指す。かつては政治家などが議論をする場所としての役割もあった。

Isinis [イジニス]
ヘアブラシ
美しいデザインと機能性・耐久性で知られるヘアブラシの老舗メーカー。最高級天然毛を使用。ヨーロッパでは100年以上愛用されている逸品。

Brocante [ブロカント]
骨董品店
製造されて100年未満の古道具のこと。またアンティークとは製造されて100年を経過した工芸品をいう。フランスでは物を大事に使用する文化が根付いている。

Danone [ダノン]

乳製品
日本でもヨーグルトやミネラルウォーターを販売している、フランスに本社を構える国際的な食品ブランド。特にヨーグルトは、フランス人の定番朝食メニュー。

Jean-Paul Hévin [ジャン・ポール・エヴァン]

ショコラトリー
1986年にM.O.F.を受賞したショコラティエ。ショコラは、まるで宝石のように繊細なディテール。

Kusmi Tea
[クスミティ]

紅茶ブランド

フランス国内で知名度が高い老舗紅茶ブランド。オリエンタルなパッケージでお土産にも喜ばれる。

Ultramod
[ウルトラモッド]

手芸店

1931年創業の老舗手芸店。繊細な造りで乙女心をくすぐるボタンやレースなどのアンティークパーツが揃う。時が止まっているかのような歴史を感じる店内も魅力。

Ladurée
[ラデュレ]

パティスリー

1862年、ブーランジェリーとしてオープン。パティスリーとサロン・ド・テが評判を呼び、有名に。

Pâtisserie
[パティスリー]

ケーキ専門店

ミルフィーユ、エクレアなどのフランスの伝統菓子を扱うスイーツショップ。デコレーションにこだわったものが多い。テイクアウトして公園で食べるのがオススメ。

Volvic
[ヴォルヴィック]

ミネラルウォーター

ヨーロッパでは珍しい軟水のミネラルウォーターで、フランス中部のオーヴェルニュ地方、ヴォルヴィック村が水源地。クセのないまろやかな味わいが特徴的。

Le creuset
[ル・クルーゼ]

調理器具

1925年創業。鋳物ホーロー鍋で有名な老舗キッチンブランド。パリから車で2時間ほどの場所にある、人口3000人ほどの小さな村、フレノワ・ル・グランが拠点。

Quo Vadis
[クオバディス]

文房具メーカー

150年以上の歴史があるフランスを代表する紙製品メーカー。60カ国以上で売られている手帳は毎時間の予定が書き込めて、ビジネスパーソンに愛用されている。

Waterman
[ウォーターマン]

筆記用品ブランド

1883年に毛細管現象の仕組みを応用した万年筆を作った文房具メーカー。エレガントなデザインと品質のよさで、フランス最大級の筆記具ブランドに。

Macaron
[マカロン]

菓子

軽い口当たりのメレンゲ菓子。イタリアで誕生したあとフランスに伝わり、各地でいろいろな製法、スタイルのマカロンが開発された。クリームを挟んでいないものもある。

Rhodia
[ロディア]

文房具メーカー

1932年にフランスのリヨンで設立されたブランド。オレンジとブラックの表紙でおなじみの升目が入ったブロックメモは、シンプルで使いやすいと日本でも人気。

X

Salon de thé
[サロン・ド・テ]

ティーサロン

"ティーサロン"という意味。カフェは飲み物をメインで味わうが、ケーキも食べたいならコチラへ。

Yves Saint Laurent
[イヴ・サンローラン]

ハイブランド

1962年にイヴ・サンローランにより創立。20世紀のファッション業界を牽引した、フランスが誇る世界的なブランドとして知られている。ファッションのほかコスメも展開。

Nina Ricci
[ニナ・リッチ]

ハイブランド

1932年にイタリア・トリノ生まれのマリナ・ニナ・リッチとその息子がパリで創業。ウィメンズウエアや香水を中心に、エレガントで優雅なアイテムを展開する。

Z

Orangina
[オランジーナ]

炭酸飲料

フランスで約80年間愛されている柑橘系果汁入り微炭酸飲料。フランスでは、コカ・コーラをしのぐ人気。開ける前に軽く振って混ぜてから飲むのがフランス流。

Traiteur
[トレトゥール]

惣菜店

自家製の惣菜を販売するテイクアウト専門店のこと。パティスリーで惣菜を販売していることも多く、キッシュやパイ、カナッペなどが庶民的な値段で買える。

女性名詞と男性名詞があるフランス語。日本のゲーム機「ゲームボーイ」はフランス語で「La Game Boy」。女性名詞にあたるのだそう。

知的好奇心をくすぐる、文化・アートの街
サン・ジェルマン・デ・プレ
St-Germain-des-Prés

文化人の息吹を感じる
知性とファッションの街

セーヌ河左岸のサン・ジェルマン・デ・プレ教会を中心とするエリア。その昔、画家や作家が集った老舗カフェは知的なムードにあふれている。書店やアンティークショップなど、アートな雰囲気もたっぷり。またファストファッションから高級ブランドまでが揃うショッピング街でもある。

昼：◎ 夜：◎
マルシェなどがあり、パリの生活を感じられるこのエリアを回るには地下鉄12号線リュ・デュ・バック駅からの街散策から。

ぐるっと歩いて約2時間

サン・ジェルマン・デ・プレでしたい10のこと

- ❶ モデルコース約2時間で制覇 →P.139
- ❷ サン・ジェルマン・デ・プレ教会を見学 →P.139
- ❸ 有名カフェのカフェ・ドゥ・フロールでひとやすみ →P.139
- ❹ 国立ドラクロワ美術館で画家が暮らした住居を訪問 →P.139
- ❺ 有名店がひしめく甘～い通りで定番～最旬スイーツに出合う →P.140
- ❻ フランス人がこよなく愛するチーズをとことん味わう！ →P.142
- ❼ お部屋をキレイにデコレーション インテリアグッズを持ち帰る →P.1
- ❽ 食卓を華やかにランクアップ！テーブルウエアを見つける →P.146
- ❾ パリジェンヌ御用達の店でバッグ＆シューズをセレクト →P.148
- ❿ 自分の好みで自由にセレクト オンリーワンの帽子をオーダー →P.150

文化人が集う老舗カフェのレ・ドゥ・マゴ

パリ最古のビオ市として賑わうマルシェ・ラスパイユ

サン・ジェルマン・デ・プレ教会周辺にはカフェやショップが軒を連ねる

エリアで楽しむパリ / エッフェル塔周辺 / シャンゼリゼ大通り周辺 / オペラ・ガルニエ周辺 / ルーヴル美術館〜シテ島、サン・ルイ島 / サン・ジェルマン・デ・プレ / マレ・バスティーユ広場周辺 / カルチェ・ラタン / モンマルトル / モンパルナス / サン・マルタン運河周辺

- ネッスル →P.200
- 国立ドラクロワ美術館
- Ⓑ カフェ・ドゥ・フロール
- Ⓐ サン・ジェルマン・デ・プレ教会
- サン・ジェルマン・デ・プレ駅
- マビヨン駅
- オデオン駅
- かわいらしいブティックや雑貨の店が並ぶ サン・シュルピス通り
- サン・シュルピス駅
- ● サン・シュルピス教会
- リュクサンブール宮殿

COURSE モデルコース ⏱ 所要 約2時間

Ⓐ サン・ジェルマン・デ・プレ教会 → 徒歩1分 → Ⓑ カフェ・ドゥ・フロール（ランチタイムを兼ねて、のんびり休憩）→ 徒歩2分 → Ⓒ アナベル・ウィンシップ → 徒歩9分 → Ⓓ ラ・パティスリー・デ・レーヴ

ランドマーク

サン・ジェルマン・デ・プレ教会

エリアのランドマークになっている、パリ最古の歴史を誇る教会。11世紀当時の壁が一部残っている。

🏠 3 Pl. St-Germain-des-Prés, 6e ⏰ 8:30〜20:00(月曜9:00〜) 🚫 無休 💴 無料 🚇 4号線サン・ジェルマン・デ・プレ駅から徒歩1分
▶ MAP 別P.18 C-3

マストスポット

カフェ・ドゥ・フロール

約50年前、作家、画家、映画人と多くの知識人の溜まり場になっていた、パリで最も有名なカフェ。

🏠 172 Bd. St-Germain des Prés, 6e ⏰ 7:30〜翌1:30 🚫 無休 🚇 4号線サン・ジェルマン・デ・プレ駅から徒歩1分
▶ MAP 別P.18 C-3

国立ドラクロワ美術館

19世紀のロマン主義を代表する画家、ドラクロワが晩年過ごしたアトリエ兼住居を美術館に改修。

🏠 6 Rue de Furstenberg, 6e ⏰ 9:30〜17:30(第1木曜〜21:00) 🚫 火曜 💴 €7 🚇 4号線サン・ジェルマン・デ・プレ駅から徒歩3分
▶ MAP 別P.18 C-2

🌿 リュクサンブール公園は市民のジョギングスポットとして人気。セーヌ河沿いやシャン・ドゥ・マルス公園もランナーが多い。

Gourmet

有名店がひしめく甘〜い通りで
定番〜最旬スイーツに出合う

リュ・デュ・バック駅から南にのびるリュ・デュ・バック通りは今、パティスリーやショコラトリーが軒を連ねる"甘〜いストリート"として注目を集めている。定番から新たなトレンドも楽しめるこの通りで、最旬スイーツをチェックしてみよう！

パート・ドゥ・フリュイ
€16 / 20個入り

フレッシュなチェリーやアプリコット、ブルーベリーなどを煮詰めて作った自家製フルーツゼリーの詰め合わせ。

ブーシェ
各€3.20

ブーシェと呼ぶ手のひらサイズのチョコ。プラリネ入り、ドライフルーツのトッピングなど食べ応え十分。

名門ショコラトリー
フーシェ
Foucher

1905年の創業以来6世代にわたってチョコレートを作り続ける、パリ指折りの老舗。チョコレートやビスケットを収める、19世紀末以降の絵画を取り入れたレトロなパッケージも人気。

🏠 134 Rue du Bac, 7e ☎ 01-45-44-05-57
🕐 10:30〜19:00（金・土曜〜19:30）、サロン・ド・テ 11:30〜17:30 休 日曜 🚇 10・12号線セーヴル・バビロン駅から徒歩4分
▶ MAP 別 P.18 A-3

モンブラン
€6.90

マロンクリームの中には甘さ控えめの生クリームとメレンゲが！

世界に名だたるケーキ
アンジェリーナ
Angelina

季節限定商品

モンブランで世界的に有名な高級パティスリー。プレーンなタイプのほか、木イチゴ味など季節替わりのモンブランも店頭に並ぶ。チョコを使ったケーキ類もおすすめ。

ポンパドール
€6.80

木イチゴ風味のマカロン生地に、濃厚なピスタチオクリームとフレッシュな果実をトッピング。

🏠 108 Rue du Bac, 7e ☎ 01-42-22-63-08 🕐 9:00〜19:30（金・土曜〜20:00、日曜 10:00〜18:00）休 無休 🚇 12号線リュ・デュ・バック駅から徒歩4分
▶ MAP 別 P.18 A-3

リュ・デュ・バック通り
サン・プラシッド駅へ

人気スイーツ

エクレール
各€5.60

チョコレートクリーム入りとコーヒークリーム入りのエクレア生地を、薄いチョコレートでコーティング。

定番をモダンにアレンジ
ラ・パティスリー・デ・レーヴ
La Pâtisserie des Rêves

フィリップ・コンティチーニ氏が手掛けるパティスリー。クラシックなフランス菓子のよさを残しつつ、見た目や食感をモダンに仕上げた。シューをはじめクッキーやチョコなどお土産菓子も充実。

サントノレ
€8.90

カスタードクリーム入りの飴がけシューと、マスカルポーネチーズを加えた軽やかな生クリームとのハーモニー。

パリ・ブレスト
€7.20

ナッツの香り高いふわふわのプラリネクリームと、中心にひそませたキャラメルソースをシュー生地でサンド。

🏠 93 Rue du Bac, 7e ☎ 09-72-60-93-19 🕐 9:00〜19:00（金・土曜〜20:00、日曜〜18:00）休 月曜 🚇 12号線リュ・デュ・バック駅から徒歩4分
▶ MAP 別 P.18 A-3

ブーシェ・ドーム・フォンダン・オ・セル
€4

ゲランド産の塩をプラリネに混ぜ込んでいて、かすかな塩味がアクセント。シャポンを代表するスペシャリテ。

タブレット・ショコラ
右€8 左€8.50

甘味やカカオバターすら加えない、ピュアなカカオ100％のチョコレートタブレットはここでしか見つからないレアアイテム。

焙煎からこだわる一粒
シャポン
Chapon

オーナーのシャポン氏自らがカカオ豆の発酵や焙煎も手掛ける、こだわりのショコラティエ。パリ市の賞を受賞した香ばしいプラリネ入りチョコレートをはじめ、キュートなボンボンチョコを揃えている。

🏠 69 Rue du Bac, 7e ☎ 01-42-22-95-98 ⏰ 9:00〜20:00（月曜11:00〜、日曜〜18:00) 休 無休 🚇 12号線リュ・デュ・バック駅から徒歩1分
▶MAP 別P.18 B-2

アガット
€25 / 12個入り

自家製プラリネをドーム形チョコに仕立てた同店の新作。フランス語で「めのう」を意味する美しいルックスも人気。

Rue de Varenne

リュ・デュ・バック駅へ

リュ・デュ・バック駅からセーヴル通りまで徒歩8分

宝石のように美しいショコラ
ジャック・ジュナン
Jacques Genin

マレの本店の評判を受けて2014年10月にオープンした2号店。シンプルモダンな店内には、鮮烈なフレーバーが自慢のボンボンチョコやフレッシュなパート・ドゥ・フリュイがずらりと並ぶ。

🏠 27 Rue de Varenne, 7e ☎ 01-53-71-72-21 ⏰ 10:30〜19:00 休 日・月曜 🚇 12号線リュ・デュ・バック駅から徒歩3分 ▶MAP 別P.18 A-3

アソルティモン・ショコラ
€12

30種以上揃うボンボンチョコから、好きなフレーバーをセレクトできるアソート。量り売りの場合は€120/kg。

カシミール
€6.80

中央にサフラン風味のデーツとシチリア産オレンジを忍ばせた、バニラフレーバーのムスリーヌ。

ローズ・ドゥ・グラース
€7

グレープフルーツ風味のクリームを、南フランスで育ったバラのクリームでコーティング。

春限定の新作

キャラメル
€110/kg

バターたっぷり、とろりとやわらかなキャラメルはマンゴーやカシス、ナッツ入りなど魅惑のフレーバーが。

ギモーヴ・ショコラ
€12 / 14個入り

新作スイーツ、チョコがけのギモーヴはブラックとミルクの2種類。中のギモーヴはバニラやマンダリンなど季節ごとに味が変化する。

女性が作る繊細スイーツ
デ・ガトー・エ・デュ・パン
Des Gâteaux et du Pain

ピエール・エルメなどで修業したパティシエール、クレール・ダモン氏が作り上げる繊細なスイーツが並ぶ。果物のアレンジを得意とする彼女のケーキは、ほとんどが月や季節替わりなので、出かけた時のお楽しみに。

🏠 89 Rue du Bac, 7e ☎ 06-98-95-33-18 ⏰ 10:00〜20:00（日曜〜18:00) 休 火曜 🚇 12号線リュ・デュ・バック駅から徒歩3分
▶MAP 別P.18 A-3

日本国内にも支店があるアンジェリーナ。代表商品のモンブランは本国の物の半分にあたるドゥミサイズが主流。

フランス人がこよなく愛する
チーズをとことん味わう！

「よいパンによいチーズ、よいワインがあれば、人生は幸せ」とされるフランスの食卓に欠かせないチーズ。パンやワインと一緒に食べる定番の楽しみ方から、コンフィやドライフルーツと味わったりと食べ方は多彩。自分好みのベスト・マリアージュを探してみて！

［ フランスを代表するチーズ ］

フランスのチーズはバリエーション豊か。地方それぞれの気候や伝統技法を生かした独特のチーズがある。

ブリー・ドゥ・モー
Brie de Meaux
牛乳原料の白カビチーズ。クリーミー。€29/kg

ボンド・ドゥ・ガティヌ
Bonde de Gatine
ポワトゥ・シャラント産。ヤギ乳の風味豊かな香りとかすかな酸味が。€9.20/個

ヴュー・コンテ 32カ月熟成
Vieux Comté 32mois
熟成ハード系。ナッツのような香り。€52/kg

クロタン・ドゥ・ベリー
Crotin de Berry
ベリー地方の特産。ヤギ乳の濃厚な風味が特徴。白ワインとぴったり。€3.70/個

ブラン・ダムール
Brin d'Amour
コルシカ島産のハード系。香り高くマイルド。€49/kg

タルテュフ
Tartuffe
羊乳チーズに夏トリュフを挟んだオリジナルチーズ。€89/kg

ロックフォール・パテ・ドゥ・コワン
Roquefort Pâte de Coing
マルメロペーストを挟んだ青カビ系ロックフォール。€11/個

サン・ネクテール
St-Nectaire
オーベルニュ地方の牛乳チーズ、セミハードタイプ。€36/kg

ルブロション・フェルミエ
Reblochon Fermier
サヴォワ産牛乳のウォッシュタイプ。€36/kg

リゴット・ドゥ・コンドリュー
Rigotte de Condrieu
羊乳のチーズ。ナッツのような香り。€2.80/個

エポワス・フェルミエ
Epoisse Fermier
マール酒で何度も洗って仕上げるウォッシュ系。€13/個

M.O.F.熟成士のフロマージュ
ローラン・デュボワ
Laurent Dubois

チーズ熟成士としてM.O.F.（フランス国家最優秀職人章）を持つ、ローラン・デュボワ氏のチーズ専門店。貯蔵庫で適正な時期まで丁寧に熟成させた、最高級のチーズが並ぶ。夏トリュフやバジル、フルーツペーストを組み合わせたオリジナルチーズも絶品。

🏠 47 Ter Bd. St-Germain,5e ☎ 01-43-54-50-93 🕐 7:30～19:45（日曜～13:00）休 月曜 🚇 10号線モベール・ミュチュアリテ駅から徒歩1分 日本語OK
▶ MAP 別 P.19 F-3

白カビチーズのカマンベール・オ・レ・クリュ Camanbert au lait cru. €7/個

a. チーズ屋という意味の看板が目印。現在パリ市内に3店舗ある

b. 細長い店内に200種以上のチーズが並ぶ。真空パック包装も可

ベスト・マリアージュは？

チーズの種類によって相性のよい食べ物もさまざま。ベスト・マリアージュ（結婚という意味）の組み合わせを見つけよう。

ハード系

コンテやミモレットなど、水分を38％以下に抑えた硬質なチーズ。半年から1年間熟成させるため、保存性が高い。硬いが口で溶けるので、辛口シャンパンと◎。

アルディカ・ブレビ・オ・レ・クリュ
Ardika brebis au lait cru
€44.80/kg

シャンパン

フレッシュチーズ

クリームチーズなど、乳酸菌や酵素を加えて固める非熟成タイプ。写真のシェーヴルタイプだと爽やかな酸味があり、ドライマンゴーなど甘い果物がぴったり。

サン・ポール・シェーヴル・フェルミエ
Saint Paul Chèvre fermier
€6.25/個

ドライマンゴー

白カビ系

カマンベールやブリーなど、表面に白カビを繁殖させて熟成。製品になってからも熟成が進み、中心部に弾力が出てきたら食べ頃。甘酸っぱいドライフルーツとの相性がよい。

カマンベール
Camanbert
€8.20/個

ドライレーズン

シェーヴル

シェーヴルとは仏語でヤギの意味。その名の通りヤギの乳で作ったまろやかなチーズ。やわらかいものから硬いものまであり、ナッツの香ばしさ、旨みと引き立て合う。

ペルシエ・デザラヴィ・フロマージュ・シェーヴル
Persillé des Aravis fromage Chèvre
€59.90/kg

アーモンド

ブルーチーズ系

表面ではなく、内部に青カビを植え付けて熟成させたチーズ。独特の風味と刺激的な味わいが特徴。塩分が強いので、ポルトガルで作られた甘口のワインと一緒に。

ブルー・オ・レ・ドゥ・ブルビ・エ・ドゥ・ヴァッシュ・パストゥリズ・オーヴェルニュ
Bleu au lait de Brebis et de Vache pasteurise Auvergne
€29.80/kg

ポートワイン

ウォッシュ系

表面を塩水やワイン、ブランデーなどの液体で洗いながら熟成。強烈な臭いが刺激的だが、癖になる人も。塩分が強く、噛むほどに味わい深いドライフィグと相性抜群。

ヴェルチュ・オ・マール・ドゥ・ゲヴェルツトラミネール
Welsche au marc de GEWURZTRAMINER
€11.20/個

ドライフィグ
（イチジク）

歴代のフランス大統領も御用達
ニコル・バルテルミー
Nicole Barthélémy

フランス女優やセレブも贔屓にする老舗フロマジュリー。1973年からはエリゼ宮にもチーズを届けている。こぢんまりとした店内には、地下の倉庫で熟成された食べ頃のチーズがぎっしり積み上げられている。

🏠 51 Rue de Grenelle, 7e　☎ 01-45-48-56-75
🕐 8:30〜13:00、15:00〜19:15（金曜 16:00〜、土曜 8:30〜13:30、15:00〜19:00）　㊡ 日・月曜　🚇 12号線リュ・デ・バック駅から徒歩2分
▶ MAP 別P.18 B-2

お酒が香るカマンベール・オ・カルヴァドス €9.50／個

a ニワトリの絵がガーリッシュなクリーム色のファサード
b 店内には職人が手掛けた大小さまざまなチーズが並ぶ

☀ AOPとは伝統的製法で作られた高品質なワインやチーズの認証。EUの厳しい基準を満たした酪農製品のみ認定される。

Shopping

お部屋をキレイにデコレーション
インテリアグッズを持ち帰る

ファッションの都パリで暮らす人々は、インテリアにもとても敏感。クリエーターが手掛けるアーティスティックなものから優雅なヨーロッパ調のものまで、さまざまな家具や雑貨が揃う。日常の空間をパリ色で彩る、素敵なインテリアグッズを持ち帰ろう。

アンティークフレーム
各€400～

サラッとした肌触りのよいリネン類はサイズも豊富

ナイトスタンド
€700～

木目を生かしたシンプルなデザインが魅力的

ベッドヘッド
€900～

ディスプレイされた店内は、自分の部屋をアレンジする際の参考に

---

interior

ベッドまわりの小物にも注目

Bedroom
ベッドルーム

1日の疲れをきちんと取るため、ぐっすり眠りたいベッドルーム。落ち着いた色調のベッドカバーやサイドテーブル、リネン類などがぴったり！

各部屋のディスプレイが参考に！

ミ・ゾン・ドゥムール
Mis en Demeure

ヨーロッパ調のエレガントな調度品が並ぶ店内は、まるで宮殿に迷い込んだような雰囲気。家具だけでなく、ステーショナリーやリネンなど生活空間を彩る雑貨小物も揃っている。

🏠 27 Rue du Cherche-Midi, 6e
☎ 01-45-48-83-79
🕙 10:00～19:00　休 日曜
🚇 12号線レンヌ駅から徒歩2分
▶ MAP 別P.18 B-3

持ち帰ってお土産にできる小さいインテリアグッズも充実している

a. クッションやピローなど寝室アイテムは落ち着いたカラーがおすすめ　b. アンティーク調の小物も充実　c. お城にいるかのような調度品に一度は憧れる

144

ソファ
€6730

ハイセンスな
家具たちで
家族の団欒を
おしゃれに演出

座面が広々としたソファはブランドご自慢のオリジナル商品。素材や色、サイズが選べるセミオーダー制。クラシカルで高級感があるアイテムは、長く愛せるものばかり。

interior
楽しい食卓を演出する
Diningroom
ダイニングルーム

楽しい会話が弾むダイニングルームを目指すなら、照明やランプ、花瓶など、食卓を演出する素敵なインテリア雑貨を取り入れてみては？

a. グラスなど食器類も豊富
b. フォトフレームは各€35〜65
c. 長時間使えるBaobabのキャンドル。白が€89、赤が€58

キャンドル立て
各€39〜

世界中で愛されるブランドの本店
メゾン・ドゥ・ファミーユ
Maison de Famille

セレブに人気のインテリアブランドの本店。デザイナーはパリジェンヌの母娘で、テーブルやソファといった大型家具からリネンや室内着までライフスタイル用品全般を扱う。

🏠 29 Rue Saint-Sulpice, 6e
☎ 06-11-45-82-48
🕐 10:30〜19:00　休 日曜
🚇 10号線マビヨン駅から徒歩3分
英語OK
▶ MAP 別P.18 C-3

interior
自分の好みをとことん追求！
Private room
趣味室

読書や趣味、仕事の作業を行うための空間は、妥協せず好みのアイテムでコーディネート。居心地のよさに比例して作業効率も上がるはず。

アーティスティックな部屋が完成！
セントゥ
Sentou

デザイン性が高いアートな家具が並ぶインテリア・ギャラリー。時代の最先端をいく著名デザイナーの作品から若手クリエーターのエッジィなものまで幅広く商品をセレクト。

🏠 26 Bd. Raspail, 7e
☎ 01-45-49-00-05
🕐 11:00〜19:00　休 日・月曜
🚇 10・12号線セーヴル・バビロン駅から徒歩2分　英語OK
▶ MAP 別P.18 B-3

スッキリした
ウッディな空間を
ポップな
絵で明るく

女性の絵
€1200

a. ウッディなシステムデスク。天板を自由に組み合わせてカスタムできる b. スパンコールに覆われたぬいぐるみをアクセントにブルーで統一 c. フランスで1950〜60年代に流行したキッチュな雰囲気の空間

カウチ（クッションは別）
€780

大きな商品は有料で日本に郵送してくれる店も。気になる商品が見つかったら、あきらめずにスタッフに聞いてみよう。

食卓を華やかにランクアップ！
テーブルウエアを見つける

Shopping

ティーカップ
€31
花を入れた演出も可愛いカップは9色展開

小皿
€13
さまざまな使い方ができる人気の豆皿タイプ

ブルーのデザートプレート
€18
「レ・デパレイエ（ふぞろい）」のコレクション

観光絵柄シリーズも受けている老舗
ファイアンスリ・ドゥ・ジアン
Faïencerie de Gien

1821年にロワール河岸の町で誕生した陶器の老舗ブランド。フランスの伝統を伝承しつつ、パリやフランスの名所をテーマとした、新しい観光シリーズのプレートも人気。

- 13 Rue Jacob, 6e　01-46-33-46-72
- 11:00～19:00（月・水曜～13:30、14:30～19:00）
- 日曜　4号線サン・ジェルマン・デ・プレ駅から徒歩5分
- www.gien.com/fr/　英語OK
- ▶MAP 別 P.18 C-2

各コーナーのディスプレイは、インテリアコーディネートの参考に！

食文化を大切にするフランス人にとって、食卓を彩るテーブルウエアは重要なアイテム。素材を活かしたシンプルな器から、作家の個性がにじみでたハンドメイドの器、ポップでカラフルな色柄のものまで、食事シーンを彩るお気に入りの一点を見つけよう。

シンプルなものからアーティスティックなアイテムまで

店内はいたる所で食器類が山積みに!!

セレブもご愛顧。メイド・イン・パリの陶器
アスティエ・ド・ヴィラット
Astier de Villatte

1996年創業のパリ発陶器ブランド。ルーヴル地区の2号店に続き、サン・ジェルマンにもオープン。手作り感あふれる独特な風合いが魅力的な白い器が豊富に揃い、フレグランス系のプロダクトの充実。

- 16 Rue de Tournon, 6e
- 01-42-03-43-90　11:00〜19:30
- 日曜　10号線マビヨン駅から徒歩6分
- www.astierdevillatte.com/　英語OK
- ▶MAP 別 P.19 D-3

パリっ子も大好きなプチプライスショップ
ラ・ヴェセルリー
La Vaissellerie

日常生活で使える、テーブルまわりのアイテムがところ狭しと並ぶ。シンプルな白い食器から遊び心のあるデザインのものまで揃い、リーズナブルなキッチン雑貨は€1〜。お土産にも最適。

- 85 Rue de Rennes, 6e
- 01-42-22-61-49
- 10:00〜19:00
- 日曜　4号線サン・シュルピス駅から徒歩2分
- www.lavaissellerie.fr　英語OK
- ▶MAP 別 P.18 B-3

パリでもっともモードな器ブランド。斬新なイラストにも注目

パンにパテなどを付けるタルティーヌ用のナイフ(上)は€2〜

持ち手が付いていない茶碗を日本ではカフェオレボウルと呼ぶが、フランスでは単にBol(ボウル)と呼ばれる。　147

Shopping

パリジェンヌ御用達の店で
バッグ&シューズをセレクト

シンプルなコーディネートに存在感ある小物を合わせたスタイルが得意なパリジェンヌ。彼女たちの行き付けの店に足を運べば、お手頃価格でハイセンスなアイテムが見つかるはず！ いつものコーディネートに小物を足してパリのセンスを取り入れてみよう。

BAG×SHOES 1

€245
パンプス
暖色系のリバティー柄の布リボンがアクセントになっているパンプス

€335
ブーティー
ユニオンジャック付きの、少し辛口なデザイン。甘めの服装と合わせて

€262
パンプス
赤いハート柄が乙女心をくすぐる。ストラップ付きで履き心地も◎

€252
パンプス
ブルーの星柄がキュー。履いているだけでハッピーに

足元コーディネートのお手本にしたいディスプレイにも注目！

華やかに足元を演出！
アナベル・ウィンシップ
Annabel Winship

ガーリー&ロックなデザインが人気のシューズブランド。機能性も高く、1日中履いても疲れない。フランスでは珍しい小さなサイズ（22cm〜）も揃っているので、小柄な日本人女性にもおすすめ。

🏠 29 Rue Dragon, 6e
☎ 01-71-37-60-46
🕐 11:00〜19:00
休 日曜
🚇 4号線サン・ジェルマン・デ・プレ駅、サン・シュルピス駅、10・12号線セーヴル・バビロン駅から徒歩4分 www.annabelwinship.com
英語OK

▶ MAP 別 P.18 C-3

華やかなラメをきかせた、軽くて使いやすいバッグ（€260〜）

Girly & Rock

ステラ・カデントで経験を積んだアナベルのデザインはどれも華やか

148

BAG×SHOES 2

スペインのマヨルカ島で生まれた老舗

まるで現代美術館のような雰囲気の店内

€150
ピンポン
Pimpom
個性的なデザイン。フィット感もあり

Unique & Confortable

快適さとデザイン性を両立させた靴は日本にもリピーターが多数

狙いは日本未上陸の商品！

カンペール
Camper

130年以上続く老舗のシューズブランド。伝統的な技術とテクノロジーを取り入れて作る靴は、履き心地のよさが評判。デザインも大人の遊び心を感じるものが多く、履くだけで気持ちを盛り上げてくれる。ユニークなディスプレイも必見。

€120〜
ティーン
Teen
履きやすいストラップでソフトな色彩が人気

マグニュス
Magnus €180
パリジャンに人気。カジュアルに履ける

🏠 1 Rue du Cherche Midi, 6e
☎ 01-45-48-22-00
🕙 10:00〜19:00（土曜〜19:30）
休 日曜　10・12号線セーヴル・バビロン駅、4号線サン・シュルピス駅から徒歩3分
🌐 www.camper.com/fr_FR/shops/shop/T200
英語OK
▶ MAP 別 P.18 B-3

BAG×SHOES 3

バッグを引き立てる、白木を多用したナチュラルなインテリアの店内スペース

良質な素材感や機能性、洗練されたデザインでたちまち人気ブランドに

€195
ゼリグ・トート
Zelig tote
Mサイズ。丈夫なキャンバス地を採用

€155
ゼリグ・トート
Zelig tote
取り出し口が広くて使えるトート。写真はSサイズ

ウェッジソールのサンダル
wedge ankle strap coquille €275
太いヒールで安定感があるため歩きやすいサンダル

業界人に話題のブランド

ティラ・マーチ
Tila March

Chic & Sophistiqué

ブランドを立ち上げたのは、フランス版「ELLE」のファッションエディター。シンプルながら洗練されたデザインが特徴。機能性も高く、上質素材のバッグは仕事中にもぴったりで、シーンを選ばず活用できる。

ファッションエディターのセンスが光る

🏠 24 Rue Saint-Sulpice, 6e
☎ 01-43-26-69-20
🕙 11:00〜19:30　休 日曜
4・10号線オデオン駅、10号線マビヨン駅から徒歩3分
🌐 www.tilamarch.com
英語OK
▶ MAP 別 P.19 D-3

フランスで販売されている靴のサイズ表記は36、37、38……と1刻み。36が23cm、37が23.5cmにあたる。

149

手軽にハットのセミオーダーを体験できる
ラ・スリーズ・シュル・ル・シャポー
La Cerise sur le Chapeau

帽子専門のアトリエ兼ブティック。サンプルをもとに、好みの色や形、素材が選べる。リボンの品揃えも豊富。キュートな色使いで、世界中のファッショニスタから支持を得ている。

- 11 Rue Cassette, 6e
- 01-45-49-90-53　11:00〜19:00
- 日・月曜　セミオーダー€150〜
- 4号線サン・シュルピス駅から徒歩3分
- 英語OK
- ▶MAP 別P.18 C-3

ハイセンスなショップが数多く立ち並ぶレンヌ通り近くにある

カラフルでいろいろなハットが並ぶ店内はまさに職人のアトリエ

ラ・スリーズ・シュル・ル・シャポーは、有名スタイリストがお気に入りの店として紹介したことから日本でも話題に。

16〜18世紀の面影が残る
マレ〜バスティーユ広場周辺
Marais〜Place de la Bastille

個性的なブティックやショップが軒を連ねる

**中世にプチタイムトリップ
トレンドもバッチリ押さえよう**

高級ブランドや個性派ブティックの路面店が集まる、ファッションの中心地。一方で、ヴォージュ広場周辺に広がる歴史的保存地区には中世の館が建ち並ぶ。豪奢な建物や、最新ファッションに彩られたウインドーを眺めながら散策できる、街歩きにふさわしいエリアだ。日曜営業の店も多い。

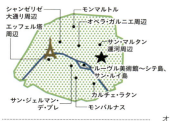

昼：○　夜：○

歴史と文化が融合する街は時間をかけてじっくり観光したい。地下鉄1・5・8号線バスティーユ駅を始点に回ると効率がよい。

ぐるっと歩いて約3時間

マレ〜バスティーユ広場周辺でしたい❾のこと

- ☐ ❶ モデルコース約3時間で制覇 → P.153
- ☐ ❷ バスティーユ広場で記念撮影 → P.153
- ☐ ❸ 最先端のデザインに触れられるポンピドゥー・センターへ → P.153
- ☐ ❹ 15〜18世紀にタイムトリップ！　数々の**豪華城館**をめぐる → P.154
- ☐ ❺ 体がおいしい！　と感じる**グルテンフリーレストラン**で食事 → P.156
- ☐ ❻ パリの暮らしにお近付き　ぶらぶら散歩at**マルシェ** → P.158
- ☐ ❼ おしゃれ女子のセンスが光るブティックへ　**注目デザイナー**の店をめぐる → P.160
- ☐ ❽ 大人かわいいデザインにときめく　**ジュエリー**にひと目ぼれ → P.162
- ☐ ❾ 植物の力をお肌にイン！　フランス発の**ビオコスメ**を買う → P.164

152

異国情緒ただようロジエ通りも歩いてみたい。街角の"アート"を発見

ヴォージュ広場を中心に優雅な館が見られる

エリアで楽しむパリ

D サレ館→P.155

サン・セバスチャン・フロワッサール駅

リシャール・ルノワール駅

徒歩5分

ボーマルシェ大通り

リシャール・ルノワール大通り

カルナヴァレ博物館→P.154

シュマン・ヴェール駅

ブレゲ・サバン駅

ヴォージュ広場

ヴィクトル・ユゴー記念館

バスティーユ駅

E スウィルデンズ→P.161

F バスティーユ広場

ランドマーク

バスティーユ広場

フランス革命の際に襲撃を受けたバスティーユ牢獄があった場所。現在は7月革命の記念碑が立つ。

⌂ Place de la Bastille, 4e ☎ 1・5・8号線バスティーユ駅から徒歩1分 ▶MAP 別P.21 D-3

マストスポット

ポンピドゥー・センター

モダンなデザインが印象的な国立芸術文化センター。5階部分からはパリ市街が一望できる。

⌂ Pl. Georges Pompidou, 4e ⏰ 11:00〜21:00 休 火曜 ¥共通1日券€13、パノラマ展望台のみ€5 ☎11号線ランビュトー駅から徒歩1分 ▶MAP 別P.20 A-1

サレ館

初期の代表作『自画像』など、ピカソの名作を年代順に展示している。豪華な建物にも注目。→P.155

COURSE モデルコース ⏰ 所要 約3時間

A ポンピドゥー・センター → 徒歩5分 → B マドモワゼル・ビオ → 徒歩4分 → C ラス・デュ・ファラフェル → 徒歩7分 → D サレ館 → 徒歩7分 → E スウィルデンズ → 徒歩9分 → F バスティーユ広場

パリの道路では、しばしば犬の「落とし物」に遭遇する。左足で踏むと幸運になるという言い伝えもあるが注意。　153

エッフェル塔周辺／シャンゼリゼ大通り周辺／オペラ・ガルニエ周辺／ルーヴル美術館〜シテ島、サンルイ島／サン・ジェルマン・デ・プレ／マレ〜バスティーユ広場周辺／カルチェ・ラタン／モンマルトル／モンパルナス／サン・マルタン運河周辺

Sightseeing

15〜18世紀にタイムトリップ！
数々の**豪華城館**をめぐる

かつて王宮地区として栄えたマレ地区の中心街。17世紀初頭、アンリ4世がヴォージュ広場を整備したのをきっかけに高級住宅街と化し、貴族たちは競って豪華な館を建て始めた。現代では美術館や博物館として開放されている建物を訪れ、15〜18世紀の貴族たちの優雅な暮らしを垣間見よう。

パリの歴史に触れる
貴族の館の調度品や装飾品のコレクションのほか、古代から20世紀までのパリで発掘された品、歴史的資料などが収められている。

ここに暮らしていたセヴィニエ夫人の肖像

多くの絵画も飾られた美術館のような館内

美術書の宝庫
美術書や産業技術などの専門図書館として知られ、その所蔵量の豊かさは大学図書館にも匹敵するほど。ポストカードやポスターのコレクションも必見。

入口のプレート

幾何学的に造られた中庭でひと休みしては？

狩猟に関する絵画やはく製も
狩猟自然博物館として公開されている館内には、狩猟に関する資料や道具などが展示されていて、狩猟の歴史を知ることができる。

動物のはく製がいたるところに！

隣接のモンジュラス館（同一チケット）も見逃せない！

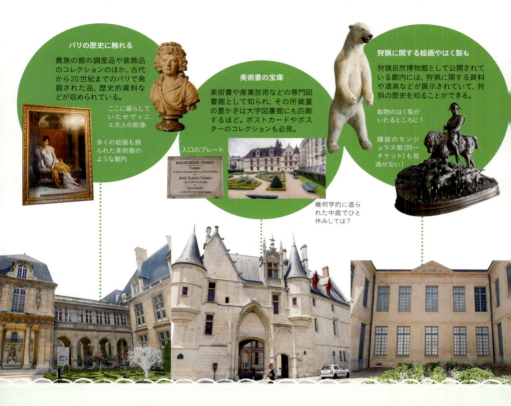

美しいフランス式庭園
カルナヴァレ博物館
Musée Carnavalet

16世紀にパリ市議会議長ジャック・デ・リニューリーの邸宅として建てられた。1677〜96年には作家で社交界で注目されたセヴィニエ夫人が住んでいた。手入れの行き届いた庭園も見どころ。

🏠 16 Rue des Francsbourgeois, 3e
☎ 01-44-59-58-58
🕘 10:00〜18:00
休 月曜
🚇 1号線サン・ポール駅から徒歩3分
※2019年末まで、改装のため一時閉館中
▶ MAP 別 P.20 B-2

フォルネ図書館として公開
サンス館
Hôtel de Sens

15世紀建築で歴史的建造物にも指定されている。現在では美術書や産業技術の専門書を中心に扱うフォルネ図書館として一般公開。昔起こった男女の恋沙汰から「愛憎の館」という異名も。

🏠 1 Rue du Figuier, 4e
☎ 01-42-78-14-60
🕘 13:00〜19:30（火・木曜10:00〜）
休 日・月曜　無料
🚇 7号線ポン・マリー駅から徒歩2分
▶ MAP 別 P.20 B-3

伝統的な17世紀のパリのお屋敷
ゲネゴー館
Hôtel Guénégaud

15世紀半ば、ルイ14世の財務総監の依頼でブロワ城建築で知られる建築家フランソワ・マンサール氏によって建てられた。母屋、両翼からなる馬蹄形の建物で、整備された美しい中庭も要チェック。

🏠 62 Rue Archives, 3e
☎ 01-53-01-92-40
🕘 11:00〜18:00（水曜〜21:00）
休 月曜　€8、18歳以下無料
🚇 11号線ランビュトー駅から徒歩6分
▶ MAP 別 P.20 B-1

WHAT IS
城館

中世時代、王家や貴族、上流階級の人々が建てた豪華な館。古城といえばパリから日帰りでも行けるロワール地方(→P.202)が有名だが、パリ市内にも見学できる城館がある。ちなみに、カルナヴァレ館、ゲネゴー館などは、ルイ13世から14世の下で活躍したバロック建築の第一人者のひとりで、ブロア城を建設したことで知られるフランソワ・マンサール氏の作品。

当時の様子を今に伝える華やかな内装

王家の人々の暮らしを想像してみて

庭の緑に注目
幾何学模様に整えられた緑と、17世紀建築が並ぶ風景が見事。サン・タントワーヌ通りからもアクセス可。

ルイ13世様式建築で天井にも装飾が

中庭の彫像も見逃さずに！

ロココ調の豪華絢爛な内装
古典様式の外観とは一変して、館内にはロココ調のきらびやかで優雅な空間が広がっている。豪華なシャンデリアで飾られた楕円形のサロンや美しい天井画など見どころが多い。

ルイ15世時代に流行ったロココ調の装飾

館内は現在、フランス歴史博物館として一般公開

美術館としても見る価値大！
約5年間の大改装を経て、2014年10月についに再オープンしたピカソ美術館。ピカソの遺族がフランスに寄贈した作品を中心に、絵画300点、彫刻250点、印刷物と版画を3900点も展示している。

『自画像』パブロ・ピカソ作 1901年

©Musee Picasso Paris Béatrice Hatala

©Musee Picasso Paris Béatrice Hatala

気軽に入れる中庭を見学
シュリー館
Hôtel de Sully

アンリ4世に重用された蔵相シュリー公爵の住居。建物に施されたルネサンス様式のレリーフや天井画などが見もの。見学の予約がなくてもヴォージュ広場南西部分から中庭の観賞が可能。

🏠 62 Rue Saint-Antoine, 4e
☎ 01-44-61-21-50
🕐 月により異なる(見学は電話での予約制で、土・日曜14:00〜。16名以上のグループのみ)
💰 €10
🚇 1号線サン・ポール駅から徒歩3分
▶ MAP 別 P.20 C-2

ロココ調の豪華装飾が見もの
スービーズ館
Hôtel de Soubise

ルイ14世の愛人だった、スービーズ公爵の妻が所有した館。改装が施され、豪華なロココ調の内装が美しい。現在は歴史博物館として歴史的人物に関する多くの古文書を展示している。

🏠 60 Rue des Francs Bourgeois, 3e
☎ 01-40-27-60-96
🕐 10:00〜17:30(土・日曜14:00〜)
🚫 火曜
💰 €8
🚇 11号線ランビュトー駅から徒歩5分
▶ MAP 別 P.20 B-1

現在はピカソ美術館として公開
サレ館
Hôtel Salé

17世紀、塩の収税吏を務めたピエール・オーベール氏が建てた館のため、サレ館(塩の館)と呼ばれている。現在はピカソ美術館として一般公開。5000点以上の作品を収蔵している。

🏠 5 Rue de Thorigny, 3e
☎ 01-85-56-00-36
🕐 10:30〜18:00
🚫 月曜
💰 €12.50
🚇 8号線サン・セバスチャン・フロワッサール駅から徒歩6分
▶ MAP 別 P.20 B-2

1605年、サンス館ではフランス国王アンリ4世の王妃マルゴが恋人と住んでいた。ジャム工場だった時代もある。

体がおいしい！と感じる
グルテンフリーレストランで食事

ヘルシー志向な人の間で話題の食事法、グルテンフリー。米粉やそば粉、トウモロコシの粉などを使ったパンやピザが、先進国のアメリカに続き、グルメ大国フランスでも注目を集めている。グルメなパリ人も認めた、見た目も味もハイレベルな名店の味を試してみて。

作りおきはせず、注文を受けてから混ぜるレモネード。夏期限定。€4

たっぷりのメレンゲがかかったレモンタルト。€4.40

小麦粉を一切使わず、米粉とそば粉のみで焼き上げた食事パン。ナッツ入りなどもある。

日替わりの野菜サラダ。この日はカラフルなミニトマトのハーブ風味。夏期限定。€6.60（大）

ブーランジェリー
Boulangerie

バゲットやクロワッサン作りには欠かせない小麦粉を使わずに焼き上げるパン屋が登場。パリのパン職人たちに衝撃を与えた。

長方形の食事パン。立て掛けると本棚のよう

パン・ドゥ・ヴィラージュと名付けられたグルテンフリー食事パン

パリ初のグルテンフリーのパン屋
シャンベラン
Chambelland

米粉をはじめ、グルテンフリーの粉でパンを焼き上げるブーランジェリー。モチっとした食感と米ならではの甘みが特徴。タルトやマフィンなどのペストリーも充実している。

🏠 14 Rue Ternaux,11e
☎ 01-43-55-07-30　⌚ 9:00～20:00(日曜～18:00)
㊡ 月曜
🚇 3号線パルマンティエ駅から徒歩2分
▶ MAP 別 P.21 D-1

パンには自社製粉の米粉を使用

米粉やソバ粉がベース。サラダを頼むとパンが1個サービスで付く

156

WHAT IS
グルテンフリー

グルテンは小麦や大麦、ライ麦など穀物のたんぱく質の一種で、パンやケーキ、パスタといった多くの食品に含まれている。アレルギーや腸疾患などを引き起こすケースもあり、大量に摂取すると体調を崩す人も。また、食欲を増進する働きもあるため、グルテンを摂取しないグルテンフリーという食事法が美容・健康志向の強い人たちの間で注目を集めている。グルテンを含む穀物の代わりに、米粉などを使って調理する。

小麦粉の代替品としてアーモンド粉などで製造

レモンのタルト。€6.50

リンゴにウイキョウ、レモンをミックスしたデトックスジュース。€6

乳セロリのヴィーガン・マヨネーズ和えに胡桃風味のマドレーヌを添えて。€7

キヌアやサツマイモ、ピーマンのロースト、クミン風味のズッキーニなどを盛り合わせたメインプレート。€14

米粉やひよこ豆の粉などをミックスしたタルト生地を使用。こちらは季節のタルト。€5

シュー生地の間にヘーゼルナッツのクリームが入ったパリ・ブレスト。€5

人気スイーツのひとつ、ノワゼットとパッションフルーツのタルト。€5

チョコクリームたっぷりのシューに木いちごの砂糖菓子がのったルリジューズ。€4.50

カフェ
Café

前菜からデザートまですべてグルテンフリーというカフェ＆レストラン。アレルギーへの意識が高い、ラクトース（乳糖）フリーの店も登場。

ブームをけん引するオーガニックカフェ

カフェ・パンソン
Café Pinson

グルテンフリー・ブームの先駆け店。パン以外のメニューは有機食材のみ使用。乳製品や白糖も使わず作る日替わり料理を目当てに多くの人が訪れる。

🏠 6 Rue du Forez, 3e
☎ 09-83-82-53-53 🕘 9:00〜22:00（土曜10:00〜、日曜12:00〜18:00）㊡ 無休
🚇 8号線フィーユ・デュ・カルヴェール駅から徒歩7分
英語OK ▶ MAP 別 P.20 B-1

パティスリー
Pâtisserie

フランス初となるグルテンフリーのパティスリーがオープン。スイーツ業界に新風を巻き起こした。小麦粉をカットして作るスイーツとは？

アレルギーでもケーキを満喫

ヘルムート・ニューケーキ
Helmut Newcake

他エリアのオススメ！

自らもグルテン不耐症のパティシエールが、小麦粉使用のケーキと比べても味に遜色ないスイーツを作りたいと開業。卵・牛乳・砂糖不使用で、自然の甘みを感じるバナナケーキなどが話題。

🏠 28 Rue Vignon, 9e
☎ 09-81-31-28-31 🕘 11:00〜19:00 ㊡ 日・月曜
🚇 8・12・14号線マドレーヌ駅から徒歩3分
オペラ・ガルニエ周辺 ▶ MAP 別 P.10 B-2

☀ グルテンフリーのフランス語表記は「Sans Gluten」。ラクトースフリーは「Sans Lactose」と表記する。

Shopping
パリの暮らしにお近付き
ぶらぶら散歩 at マルシェ

新鮮な野菜はいかが？

トマトだけでもこんなに種類があるのね！

食材から日用雑貨まで、何でも揃うマルシェ。パリの暮らしを垣間見たければ、マルシェ散策ははずせない！日本ではお目にかかれない珍しい食材に出合えたり、ばらまき土産にぴったりな雑貨も探せるはず。

マルシェ・バスティーユ
Marché Bastille

お得な日用品は マルシェでまとめ買い！

マダガスカル産の小物入れ
Cas auxiliaire
各€2程度〜

バスケット
Panier
買い物カゴにぴったり！

キッチン用ブラシ
Brosse pour la cuisine
各€1.50程度〜

バターナイフ（上）と皮むき器
Article Kischen
各€1程度〜

子供服
Les vêtements d'enfants
各€15程度〜

自宅に飾るお花はいつもマルシェで調達！

レバノン料理
Plat libanais
好きな惣菜をセレクト

バクラワ・カジュ
Gâteau libanais
レバノン菓子の定番

テリーヌ
Terrine
肉を使ったものや魚や野菜と種類豊富

今日は新鮮な食材が手に入ったわ

GOAL

小腹が空いたら人気の屋台へ

ファラフェル・サンド
Falafel Sandwich
アラブ風サンドイッチ

豚のパテ
Pate du porc
フランスパンのお供に！

158

パリジェンヌの マルシェ散策

毎週通うマルシェの日。1週間分の食品を買っちゃおう！

START

1週間の献立作り

トマト・アナナス
Tomate Ananas
サラダにできるパイナップル・トマト

プルロット
Pleurotes
旨みが強い平茸

リヴァロ
Livarot
洗いながら熟成させるチーズ

ラングスティーヌ
Langoustine
フランス産の手長海老

アーティチョーク
Artichaut
つぼみの芯の部分を食用にする

白アスパラガス
Asperge Blanche
生は、臭みもなくジューシー

日常空間に花は欠かせない！

アジサイ
Hortensia
開花期間が長く、人気が高い

シャクヤク
Pivoine
母の日のギフトとして定番

マンテマ
Silène
ナデシコ科の小振りな花

キキョウ
Campanule
ブーケに仕上げる人が多い

ナデシコ
L'œillet
ヴェルサイユ宮殿でも愛された

WHAT IS
マルシェ Marché

青空市場のこと。生鮮から加工品までの多彩な食品をはじめ、衣料品、雑貨、家具まで、さまざまな商品を扱う店が並ぶ。ビオ（自然食品）専門など、特色があるマルシェも登場。それぞれ規模も開催日も異なるが、パリ市内に70カ所以上あるといわれている。

HOW TO
マルシェの楽しみ方

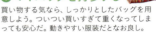

❶ マイバッグを持参する

買い物する気なら、しっかりとしたバッグを用意しよう。ついつい買いすぎて重くなってしまっても安心だ。動きやすい服装だとなお良し。

❷ 店舗をチェック！

品揃えが豊富な開店直後に行くのがおすすめ。行列のできている店は人気店の証拠なのでチェック。

❸ 品物を選ぶ

気になるものがあったら、品物を手に取る前にまず店員に確認を。フランス語が分からなくてもジェスチャーで何とかなる。

> **ひと言会話**
> エスク ヴ デジレ オートル ショーズ？
> ・Est-ce que vous désirez autre chose ?
> 何か他に欲しいものはありますか？
> ジュ ヴドレ ドゥ トランシュ ドゥ ジャンボン スィル ヴ プレ
> ・Je voudrais deux tranches de jambon, s'il vous plaît.
> ハムを2切れください。

❹ 値段を確認する

キログラムあたりの値段が表示されている場合もあるので要注意。店員との距離が近付けば、値引きをしてくれることもある。

> **ひと言会話**
> セ コンビアン？
> ・C'est combien ?
> おいくらですか？
> セ サンク ユーロ オン トゥ
> ・C'est cinq euros en tout.
> まとめて€5になります。

＜マルシェ開催スケジュール＞

マルシェ名	エリア	最寄り駅	特徴	日	月	火	水	木	金	土	MAP
マルシェ・バスティーユ	バスティーユ広場周辺	バスティーユ	約400mの大通りに新鮮な魚介や果物が並ぶパリ最大のマルシェ	7:00-15:00				7:00-14:30			▶別P.21 D-2
マルシェ・デザンファン・ルージュ	マレ	フィーユ・デュ・カルヴェール駅	屋根付き常設マルシェ。パリで最も古い市場で、イートインもできる	8:30-17:00		8:30-20:30	8:30-20:30	8:30-20:30	8:30-21:00	8:30-20:30	▶別P.20 B-1
マルシェ・エドガー・キネ	モンパルナス	エドガー・キネ駅	週2回、開催しているマルシェ。日曜は地元アーティストの青空市になる				7:00-14:30		7:00-15:00		▶別P.22 C-2
マルシェ・ダリーグル	バスティーユ広場周辺	ルドリュ・ロラン駅	屋根付き常設マルシェ。食材のほか、古着や雑貨などの店も並ぶ	7:30-14:30		7:30-13:30	7:30-13:30	7:30-13:30	7:30-13:30	7:30-14:30	▶別P.21 E-3
マルシェ・ラスパイユ	サン・ジェルマン・デ・プレ	セーヴル・バビロン駅／レンヌ駅	日曜に開催されるビオ（オーガニック）専門のマルシェ。手作り石鹸なども	9:00-15:00		7:00-14:30			7:00-14:30		▶別P.18 B-3
マルシェ・モントルグイユ	オペラ・ガルニエ周辺	サンティエ駅	食料品のお店が大充実。ほかに、厨房・台所用品を扱う専門店もある	9:00-19:00		9:00-19:00	9:00-19:00	9:00-19:00	9:00-19:00	9:00-19:00	▶別P.11 E-3
マルシェ・ムフタール	カルチェ・ラタン	サンシエ・ドーバントン駅	石畳で開かれるマルシェ。生鮮食品のお店がずらりと並ぶ常設型	9:00-19:00		9:00-19:00	9:00-19:00	9:00-19:00	9:00-19:00	9:00-19:00	▶別P.24 A-2

☀ 上記リストで紹介したマルシェ・ラスパイユは、日曜のみビオ専門市場となる。火・金曜はビオ以外の商品も販売。

おしゃれ女子のセンスが光るブティックへ
注目デザイナーの店をめぐる

新進気鋭の若手デザイナーのブティックや、オリジナリティあふれるショップが立ち並ぶマレ地区。各ショップのコンセプトやスタイルもさまざまで、ほかでは見つからない個性的な品々が揃っている。気になるお店を回って、自分好みのデザインを見つけよう！

ガーリー

€360

ジャン・リュッド
JEAN LUD
ふんわり感がロマンティックなカーディガン。丈、色、素材が選べる、定番商品

€385

デザイナーのアニータさん
流行に左右されないデザインが魅力。大切に長く着ていただけるものばかりです。

エヴ
EVE
裾や袖にあしらわれた刺繍がかわいらしい。女性らしいラインでふんわり美しく着られる

ウッディで温もりがあるブティック

スウィートなドレスがいっぱい
メ・ドゥモワゼル
Mes Demoiselles

レースをたっぷり使ったシフォンドレスやチュニックなどフェミニンに仕上げたデザインが特徴。やわらかなコットンで着心地もバッチリ。1枚でさらりと着こなそう。

🏠 45 Rue Charlot, 3e　☎ 01-49-96-50-75　🕐 10:00～19:30　休 日曜　8号線フィーユ・デュ・カルヴェール駅から徒歩5分　英語OK
▶ MAP 別P.20 B-1

クール

デザイナー兼店員のフロールさん
スカンジナビアとパリがコンセプト。クール感いっぱいの服が並びます！

木もディスプレイされていて幻想的

€195

ヴィクトワール
VICTOIRE
クールにもフェミニンにも着こなせそうな上品なフォルムのワンピース

€125

ハンター
HUNTER
色、素材違いあり。写真はしっかり肩部分の形がでるタイプ。かっちりと着たい人向け

トレンドを押さえた個性派
エプル＆メルク
Eple & Melk

北欧からインスピレーションを受けた、若手のフロールがデザイナーを務める。ロック＆アーバンでスタイリッシュなデザインが人気。アイテムは、すべてメイド・イン・フランス。

🏠 45 Rue Charlot, 3e　☎ 01-42-78-42-48　🕐 13:00～19:30　休 日・月曜　8号線フィーユ・デュ・カルヴェール駅から徒歩5分　英語OK
▶ MAP 別P.20 B-1

アニマル柄の服も並ぶスウィルデンズの店内で見つけたオブジェ

コーディネートが参考になるコントワール・デ・コトニエのトルソー

スウィルデンズの店内には80年代のロックターの写真も

レースをあしらったガーリーなデザインが並ぶメ・ドゥモワゼル

エスニック

ボルサリン
BORSALIN　€65

定番の帽子を＋€15でカスタマイズすると、こんな感じにドレスアップ！

マート
MART　€130

エスニック柄のトップス。爽やかに着こなせると人気！

モンキー
MONKEY　€220

ブランド定番の素材、やわらかなヤギ革のスウェード生地を使ったショートパンツ

ショップスタッフ
ボヘミアンの要素をリアル・クローズに仕上げました。カスタマイズもできますよ！

白壁にコンクリートの床がクールな店内

世界中で愛されるパリ発ブランド
スウィルデンズ
Swildens

80年代ロックカルチャーの影響を強く受け、ボヘミアンにロックの要素をプラスしたドレッシーなデザインで人気を集める。上質な素材を使用しているため、ソフトな着心地。

🏠 16 Rue de Turenne, 4e　☎ 01-42-71-12-20　🕐 11:00～19:30（日曜14:00～19:00）　休 無休　🚇 1号線サン・ポール駅から徒歩4分
▶ MAP 別 P.20 C-2

カジュアル

プライベートな部屋をイメージした内装

店長
母娘で買い物するお客様も多いんです。自分の部屋のようにリラックスして服を選んで！

トノラ
TONOLA　€155

気持ちのよい肌触りで、日本の暑い夏にも活躍しそう！

タセオ・コーラル
TACEO CORAL　€120

シーズン後半が狙いめ！ル・プチ・プリ（Le Petit Prix）として値下げされるかも

都会的でスタイリッシュ
コントワール・デ・コトニエ
Comptoir des Cotonniers

1995年にスタートしたブランド。フェミニンでシンプルなワードローブがシーンを選ばずに活用できると、幅広い世代の女性から人気。クオリティの高さでも定評がある。

🏠 124 Rue Vieille du Temple, 3e　☎ 01-44-61-40-66　🕐 10:30～19:30（月曜11:00～19:00）　休 日曜　🚇 8号線サン・セバスチャン・フロワッサール駅から徒歩3分　英語OK
▶ MAP 別 P.20 C-1

パリでは年2回、ソルド（セール）を開催。期間はフランス観光局HPで確認を。jp.rendezvousenfrance.com

Filles

パ・ドゥ・ドゥ (Pas de Deux) ネックレス
€55
定番のバレリーナモチーフ。オペラ座のバレリーナから着想を得た

シャルマン・キャナリィ (Charmants Canaris) ピアス
€80
クレオール島のカナリアをデザインしたピアス

パ・ドゥ・ドゥ・リュクス (Pas de Deux luxe) ピアス
€105
リボンにぶらさがったダンサーが愛らしい。衣装にはラインストーンがぎっしり

Oiseaux

アルファベ・フルリ (Alphabet Fleuri) ネックレス
€95
小鳥がとまったアルファベット。すべての文字が揃うのでイニシャルを探してみて

Fleurs & Insectes

シャンペートル (Champetre) ブレスレット
€150
花やてんとう虫、ちょうちょモチーフにときめく。リュクスな二重のブレスレット

シャンペートル (Champetre) リング
€85
隣り合った2本の指に装着するユニークなリング。指先が、ぐっとガーリーに

Paysage

パリ・モナムール (PARIS MON AMOUR) ブローチ
€130
パリをモチーフにした人気商品

ニース生まれの花モチーフジュエリー

レ・ネレイド
Les Néréides

エンゾーとパスカル夫妻がデザインする、南仏発のジュエリーブランド。草花や動物、少女などをモチーフにした、ロマンティックで繊細なデザインが人気。すべてアトリエで手作り。

🏠 30 Rue de Sévigné, 4e　☎ 09-82-41-56-53
🕐 10:30～19:30 (月曜11:30～)　無休
📍 1号線サン・ポール駅から徒歩3分
英語OK　▶MAP 別 P.20 B-2

エリアで楽しむパリ

エッフェル塔周辺 / シャンゼリゼ大通り周辺 / オペラ・ガルニエ周辺 / ルーヴル美術館～シテ島・サンルイ島 / サン・ジェルマン・デ・プレ / マレ～バスティーユ広場周辺 / カルチェ・ラタン / モンマルトル / モンパルナス / サン・マルタン運河周辺

かわいいジュエリーを見つけても、勝手に触るのはNG。「Je peux la toucher？(触ってもいいですか？)」のひと言を。

Shopping

植物の力をお肌にイン！
フランス発のビオコスメを買う

オーガニック植物や自然派由来成分を原料に作られたビオコスメ。フランスはビオコスメ先進国でもあり、世界的に注目されているブランドも多い。ビオコスメ専門セレクトショップでイチオシのアイテムを使って、素肌美人を目指してみて！

WHAT IS
フランス発ビオコスメ

無農薬で育った植物を材料に作られたコスメのこと。成分のほとんどが天然由来のため肌にやさしく、日本でも年々愛用者が増えている。なかでも厳しいガイドラインの基準を満たした化粧品には、エコサート（Ecocert）と呼ばれるフランスの国際有機認定機関の認証マークが与えられている。

おもなビオブランド

フランスにはビオコスメ専門のブランドがいっぱい。日本未上陸の商品もあるので、店頭でチェックしてみよう。

アブソリューション Absolution
抗酸化作用の高い成分を配合したアンチエイジングコスメ。肌の悩みを総合的に解決

エキア ekia
細胞の再生能力の高いアマゾンの樹液を配合した高品質のエイジングケアブランド

サノフロール SANOFLORE
老舗の精油メーカー。エッセンシャルオイルを配合した基礎化粧品は安定した人気

ジョンザック JONZAC
細胞の活性化を促す温泉水を使用した基礎化粧品。敏感肌にオススメで価格もお手頃

ナファ NAFHA
希少な成分を豊富に配合したナチュラルコスメ。効果が高いとパリジェンヌに好評

バロ・フロラン Ballot Flurin
養蜂家がプロデュースしたハチミツ成分入り製品。1977年から100％ビオにこだわる

プルプ・ドゥ・ヴィ Pulpe de Vie
ハチミツ、フルーツ、ハーブをブレンドした自然派コスメ。香りのよさでも評判

マドモワゼル・ビオ Mademoiselle BIO
マドモワゼル・ビオの自社ブランド。成分だけでなく香りにこだわった人気シリーズ

ラボラトワール ペイザン Laboratoire Paysane
美容効果が期待できるロバのミルクを使用。スキンケアからボディケア商品まで

レス・イズ・モア Less is More
オーストリアの本格オーガニックヘアケアブランド。ノンシリコンで地肌にやさしい

洗顔

ラボラトワール ペイザン
サヴォン・ダネス
「Laboratoire Paysane」
Savon d'ânesse
€5.50／100g　ニキビ用（レモン、ティーツリー、ラベンダー）
€5.90／100g　敏感肌用（アーモンド）

ロバのミルクから作った保湿効果の高いシリーズ。洗顔しながら肌に潤いを与える

マスク

日本未発売。フランスでも、マドモワゼル・ビオでしか手に入らない商品

ナファ
フェイスマスク
「NAFHA」
Masque visage
€30.90／75ml

アルガンオイルとユリの花エキス配合の高保湿マスク。すぐに効果を実感しやすいと評判で、売り上げNo.1

バロ・フロラン
オー・ミエレ
「Ballot Flurin」
Eau miellée
€13.40／50ml

養蜂家が開発したムース状の洗顔。ハチミツ成分入りで、メイク落とし、洗顔、保湿の3つの効果が期待できる

エリアで楽しむパリ

化粧水

アブソルーション
ラ・ブリュム・システマティック
「Absolution」
La Brume Systématique
€37 / 120ml

ビタミンCが豊富なローズヒップ入りの化粧水。肌に潤いと柔軟性を与えてくれ、油分と水分のバランスを整えてくれる効果も

美容液

プルプ・ドゥ・ヴィ
プルプ・モワ！
「Pulpe de Vie」
Pulp-Me!
€25.90 / 30ml

100%ナチュラルのフルーツ成分入り美容液。イチジクとローズマリーの穏やかな香り。敏感肌の人におすすめ

ヘアケア

レス・イズ・モア
Less is More
€25 / カラーリングしたダメージヘア用　シャンプー　200ml
€30 / カラーリングしたダメージヘア用　コンディショナー　200ml

100%自然由来のオーストリア生まれのヘアケア。ノンシリコンなのに泡立ちよく、指どおり滑らか

保湿効果が高いと
人気の商品！

乳液・クリーム

サノフロール
ミエル・シュプレーム
「SANOFLORE」
Miel Suprême
€25.20 / 50ml

ホホバ油、カリテなどリッチな保湿成分入り。乾燥肌、敏感肌の人に人気が高い

BIO COSME

エキア
クレーム・オリジナル
「ekia」
crème original
€51 / 50ml

抗酸化効果の高い植物成分が入ったアンチエイジングクリーム。疲れた肌に活力を与える

ジョンザック
「JONZAC」
Soin riche
réhydratant
€10.80 / 50ml

赤ちゃんの肌荒れにも使えるほど肌にやさしいクリーム。低価格なのに高品質とパリジェンヌに好評！

ハンドクリーム

マドモワゼル・ビオ
Mademoiselle BIO
（オリジナル）
€8.50 / 50ml

バラやアーモンドの成分が入ったクリーム。肌にしっとりとなじんでベタツキがない

厳選されたビオコスメが並ぶ
マドモワゼル・ビオ
Mademoiselle Bio

パリ発のオーガニックコスメ専門のセレクトショップ。基礎化粧品からヘアケア、ボディケア、さらに子ども用からメンズ用まで約2000種類ものオーガニックアイテムが揃う。

🏠 28 Rue des Archives, 4e
☎ 01-42-78-30-86
🕐 10:00〜19:30（日曜11:00〜）
❌ 無休
🚇 1・11号線オテル・ドゥ・ヴィル駅から徒歩3分
英語OK
▶ MAP 別P.20 A-2

エッフェル塔周辺／シャンゼリゼ大通り周辺／オペラ・ガルニエ周辺／ルーヴル美術館〜シテ島、サン・ルイ島／サン・ジェルマン・デ・プレ／マレ・バスティーユ広場周辺／カルチェ・ラタン／モンマルトル／モンパルナス／サン・マルタン運河周辺

ビオ・コスメは2005年からフランスでぐんぐんと発展。今ではパリッ子の5人に1人がビオ・コスメ愛用者というデータも！　165

西洋とアラブの街並みが融合する学生街
カルチェ・ラタン
Quartier Latin

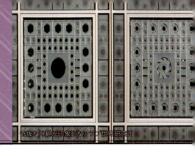

趣のある中世の街並みが残る賑やかなパリ随一の学生街

名門ソルボンヌ大学を中心とする学生街。またパンテオンなどの歴史的建造物も多く、中世の面影を残す。通りではマルシェが開かれ、テイクアウトの店やカジュアルなビストロなど、リーズナブルなグルメも満載。活気あふれるエリアで、パリの学生の暮らしを疑似体験しよう。

昼：○ 夜：○

地下鉄とRER線が乗り入れるガール・ドーステルリッツ駅や地下鉄7・10号線ジュシュー駅がこの地区のアクセスに便利。

ぐるっと歩いて約3時間

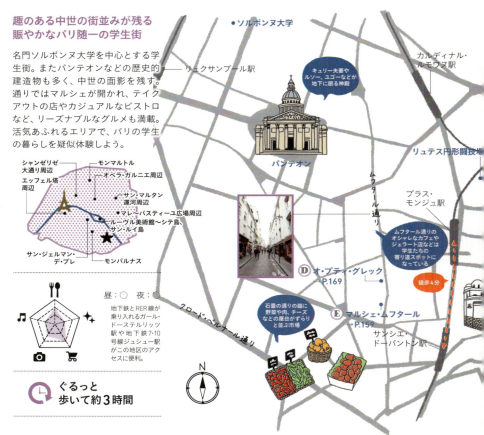

カルチェ・ラタンでしたい5のこと

- ❶ モデルコース約3時間で制覇 → P.167
- ❷ ラ・グランド・モスケ・ドゥ・パリのサロン・ド・テでティータイム → P.167
- ❸ アラブ世界研究所の外壁の装飾をチェック → P.167
- ❹ 国立自然史博物館で動物のはく製に圧倒される → P.167
- ❺ 大学近くのカルチェ・ラタン、学生街をおトクに散歩 → P.168

賑やかなムフタール通りのマーケット / 憩いの場になっているソルボンヌの広場 / 老舗の書店、シェイクスピア&カンパニー

エリアで楽しむパリ

ジュシュー駅
Ⓐ アラブ世界研究所
ケ・ドゥ・ラ・ラペ駅
セーヌ川

アラブの文化を紹介する施設。屋上からはパリの街を一望でき、穴場的観光スポット

●動物園
オーステルリッツ橋

植物園内はさまざまな花が咲き、春ごろには日本の桜と牡丹の花も見ることができる

モスケ併設のレストランでは中東の料理が味わえる

●植物園
●温室庭園
Ⓒ ラ・グランド・モスケ・ドゥ・パリ
●鉱物学と地質学のギャラリー
Ⓑ 国立自然史博物館
ガール・ドーステルリッツ駅
サン・マルセル大通り

ランドマーク

ラ・グランド・モスケ・ドゥ・パリ

第一次世界大戦で犠牲になったイスラム圏出身兵のための寺院。ハマム(蒸し風呂)も併設。

🏠 2 bis Pl. du Puits de l'Ermite, 5e
🕐 9:00〜12:00、14:00〜18:00(冬期〜19:00) 休 金曜 料 €3
🚇 7号線プラス・モンジュ駅から徒歩2分
▶ MAP 別 P.24 B-2

マストスポット

アラブ世界研究所

アラブ文化をさまざまな形で紹介している施設。博物館、図書館のほかカフェやレストランもある。

🏠 1 Rue des Fossee St-Bernard, 5e 🕐 10:00〜18:00(施設により異なる) 休 月曜
料 常設展 €8 🚇 7・10号線ジュシュー駅から徒歩4分
▶ MAP 別 P.24 B-1

国立自然史博物館

鉱物館、動物館など様々な研究棟からなる植物園内の博物館。さまざまな生物の標本を所蔵。

🏠 36 Rue Geoffroy St-Hilaire, 5e 🕐 10:00〜18:00(動物園9:00〜※日曜〜18:30) 休 火曜
料 進化大陳列展 €10、動物園 €13 🚇 7号線プラス・モンジュ駅から徒歩3分 ▶ MAP 別 P.24 B-2

COURSE モデルコース 所要 約3時間

Ⓐ アラブ世界研究所 → (徒歩12分) → Ⓑ 国立自然史博物館 → (徒歩4分) → Ⓒ ラ・グランド・モスケ・ドゥ・パリ → (徒歩6分) → Ⓓ オ・プティ・グレック → (徒歩1分) → Ⓔ マルシェ・ムフタール

☀ カルチェ・ラタンとは仏語で「ラテン語地区」という意味。その昔、神学者が多いエリアだったことに由来する。

167

Sightseeing

大学近くのカルチェ・ラタン、学生街をおトクに散歩

パリ大学のお膝元であるカルチェ・ラタンは、リーズナブルな価格のショップやレストランが集まり、下町のような人情と活気があふれる街。リュクサンブール公園付近まで広がっている学生街で、朝から晩までおトクに過ごしてみては。

学生の一般的な1日を紹介するわ！

パリの学生の日常はこんな感じ！

朝は一杯のコーヒーでスタート

Bonjour! おはようございます！

天気のよい日はデリをテイクアウト 屋外でのんびりランチを楽しむ

時間がある日は街なかへ 映画、書店、お買い物

夜は行きつけのビストロへ 仲のいい友達とワイワイ

バーでリチャージ！

Santé! 乾杯！

多くの教育機関が集うカルチェ・ラタンには、常に学生の姿が。コーヒーとクロワッサンなどで朝食を軽く済ませ、講義を受けに。夕方になるとリーズナブルなバーやビストロが賑わう

AM 9:00 at Café

パリの学生の朝は、朝食用のパンを調達するところからスタート。日本と比べると、とってもお手頃な値段で買えるのも魅力！

好きなパンとカフェオレがあれば朝から幸せ

自家焙煎コーヒーでほっこり
クチューム・アンスティチュ
Coutume Instituutti

フィンランド文化会館内に併設された自家焙煎の本格カフェ。天井が高く、自然光が差し込む空間は、のんびりと過ごすのに最適。

🏠 60 Rue des Écoles,5e　☎ 01-40-51-89-09　🕘 9:00〜19:00（日曜 10:00〜）　休 月曜　🚇 10号線クリュニー・ラ・ソルボンヌ駅から徒歩2分　英語OK　※改装のため、一時閉中。オープン時期未定
▶ MAP 別 P.19 E-3

グルマンも注目のニューフェイス
ドーズ・ディーラー・ドゥ・カフェ
Dose Dealer de café

ムフタール通り付近に英国風カフェスタンドがなかったことから、いとこと開いた手作り感あふれる店。マフィンなどペストリー類も扱う。

🏠 73 Rue Mouffetard,5e　☎ 8:00〜18:00（土・日曜 9:00〜19:00）　休 月曜　🚇 7号線プラス・モンジュ駅から徒歩4分　英語OK
▶ MAP 別 P.24 A-2

PM 1:00 at Park

ランチは好きなデリを携えて公園へ。大学の近くにはテイクアウトできる店がたくさん。日なたぼっこしながらベンチでいただきます。

✦ オリジナルのアイスクリーム
各 €3.50
フレーバーを2種類選ぶことができる

✦ スペシャル・ガレット「プティ・グレック」
La Galette Spéciale-P'tit Grec
€6.50
野菜やフェタチーズが詰まったガレット

ランチはテイクアウトでリーズナブルに

チーズ好きにはたまらない！
オ・プティ・グレック
Au P'tit Grec

ムフタール通りのなかほどにある、ギリシャ人オーナーのクレープ店。昼時は行列必至。香ばしい生地とトロトロのチーズがあとをひく。

🏠 68 Rue Mouffetard,5e　☎ 06-50-24-69-34　🕘 11:00〜24:30　休 無休　🚇 7号線プラス・モンジュ駅から徒歩3分　英語OK
▶ MAP 別 P.24 A-2

見た目も素敵な本場のジェラート
ジェラーティ・ダルベルト
Gelati d'Alberto

花の形に美しく仕上げるジェラートの人気店。イタリアの伝統的な製法に基づいて、ホームメイド。フレーバーは36種類から選べる。

🏠 45 Rue Mouffetard,5e　☎ 01-77-11-44-55　🕘 12:00〜24:00　休 無休　🚇 7号線プラス・モンジュ駅から徒歩3分　英語OK
▶ MAP 別 P.24 A-2

☀ 学生向けの飲食店が立ち並ぶムフタール通り。お財布にやさしく、テイクアウトできるキッシュなどの店も多い。

PM 4:00 at Shop

ジベール・ジョセフでは新品と並べて、黄色いシールを貼った古本も販売されている

買い物したらおしゃべりにサロンへ

カルチェ・ラタンには学生でも購入できるリーズナブルなショップも点在。状態がよいユーズド品が見つけられるかも

文具も揃う書店
ジベール・ジョセフ
Gibert Josephe

中古本も扱うフランス最大手書店。各種専門書にアートやファッション、料理など幅広い分野の本からCD・DVD、文房具まで多彩な品が揃う。

🏠 26 Bd St-Michel, 6e
☎ 01-44-41-88-88　⏰ 10:00〜20:00
休 日曜　🚇 10号線クリュニー・ラ・ソルボンヌ駅から徒歩1分　英語OK
▶ MAP 別 P.19 E-3

おやつにフランス銘菓を調達
ル・ボンボン・オ・パレ
Le Bonbon au Palais

コンフィズリーと呼ばれる砂糖菓子専門店。教室をイメージした店内には定番品はもちろん珍しい品も揃える。一番人気のギモーヴは必食。

🏠 19 Rue Monge, 5e
☎ 01-78-56-15-72
⏰ 10:30〜19:30
休 日・月曜　🚇 10号線カルディナル・ルモワヌ駅から徒歩1分　英語OK
▶ MAP 別 P.24 A-1

PM 6:00 at Cinema Café

2階にあるサロン・ド・テの『ル・サロン』は、大女優カトリーヌ・ドヌーヴが内装を手掛けたことでも有名。映画鑑賞後にゆったりする人も。

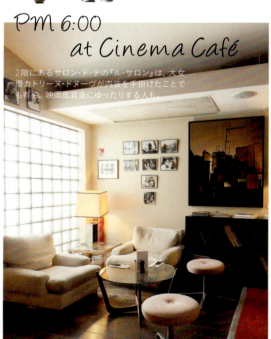

オープンテラスもあり、明るい雰囲気のサロン・ド・テ。家庭的な料理とスイーツ、居心地のよさが人気の秘密

サロン・ド・テ併設の映画館
シネマ・デュ・パンテオン
Cinéma du Panthéon

1907年創業の歴史ある映画館。かつてはサルトルら著名人も足しげく通った。名作から最新映画まで上映。サロンも人気でいつも賑わっている。

🏠 13 Rue Victor Cousin, 5e
☎ 01-40-46-01-21　⏰ 11:00〜22:00 (上映映画により異なる)　休 無休　🚇 RER B線リュクサンブール駅から徒歩2分　英語OK
▶ MAP 別 P.23 E-1

PM 8:00 at Bistro

カルチェ・ラタンにはカジュアルな店構えのワインバーやビストロが多い。賑やかな雰囲気で、肩肘はらずに過ごせるはず。

ディナーは20時以降にとることが多いの

このエリアには、趣向を凝らしたバーやビストロが多い。好きな店を見つけたら、何度か通ってみるのもいい。19時頃なら予約なしで入りやすい

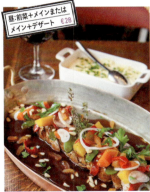

昼：前菜＋メインまたはメイン＋デザート €28

料理は日替わり。2品コースか4品コース

おいしいセット 計€37.30

何皿かオーダーして数人でシェアしたい

グラスワイン €3.90〜
サラミ €6.50〜

カウンターでの立ち飲みがリーズナブル

ワインの品揃えで人気！
レ・パピーユ
Les Papilles

300種のワインを揃えるカジュアルビストロ。ワインの好みを伝えれば、とっておきの1本を選んでくれる。友人とワイワイ飲みたい。

🏠 30 Rue Gay Lussac, 5e
☎ 01-43-25-20-79　⏰ 12:00〜14:00、19:00〜22:00　休 日・月曜　¥ ランチ€28〜、ディナー€38〜　🚇 RER B線リュクサンブール駅から徒歩5分　英語OK
▶ MAP 別 P.23 E-1

バスク名物に舌鼓
シェ・グラディーヌ
Chez Gladines

サンジェルマン大通りに面したバスク料理店。スパニッシュとフレンチが融合した料理は、リーズナブルな上、驚きのボリューム！

🏠 44 Bd St-Germain, 5e
☎ 01-46-33-93-88　⏰ 12:00〜23:00（金・土曜〜24:00、日曜〜23:30）　休 無休　¥ ランチ・ディナー€20〜　🚇 10号線モベール・ミュチュアリテ駅から徒歩2分　英語OK
▶ MAP 別 P.19 F-3

評判の肉料理とワインを
レ・ピポ
Les Pipos

パンテオン近くの老舗ワインバー。常連客が早い時間からカウンターでワインを楽しんでいる。厳選されたチーズや肉など豊富。

🏠 2 Rue de l'École Polytechnique, 5e
☎ 01-43-54-11-40　⏰ 9:00〜翌1:00（食事は11:00〜23:00）　休 日曜　¥ ランチ€14.50〜、ディナー€15〜　🚇 10号線カルディナル・ルモワヌ駅から徒歩5分　英語OK
▶ MAP 別 P.24 A-1

シネマ・デュ・パンテオンの『ル・シネマ』は2015年8月に改装。サロンだけの利用も可能。

かつて芸術家たちの丘と呼ばれた
モンマルトル
Montmartre

エクトル・ギマールがデザインした駅舎看板

芸術家たちがアトリエを構えた石畳の路地を散策

パリ北部に位置する、海抜130mの丘。ルノワール、ピカソら偉大な芸術家たちに愛された地で、かつて芸術の丘と呼ばれた。サクレ・クール寺院など歴史情緒あふれる名所や芸術家ゆかりのアトリエ跡や美術館が点在。石畳の道を歩きながら、若き芸術家たちの面影をたどろう。

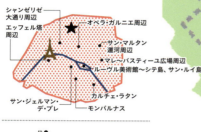

昼：◎ 夜：○

モンマルトル観光にはプチトランがおすすめ。地下鉄ブランシュ駅かアベス駅から発着するので、その後の移動もラクチン。

ぐるっと歩いて約**4時間**

モンマルトルでしたい**8**のこと

- ❶ モデルコース約4時間で制覇 → P.173
- ❷ 映画『アメリ』で主人公が働いていたカフェに行く → P.173
- ❸ 名画の舞台、ムーラン・ドゥ・ラ・ギャレット訪問 → P.173
- パリ市街を見下ろす白亜の建物　**サクレ・クール寺院**でしたい3のこと → P.174
- ❹ 展望台からパリ市街を一望する → P.174
- ❺ 世界最大級のモザイク画を鑑賞する → P.175
- ❻ ファサードの彫刻やレリーフを見る → P.175
- ❼ 多くの芸術家たちが愛した街　**モンマルトルの丘**を散策 → P.176
- ❽ コンクールで栄冠を勝ち取った噂の**バゲット**を食べ比べ → P.178

丘の頂上にそびえるサクレ・クール寺院／テアトル広場では大勢が似顔絵のデッサン中／坂が多いモンマルトルではプチ・トランが便利

エリアで楽しむパリ

- スタンランのアパート →P.177
- コーランクール通り
- ラマルク・コーランクール駅
- 徒歩5分
- サン・ヴァンサン墓地
- Ⓓ オ・ラバン・アジル →P.189
- モンマルトルのブドウ畑
- モンマルトル博物館 →P.176
- 丘の上からの景色は最高！
- 壁抜け男
- ムーラン・ドゥ・ラ・ギャレット
- サン・ピエール教会
- Ⓒ エスパス・ダリ →P.176
- ピカソのアトリエ →P.177
- プチトラン乗り場
- Ⓐ テアトル広場 →P.176
- Ⓑ サクレ・クール寺院 →P.174
- アベス駅
- フュニキュレール（ケーブルカー）→P.175
- ジュ・テームの壁
- 世界各国の言葉で「愛」のメッセージが書かれた壁
- スイーツ店やデリ、食材店が軒を連ねるグルメ通り
- マルティール通り
- アンヴェール駅
- ピガール駅
- ロシュシュアール大通り

ランドマーク

サクレ・クール寺院

1919年に完成したロマネスク様式・ビザンティン様式の白亜の寺院。モンマルトルの象徴だ。
→P.174

マストスポット

カフェ・デ・ドゥ・ムーラン

映画『アメリ』で主人公が働いていたカフェ。表面をカリカリに焦がしたクレーム・ブリュレが人気。

🏠 15 Rue Lepic, 18e　⏰ 7:30〜翌2:00　🗓 無休　🚇 2号線ブランシュ駅から徒歩4分
▶MAP 別P.6 B-3

ムーラン・ドゥ・ラ・ギャレット

ルノワールやゴッホの作品に登場する、17世紀の粉ひき風車小屋。現在はレストランに。

🏠 83 Rue Lepic, 18e
⏰ 12:00〜14:30、19:00〜23:00（土・曜12:00〜23:00）　🗓 無休　🚇 12号線アベス駅から徒歩10分
▶MAP 別P.6 C-2

エッフェル塔周辺／シャンゼリゼ大通り周辺／オペラ・ガルニエ周辺／ルーヴル美術館〜シテ島、サン・ルイ島／サン・ジェルマン・デ・プレ／マレ〜バスティーユ広場周辺／カルチェ・ラタン／モンマルトル／モンパルナス／サン・マルタン運河周辺

COURSE

モデルコース　所要 約4時間

Ⓐ テアトル広場 → 徒歩3分 → Ⓑ サクレ・クール寺院 → 徒歩5分 → Ⓒ エスパス・ダリ → 徒歩4分 → Ⓓ オ・ラパン・アジル → 徒歩9分 → Ⓔ カフェ・デ・ドゥ・ムーラン → 徒歩3分 → Ⓕ ムーラン・ルージュ

壁抜け男の像はマルセル・エイメの書いた短編をもとに制作。作家の遺体は近くのサン・ヴァンサン墓地に埋葬されている。

予約不要
所要
2時間

パリ市街を見下ろす白亜の建物
サクレ・クール寺院でしたい3のこと

さまざまなジャンルの芸術家が集い、下町の雰囲気を感じさせるモンマルトルの丘。その小高い丘のシンボルともいえるサクレ・クール寺院には、数々の見どころがある。なかでも見逃せない3つのポイントを紹介しよう。

WHAT IS
サクレ・クール寺院
パリを見渡す眺望に感動

ロマネスク・ビザンチン様式の白亜の聖堂で、19世紀後半の着工から約40年の歳月をかけて完成。上層のドームは市街が一望できる絶好の展望スポット。日没以降のライトアップは幻想的。

1 展望台からパリ市街を一望する

円形ドームは、エッフェル塔に次いでパリで2番目に高い。パリ市街の展望はもちろん、200m先のセーヌ河や天気のよい日には約50km先のカントリーサイドまで見渡せる。

サクレ・クール早分かり

Question いつ誰が何のために建てた？
A 普仏戦争やパリ・コミューンの騒乱で亡くなった市民、兵士を弔うためにポール・アバディが設計し、1875年に着工、1919年に完成した。

Question パリで何番目に高い？
A モンマルトルの丘は海抜130mあり、寺院の高さは85mを誇る。1889年に建てられたエッフェル塔（324m）に次ぐ2番目の高さを誇る。

Question 「サクレ・クール」の意味は？
A 「聖なる心臓（聖心）」の意味で、イエス・キリストの心を表し、祀っている。「サクレ・クール」と名が付く寺院はフランス語圏に多い。

Basilique du Sacré-Coeur

高さ約85m

キリスト像
キリスト像は890年前後に制作されたといわれている

幅約35m

data
Place Parvis de la Basilique, 18e ☎01-53-41-89-00
聖堂 6:00～22:30、ドーム 8:30～19:30（冬期10:00～17:00） 無休 無料（ドーム€6） 2号線アンヴェール駅から徒歩5分 ※地下神拝堂は工事中につき、一時閉鎖中
▶MAP 別P.7 D-2

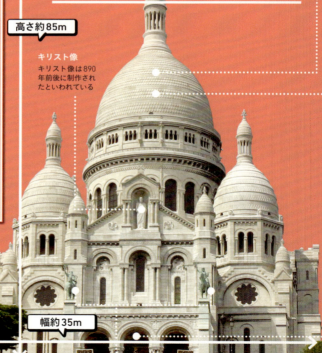

マドレーヌ寺院　セーヌ河

丘のふもとからの景色も格別だが、パリ市街が360°見渡せる展望台からの眺望は圧巻！

寺院前の広場から。より視界良好！

2 世界最大級のモザイク画を鑑賞する

ドームの天井にはキリスト教の基本理念、三位一体を表すイエス・キリストと天使や聖人の姿が描かれた世界最大級のモザイク画が見られる。1900年〜1922年にかけて制作。

聖母マリア像
青い衣の聖母マリアも描かれている

キリスト像
中央には復活したイエスが昇天する姿が

HOW TO
展望台へのアクセス

円形ドームからの景色はぜひ見ておきたい。眼下に広がる大パノラマを楽しもう。

❶ 入口へ

ドームへの入口は寺院正面向かって左側の階段の下に位置する。寺院内部の見学は無料だが、パリの街が見渡せるドームと地下礼拝堂への入場は有料になるので、まずは先にチケットを購入しよう。

❷ チケット売り場へ

寺院の左手、半地下の入口に有人のチケット売り場がある。開館は8:30〜19:30（冬期10:00〜17:00）だが、季節や天候によって変更あり。ドームへの入場料は€6。治安がよくないエリアなので午前中に訪れよう。

❸ 300段の階段を上る

人ひとりが通れるくらいの狭くて古めかしいらせん階段はスリル満点！　スニーカーなど、歩きやすい靴で挑みたい。上った先に広がる景色は疲れも吹き飛ぶ絶景だ。帰りも同じ階段を通るので、十分注意して。

寺院へはケーブルカーが便利

寺院前のテラス式公園は急な坂になっているので、ケーブルカー（フランス語でフニキュレール）を利用するのが便利。

フニキュレール *Funiculaire*
⏰ 6:00〜24:45　㊡ 無休　💰 €1.90

3 ファサードの彫刻やレリーフを見る

高さ約5mの2体の騎馬像やイエス・キリストの教えをモチーフにしたファサード上のレリーフ、パリを見守るキリスト像など、外観にも多くの彫刻やレリーフが施されている。

2体の像
入口右がジャンヌ・ダルク、左がルイ9世の像

聖堂の扉
キリストが伝導し続けた購入への愛をイメージしたレリーフ

サクレ・クール寺院へは12号線アベス駅からもアクセス可能。寺院までは急な上り坂のため、ヒールは避けて。

Sightseeing

多くの芸術家たちが愛した街
モンマルトルの丘を散策

歩いて散策

歴史と情緒あふれる高台の町には、かわいらしいカフェやショップなどのスポットが満載。

似顔絵をお願いする前に、料金を交渉。€20～が相場

a. テアトル広場 ▶MAP 別P.7 D-3

「壁抜け男」に出会えるかも！

b. 店一番人気のクリーム・ブリュレはぜひ試して！

c. この店、映画『アメリ』に登場した青果店よ！

P.173

d. サクレ・クール寺院 ▶MAP 別P.7 D-2

e. カフェ・デ・ドゥ・ムーラン ▶MAP 別P.6 B-3

f. オ・マルシェ・ドゥ・ラ・ビュット ▶MAP 別P.6 C-3

g. シネマ・ステュディオ28 ▶MAP 別P.6 C-3

立ち寄り散策

芸術家たちに愛されたこのエリアには美術館や博物館などの立ち寄りスポットも。

ダリの不思議な世界が広がる

エスパス・ダリ
Espace Dalí

20世紀のシュルレアリスムを代表した芸術家・サルバドール・ダリの約300点の作品を展示する美術館。『記憶の固執』といった彫像や絵画、写真など、ダリの多彩な作品のほかミュージアムショップも併設。

🏠 11 Rue Poulbot,18e ☎01-42-64-40-10
🕙 10:00～18:00(7・8月～20:00) 無休 €12
🚇 12号線アベス駅から徒歩8分
▶MAP 別P.6 C-2

芸術家たちの歴史を物語る

モンマルトル博物館
Musée de Montmartre

19～20世紀にかけてルノワールやユトリロなどがアトリエを構えた邸宅を博物館として改築。キャバレーのポスターといった芸術家たちの作品や、街やその歴史に関連した資料を見ることができる。

🏠 12 Rue Cortot,18e ☎01-49-25-89-39
🕙 10:00～18:00(4～9月~19:00、7・8月の木曜～22:00) 無休 €12 🚇 12号線ラマルク・コーランクール駅から徒歩7分
▶MAP 別P.6 C-2

パリで一番高い、モンマルトルの丘。頂上には白亜のサクレ・クール寺院が堂々とした姿でたたずみ、眼下に広がる市街を静かに見下ろしている。このエリアには19～20世紀、田園風景が広がる郊外の自由な雰囲気に惹かれ、若き芸術家たちが集まってきた。ノスタルジックな雰囲気がただよう、石畳の路地を散策してみよう。

c.ルノワールの作品『ムーラン・ドゥ・ラ・ギャレットの舞踏会』(オルセー美術館蔵、1876年)に当時の華やかな様子が描かれている

© Musée d'Orsay, Dist. RMN-Grand Palais / Patrice Schmidt / distributed by AMF

昔はダンスホール、今では人気の創作フランス料理店

a.多くの絵描きが集まるテアトル広場　b.昔のポスターを並べた店も　c.ルノワールの『ムーラン・ドゥ・ラ・ギャレット』の舞台となった建物跡　d.丘の上にはサクレ・クール寺院の姿がe・f・g.映画『アメリ』に登場したカフェ・ドゥ・ムーラン。コリニョンの青果店と映画館も　h～k.画家ゆかりの場所が多い(h=ヴィラ・デザール、i=スタンランのアパート、j=ゴッホのアパート、k=ピカソのアトリエ)　L.ゴッホも通ったレストラン、ル・コンシュラ

🍴 ムーラン・ドゥ・ラ・ギャレット
▶MAP 別 P.6 C-2

ヴィラ・デザール
▶MAP 別 P.6 A-2

ゴッホのアパート
▶MAP 別 P.6 B-2

ここは芸術家たちも愛用していたレストランなんだ

スタンランのアパート
▶MAP 別 P.6 C-2

ピカソのアトリエ
▶MAP 別 P.6 C-3

🍴 ル・コンシュラ
▶MAP 別 P.6 C-2

パリ最古の教会のひとつ
サン・ピエール教会
Saint-Pierre de Montmartre

12世紀に建てられた、サクレ・クール寺院の隣にひっそりとたたずむ小さな教会。内部には色鮮やかなステンドグラスや、大理石の美しい円柱がある。画家ユトリロの葬儀はここで行われた。

🏠 2 Rue du Mont-Cenis, 18e　☎01-46-06-57-63
⏰ 8:00～18:00　休 無休　料 無料　🚇 12号線アベス駅から徒歩8分
▶MAP 別 P.7 D-2

名所めぐりに便利な
プチトラン
Petit Train

のんびり走ります

急な坂道や階段が多いモンマルトルで手軽に利用できる観光用ミニ列車・プチトラン。ムーラン・ルージュやサクレ・クール寺院などの観光スポットを1周約30分でめぐる。

☎01-42-62-24-00　⏰10:00～18:00(季節により異なる)、約30分間隔で運行(オフシーズンは45分間隔)　休 無休
料 1周€6.50　🚇ブランシュ乗り場:2号線ブランシュ駅から徒歩1分、テアトル広場乗り場:12号線アベス駅から徒歩8分

景色を眺めながらのんびりめぐりたい人はプチトランがおすすめ。英語やフランス語のガイドも付く。

コンクールで栄冠を勝ち取った
噂のバゲットを食べ比べ

パリのおいしい定番のひとつ、バゲット。湿度の低いフランスにいるからこそ味わえる本場の味を、贅沢に食べ比べしてみるのもパリ旅行ならでは。近年、バゲットコンクールで頂点に輝いた人気店を訪れて、好みの味を見つけてみては。

小麦が主張する1本
パン・パン
Pain Pain

2012年 優勝

モンマルトルの丘の上に立つ、地元で愛されるパン屋さん。クープ（切れ込み）が縦1本なのが特徴で、歯ごたえのある硬めの食感が楽しめる。元パティシエの店だけあって、焼き菓子類もおすすめ。

バゲット・トラディション
€1.25

香り	★★★★★
食感 外皮 パリパリ感	★★★★★
食感 中身 モチモチ感	★★★☆☆
食感 中身 しっとり感	★★★☆☆
味	★★★★☆

しっかりとした焼き色がついて香ばしく、小麦の味が強い男性的な味わいのバゲット。塩味が強めなのでチーズなどに合わせても◎。

🏠 88 Rue des Martyrs, 18e
☎ 01-42-23-62-81
🕐 7:00～20:30（日曜 7:30～19:30）
休 月曜
🚇 12号線アベス駅から徒歩2分
▶ MAP 別P.6 C-3

モンマルトルの老舗
オ・ルヴァン・ダンタン
Au Levain d'Antan

2011年 優勝

40年近くもの間、毎日オーナーのパリヨン氏がバゲットを焼き続けているブーランジェリー。"毎日の食事のためのバゲット"は塩味薄めで食べやすいのが特徴で、サンドウィッチや、肉、魚料理に合う。

バゲット・トラディション
€1.20

香り	★★★☆☆
食感 外皮 パリパリ感	★★★★☆
食感 中身 モチモチ感	★★★★★
食感 中身 しっとり感	★★★★★
味	★★★★☆

細身で上品な焼き色が特徴。香り高い最高品質の小麦粉を使用し、ほんのりと効いた塩気が味の決め手。外は硬めで中がやわらかい。

🏠 6 Rue des Abbesses, 18e
☎ 01-42-64-97-83
🕐 7:00～21:00
休 土・日曜
🚇 12号線アベス駅から徒歩1分
▶ MAP 別P.6 C-3

WHAT IS バゲット

フランスパンの代表ともいえる長さ60〜70cmの細長い形をした棒状のパン。外皮は硬く、中はやわらかい食感が特徴的。卵や乳製品、油類などの副材料は使用しない。通常、6〜7本のクープと呼ばれる切れ目が入っている。パンの幅が太い物はバタールと呼ぶ。

バゲットコンクール

毎年3〜5月にパリ市とパリ商工会議所が行うバゲットの品評会。味だけでなく、見た目の美しさや香り、焼き加減など多方面から審査される。グランプリを受賞した店は一年間、大統領官邸であるエリゼ宮に毎日バゲットを届けるという栄誉ある役目が与えられる。

ひと言会話

- Une (demi) baguette, s'il vous plaît.
  バゲットを(半分)ください。
- Quelle est votre spécialité ?
  おすすめは何ですか？
- C'est combien ?
  いくらですか？

BAGUETTE CONCOURS

日本人好みのもっちり系

ル・グルニエ・ア・パン・アベス
Le Grenier à Pain Abbesses

2015年 2010年 優勝

市内に数店舗の支店を構える人気ブーランジェリー。おいしさの秘密は、酵母を加えず長時間かけて発酵させ、ゆっくりとこね合わせたモチモチの生地。クッキーやパウンドケーキなどのスイーツも豊富に揃う。

バゲット・トラディション
€1.15

香り	★★★★★
食感 外皮	パリパリ感：★★★★★
中身	モチモチ感：★★★★☆
	しっとり感：★★★☆☆
味	★★★★★

2015年バゲットコンクールでもグランプリを獲得。香ばしい焼き色が特徴で、発酵の際にできた中の空気穴も大きく、モチモチ感が楽しい。

🏠 38 Rue des Abbesses, 18e
☎ 01-46-06-41-81
🕐 7:30〜20:00
休 火・水曜
🚇 12号線アベス駅から徒歩2分
▶ MAP 別 P.6 C-3

BAGUETTE CONCOURS

薄めの外皮がクセになる

アルノー・デルモンテル
Arnaud Delmontel

2007年 優勝

生地をしっかり寝かせてから作る話題のバゲットは、外皮がパリパリ、中身はふわふわで、その絶妙なバランスが人気の理由。ショーウインドーに並ぶ美しいケーキ類やデニッシュ類、惣菜も定評がある。

ルネッサンス
€1.15

香り	★★★★☆
食感 外皮	パリパリ感：★★★★☆
中身	モチモチ感：★★★★☆
	しっとり感：★★★☆☆
味	★★★★★

太めで量感のあるバゲット。パリ南西部の小麦粉を使っている。カリカリの食感が抜群で、塩味と小麦の甘さのバランスもよい。

🏠 57 Rue Damrémont, 18e
☎ 01-42-64-59-63
🕐 7:00〜20:30
休 火曜
🚇 12号線ラマルク・コーランクール駅から徒歩5分
英語OK ▶ MAP 別 P.6 B-2

外皮がカリッと硬く、シンプルな材料で作るパンをハード系、卵やバターをたっぷり使ったやわらかいパンをソフト系と呼ぶ。

ユトリロなどの画家が常連だったカフェ、ラ・ロトンド

老舗カフェの集まる画家ゆかりの地
モンパルナス
Montparnasse

著名芸術家の愛した下町
彼らの溜まり場カフェでのんびり

シャガールから岡本太郎まで多種多様な芸術家が集ったエリア。芸術家のアトリエや文化人が眠る墓地がある。現在はオフィスビルが集中するビジネスの中心地でもある。モンパルナス大通りには老舗カフェやバーも多く、『勝手にしやがれ』『日はまた昇る』など映画に登場した店も。

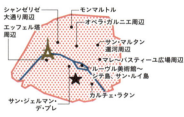

- シャンゼリゼ大通り周辺
- エッフェル塔周辺
- モンマルトル周辺
- オペラ・ガルニエ周辺
- サン・マルタン運河周辺
- マレ〜バスティーユ広場周辺
- ルーヴル美術館〜シテ島、サン・ルイ島
- サン・ジェルマン・デ・プレ
- カルチェ・ラタン

昼：○ 夜：○

地下鉄4・6・12・13号線モンパルナス・ビアンヴニュ駅は直上にトゥール・モンパルナスがある。ここからの観光がベター。

 ぐるっと歩いて約**4**時間

- 210mの高層ビル。59階の屋外テラスからの眺望は最高！
- モンパルナス大通り
- モンパルナス・ビアンヴニュ駅
- **E** ティー・ブレイツ →P.185
- モンパルナス・ビアンヴニュ駅
- **D** トゥール・モンパルナス
- エドガー・キネ駅
- ル・プティ・ジョスラン →P.184
- モンパルナス駅（TGV）
- 徒歩5分
- 作家のモーパーサンや哲学者のサルトルなどの文化人が眠る
- ゲテ駅
- **B** モンパルナス墓地
- メーヌ通り
- ペルネティ駅

モンパルナスでしたい**8**のこと

- ☐ **❶** モデルコース約4時間で制覇 →**P.181**
- ☐ **❷** トゥール・モンパルナスの高層ビューを満喫 →**P.181**
- ☐ **❸** 眠る著名人に会いにモンパルナス墓地へ →**P.181**
- ☐ **❹** 神秘的なカタコンブへ潜入 →**P.181**
- ☐ **❺** 文化人にも愛された、憩いのカフェ　名物ギャルソンにBonjour！ →**P.182**
- ☐ **❻** 外せないブルターニュ地方名物！　ガレット＆クレープを味見→**P.184**
- ☐ **❼** デスクを華やかに彩る　ステーショナリーを探す→**P.186**
- ☐ **❽** 芸術の都はアートだけじゃない　パリ流ジャズに酔いしれる→**P.188**

多くの画家に愛されたカフェ、ル・ドーム / ひと際高いビル、トゥール・モンパルナス / トゥール・モンパルナスの屋上から市街を一望

エリアで楽しむパリ

エッフェル塔周辺 / シャンゼリゼ大通り周辺 / オペラ・ガルニエ周辺 / ルーヴル美術館～シテ島、サン・ルイ島 / サン・ジェルマン・デ・プレ / マレ～バスティーユ広場周辺 / カルチェ・ラタン / モンマルトル / モンパルナス / サン・マルタン運河周辺

― ノートル・ダム・デ・シャン駅
リュクサンブール公園
ザッキン美術館
● ラ・ロトンド →P.182
ヴァヴァン駅
ラスパイユ大通り
ラスパイユ駅
● カルティエ現代美術財団
ポール・ロワイヤル駅
ポール・ロワイヤル大通り
● パリ天文台
ダンフェール・ロシュロー駅
無縁仏600万体を納骨した地下墓地。人骨が積み上げられた壁が1.7kmにもわたって続く
アラゴ大通り
Ⓐ カタコンブ●

ランドマーク

●トゥール・モンパルナス

屋上テラスやレストランからパリの街を一望できる、高さ210m、59階建ての超高層ビル。

🏠 33 Av. du Maine, 15e
🕘 9:30～23:30(10～3月～22:30 ※金・土曜～23:00) 休 無休
💰 €17 🚇 4・6・12・13号線モンパルナス・ビアンヴニュ駅から徒歩1分
▶MAP 別P.22 B-2

マストスポット

●モンパルナス墓地

ゲンズブールやボードレールら著名人が眠る墓地。生前の姿が伝わるユニークな墓石が多い。

🏠 3 Bd. Edgar Quinet, 14e
🕘 8:00～18:00(土曜8:30～、日曜・祝日9:00～)※冬期～17:30
休 無休 💰 無料 🚇 6号線エドガー・キネ駅から徒歩1分
▶MAP 別P.22 C-2

●カタコンブ

600万人以上の死者が眠るとされる地下納骨堂。内部には、遺骨がギッシリ積み上げられている。

🏠 1 Av. du Colonel Henri Rol-Tanguy, 14e 🕘 10:00～20:30 休 月曜 💰 €13 🚇 4・6号線ダンフェール・ロシュロー駅から徒歩1分
▶MAP 別P.23 D-3

COURSE モデルコース ⏱ 所要 約4時間

| Ⓐ カタコンブ | →徒歩6分→ | Ⓑ モンパルナス墓地 | →徒歩5分→ | Ⓒ ラ・ロトンド | →徒歩10分→ | Ⓓ トゥール・モンパルナス | →徒歩9分→ | Ⓔ ティーブレイツ |

モンパルナス墓地など大型の施設では、入口事務所で場内の地図をもらえる所もある。入手してから散策を。 181

文化人にも愛された、憩いのカフェ
名物ギャルソンに Bonjour!
ボンジュール

モンパルナス界隈には、文化人たちに愛された老舗カフェが点在している。そんなカフェで欠かせないのが、心地よいサービスで客をもてなすギャルソン（ウェイター）の存在。創業100年を超えるカフェへ、あのスマートなギャルソンに会いに行こう。

オランジュリー美術館にあるポール・ギヨームの肖像(→P41)のレプリカが置かれている

美術館で観たこの絵の作者も常連さん！

料理もおいしいので時間があれば、ぜひ。もちろんコーヒー1杯でも、気軽に立ち寄ってくださいね！

店に通っていたモディリアーニの絵のレプリカです

クレモンさん
ギャルソン歴7年

芸術家たちのたまり場
ラ・ロトンド
La Rotonde

ユトリロやシャガールなどの画家が集い、芸術論に花を咲かせていた場所。老舗カフェでありながら、とてもアットホームな雰囲気。店内には絵画が多く展示されている。

a. スズキのポワレ レモンのコンフィ、ライス添え€28など、シンプルな食事メニューも
b. アール・デコの豪華な店内には、店に縁がある芸術家の作品が飾られている

🏠105 Bd.du Montparnasse,6e　☎01-43-26-48-26
🕐7:00～翌1:00　無休　4号線ヴァヴァン駅から徒歩1分
日本語メニュー
▶ MAP 別P.22 C-2

182

ヘミングウェイがお気に入りだったというテーブル席。ここで、文化人たちと議論を交わしていた

人気のテラス席で、行き交う人々を眺めながら、のんびり朝食はいかが？ 軽食メニューも豊富です

ヘミングウェイの小説にも登場
ル・セレクト
Le Select

ヘミングウェイやジャン・コクトー、ヘンリー・ミラー、ピカソなどが集った1923年創業のカフェ。今でも俳優や作家などがやって来る。

🏠 99 Bd.du Montparnasse,6e ☎ 01-45-48-38-24 ⏰ 7:00〜翌2:00(金・土曜〜翌3:00) 無休 ④4号線ヴァヴァン駅から徒歩1分 英語メニュー
▶ MAP 別P.22 C-2

アルノーさん
ギャルソン歴20年

How to
カフェの楽しみ方

パリ市内のいたるところにカフェが点在する。街歩きに疲れたら、ちょっとひと息つくにもぴったりだ。コーヒーを飲むだけでなく、食事やアルコールドリンクを楽しむこともできる。

❶ 入店する

のんびりしたければテーブル席かテラス席(喫煙可能なシート)、急いでいる場合はカウンター席へ。通常、ギャルソンのサービスが付かないカウンター席が一番安い料金設定。

ひと言会話
- Bonjour. こんにちは。
- Bonsoir. こんばんは。
- Sur la terrasse, s'il vous plaît. テラス席をお願いします。
- C'est combien ? おいくらですか？

❷ 注文する

担当のギャルソンが来たら、ドリンクや食事を注文。担当以外は注文を受け付けたりサーブしたりしないので要注意。ギャルソンを呼ぶときは「ムッシュー」と言おう。

ひと言会話
- Un café, s'il vous plaît. コーヒーをください。

❸ 支払う

支払いはテーブルで。メニューサーブ時、または帰る時に支払う。支払いが済むとギャルソンがレシートの一部を破いて印を付けてくれる。なお、チップは食事を頼んだときに€1〜2程度置くのがスマート。飲み物だけの場合は払わなくてもOK。

ひと言会話
- C'etait très bon. とてもおいしかったです。
- L'addition, s'il vous plaît. お勘定をお願いします。

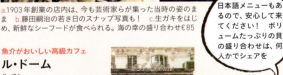

a.1903年創業の店内は、今も芸術家らが集った当時の姿のまま b.藤田嗣治の若き日のスナップ写真も！ c.生ガキをはじめ、新鮮なシーフードが食べられる。海の幸の盛り合わせ€85

魚介がおいしい高級カフェ
ル・ドーム
Le Dôme

ジャン・コクトーやモディリアーニ、ピカソなどエコール・ド・パリ(パリ派)の画家や文豪たちに愛された場所。魚料理も評判が高い。

🏠 108 Bd.du Montparnasse,14e ☎ 01-43-35-25-81 ⏰ 8:00〜23:00 無休 ④4号線ヴァヴァン駅から徒歩1分 日本語メニュー
▶ MAP 別P.22 C-2

日本語メニューもあるので、安心して来てください！ ボリュームたっぷりの貝の盛り合わせは、何人かでシェアを

ヤンさん
ギャルソン歴30年

― カフェの定番メニュー ―

 カフェ *Café*
エスプレッソのこと。

 **カフェ・アメリカン** *Café Américain*
いわゆる日本のコーヒー。

 カフェ・クレム *Café Crème*
エスプレッソにスチームしたミルクをのせたもの。いわゆるカプチーノ。

ギャルソンの仕事は、お客の要求や動きを素早く察知し、会話で楽しませる知性など、さまざまな能力を求められる。

ガレット&クレープを味見

外せないブルターニュ地方名物！

フランスの北西部、ブルターニュ地方の名物料理として知られるガレット&クレープ。ブルターニュ地方への玄関口であるモンパルナス駅周辺には、ガレットとクレープの専門店がたくさん。そば粉を使った香ばしい生地のガレットと、甘く、ふんわりした生地のクレープ。甲乙つけがたいフランスの「2大粉もの」を食べ比べて、お気に入りを見つけよう。

ガレット

そば粉に水、塩を加えた生地を鉄板で薄く円形に伸ばして焼き、卵やチーズ、ハムなどの具材をのせたもの。片面だけを焼き、正方形に折りたたむスタイルが一般的だが、焼いた生地を扇形に折り込み、上から具材をのせたメニューもある。テイクアウト用として、具材を生地でくるくると巻いたものも一般的。小麦粉に比べて栄養価が高いことからも、健康志向のパリジェンヌ&パリジャンに大人気。

シードルと一緒に！
リンゴの低発泡酒シードルや食前酒のシードルカクテルと一緒に食べるのがブルターニュ流

サラダ
生野菜サラダを添えればビタミン不足も解消！ガレットとの相性もよい

目玉焼き
片面焼きで、とろーり、半熟状態に仕上げた。さっくり生地とマッチ

まるでキッシュを包み込んだかのようなボリュームのものも！

レ・コンプレット
Les Completes
€7
ハム、玉子、チーズという王道の組み合わせで、飽きがこない
→ ラ・ビグデンヌ

チーズ
熱に溶けやすく伸びのよいチーズで、ガレット全体にコクを出している

ハム
生地が焦げないよう、火を通す時間が短いので、ベーコンでなくハムを使う

マルシアック Marciac €11
贅沢にフォアグラがのっている

マレシェール Maraichére €11.8
ほうれん草に卵、ベーコン、チーズ入り

一度は立ち寄りたい人気店

ラ・ビグデンヌ
La Bigoudénne

シンプルなものからフォアグラなどの高級食材をのせたものまで、具材が豊富で選ぶのに迷ってしまうほど。ボリュームもたっぷり。

🏠 62 Rue du Montparnasse, 14e ☎ 01-43-20-24-85
🕐 11:30〜15:00、18:00〜23:00（土曜 11:30〜24:30、日曜 11:30〜24:00）
休 無休 🚇 6号線エドガー・キネ駅から徒歩1分
英語OK 英語メニュー
▶ MAP 別P.22 B-2

クレープリー・ドゥ・ジョスランの姉妹店

ル・プティ・ジョスラン
Le Petit Josselin

ブルターニュ地方の調度品でまとめられた店内は本場さながらの雰囲気。本店と同様、カリカリ生地のおいしいガレットが食べられる。

🏠 59 Rue du Montparnasse, 14e ☎ 01-43-22-91-81
🕐 12:00〜14:30、18:30〜23:00 休 日曜、7月の2週間 🚇 6号線エドガー・キネ駅から徒歩2分
英語メニュー
▶ MAP 別P.22 C-2

できたての
熱々を
食べてね！

華麗な手さばき
の職人。目の前
で生地を次々と
焼き上げる

ル・プティ・ジョス
ランの店内。ブル
ターニュの伝統の
陶器が並ぶ。作り
たてを食べたいな
ら店内席でどうぞ

クレープ

クレープのレシピは、ルイ13世の妻・アンヌ王妃のお陰で完成したといわれている。たまたま口にしたガレットを気に入った王妃が、宮廷の料理人に作らせたのがきっかけだとか。そこで、そば粉よりも高級な小麦粉が用いられたことから、クレープのレシピができた。通常は塩味のガレットに対して、クレープは甘いものが多く、バターソースや生クリーム、キャラメルソースなどを絡めて食べる。

ベルティヨン（→P.131）の
アイスクリーム

行列ができるアイスクリーム店の
商品を使用。熱々生地とひんやり
アイスの組み合わせも至福

グラン・マルニエを注いでフランベ
したシュゼット（€10.70）も人気！

キャラメル
バターソース

ほろ苦い塩キャラメ
ルと、コクがあるバ
ターソースのシンプ
ルな組み合わせ

キャラメルソースを
絡めたリンゴ

キャラメルの塩気が、リンゴ
の甘さを引き立てる。柔らか
な食感もあとをひく美味しさ

生クリーム

上質なミルクをホイ
ップしているので、
甘すぎず、後味もさ
っぱりしている

クレープ・ラ・マルゥイーヌ
Crêpe La Malouine
€9.40

塩キャラメルバターソースにア
イスクリームをのせたもの
→ ティー・ブレイツ

クレープ・シャンペートル
Crêpe Champêtre **€10.20**
自家製トマトソースが
かかっている

カルナック
Carnac **€9**
たっぷりのキャラメル
ソースがたまらない

伝統的なレシピを継承する人気店
ティー・ブレイツ
Ty Breiz

大きな鉄板で焼く昔ながらの方法
で、パリパリに焼き上げた香ばしい
生地がクセになる味わい。テラス
席が多く、開放感がある造りも魅力。

🏠 52 Bd. de Vaugirard, 15e　☎ 01-43-20-83-72　休 日・月曜
11:00〜23:00　④ 4・6・12・13号線モンパル
ナス・ビアンヴニュ駅から徒歩3分　日本語OK　英語OK
▶ MAP 別P.22 A-2

行列ができるクレープリー
クレープリー・ドゥ・ジョスラン
Crêperie de Josselin

ランチタイムになるとあっという間
に地元の人でいっぱいになる人気
店。クレープに使う粉や塩バターは
ブルターニュから取り寄せている。

🏠 67 Rue du Montparnasse, 14e　☎ 01-43-20-93-50　休
11:00〜23:30　月・火曜、8月第1・2週、1月第1〜3週
④ 4号線ヴァヴァン駅から徒歩1分　日本語OK　英語OK
▶ MAP 別P.22 B-2

フランスでは2月2日のChandeleur（聖母お清めの日）というカトリックのお祝い日にクレープを食べる習慣がある。

Shopping

デスクを華やかに彩る
ステーショナリーを探す

パリの文具店には、普段使いのシンプルな文具をはじめ、アンティーク調のノート、色使いがおしゃれなハサミなど、個性豊かなアイテムが勢揃い。パリのエッセンスが詰まった文具は、デスクまわりを華やかにしてくれる。お土産にも喜ばれそう。

A 万年筆 €9
赤い羽根がおしゃれ。インテリアにしても！

B ノート €7
アンティークな風合い。使いやすいサイズ

C 万年筆のペン先 €15
マッチ箱のような見た目が印象的。持ち歩きにも便利

D 付せん €3.20
ノートルダム寺院がワンポイント。自分土産に

地元学生に愛される機能的文房具
パペットリー・ラチーヌ
Papeterie Latine

パリの学生たちも購入するベーシックな文具はもちろん、ユーモアいっぱいのペーパーアイテムなども多数取り扱っている。

- 26 Rue Soufflot, 5e
- 01-43-54-14-89
- 10:00〜19:00　休 日曜
- RER B線リュクサンブール駅から徒歩1分
- 英語OK
- ▶MAP 別P.23 E-1

E ブックマーカー 各 €15
ノスタルジックで重厚なフォルム。種類も多数

F ステッカー €3.50
繊細なデザイン。ノートやPCなどに貼ってみて

G 猫の絵本 €11.90	イラストともに日本語を含めた9カ国語で記載
H ポストカード集 €9.95	アール・デコ・モードの塗り絵スタイル
I 紙のパレット €2.45	使い捨ての紙のパレットも便利な逸品
J 絵の具 €20.90	1862年創業の画材屋シャルボネルの絵の具
K スケッチブック €6.50	色鉛筆が描かれ、絵心が膨らむスケッチブック

有名画家が集った画材の名店
アダム・モンパルナス
Adam Montparnasse

1898年創業。モンパルナスを拠点とした著名アーティストが通った店が現在も健在。画材専門だが、イラストやノートなども充実。

🏠 11 Bd. Edgar Quinet, 14e
☎ 01-43-20-68-53
🕘 9:30～19:00
🚫 日曜
🚇 6号線エドガー・キネ駅から徒歩1分
🌐 www.adamparis.com/
[英語OK]

▶ **MAP** 別P.22 B-2

L リサイクルノート €8.50～19.50	オリジナルノートは9色展開。小型もあり
M レターセット €21	フレンチテイストの便せん・封筒が各8枚入り
N スタンプ €10.50	使い勝手が良さそうな感謝を伝えるスタンプ
O 封筒 各€0.40～0.50	色もサイズも多様。一緒に便せんも選ぼう
P スタンプインク €6.50	全32色。日本では出合えない色を狙いたい

色で遊べるオリジナル文具
ラール・デュ・パピエ
L'Art du Papier

オリジナル商品も販売する文具店。カラーバリエーションが40あるオリジナルの便せんと封筒がヒット商品。各1枚から購入OK。

🏠 48 Rue Vavin, 6e
☎ 01-43-26-10-12
🕘 10:30～19:00（月曜13:00～）
🚫 日曜
🚇 4号線ヴァヴァン駅から徒歩2分
[英語OK]

▶ **MAP** 別P.22 C-2

パリ大学生協（→MAP 別P.23 F-1）でもオリジナル文房具が購入できる。営業時間は8:00～18:30ほか（不定休）。

Entertainment

芸術の都はアートだけじゃない
パリ流ジャズに酔いしれる

20世紀初頭、パリにジャズが伝わり、大勢がスウィングの虜になった。その後、ジプシー音楽などの影響を受けながら独自に発展。いまではオシャレな音楽としてフレンチ・ジャズが注目されている。フランス語の響きとグルーヴ感ある演奏を楽しんで！

初心者でも心地よいジャズ。プログラムはHPでチェック

WHAT IS
ジャズバー

熱いライブセッションが楽しめる

お酒や軽食とジャズの生演奏が楽しめるジャズバー。ライブは2セットの場合20:30と22:00から、1セットなら21:00から始まる店が多い。一流ミュージシャンが出演する有名店から、若手が才能を試すところまでさまざま。ライブ情報はウェブサイトでもチェックできる。

ピアノのソロにも酔いしれよう。指使いにも感動すること必至

気軽にスウィングできる軽快なジャズ
ジャズ・カフェ・モンパルナス
Jazz Café Montparnasse

ジャズ・ライブとして人気を博している「ル・プチ・ジュルナル（→P.189）」を継いだ店。リーズナブルな価格でフレッシュ素材を活かしたフレンチとジャズを堪能できる。ドリンク注文のみの鑑賞も可能。

🏠 13 Rue du Commandant René Mouchotte, 14e
☎ 01-43-21-58-89
⏰ 8:00〜翌2:00（土曜18:00〜）、ライブ21:00〜
休 日・月曜　13号線ゲテ駅から徒歩2分
🌐 jazzcafe-montparnasse.com/
英語OK　英語メニュー
▶ MAP 別P.22 B-2

コンサートメニューは€39と€48の2コース。仔羊の肉を約7時間煮込んだメニューなど、料理自慢でもある

楽器やボーカルの飛び入り参加も大歓迎！一緒にスウィングしよう

ワインやチーズを保管する地下倉庫を改造した店が多く、石造りで独特の雰囲気が漂う。ジプシー音楽とジャズが融合したパリ生まれの音楽、ジャズ・マヌーシュも聴いてみて

HOW TO ジャズの聴き方

❶ 入店する
あらかじめ各店のウェブサイトなどで出演情報をチェックし、予約しておくと便利。予約時に座席指定ができない店が多いため、よい席に座るためには早めに入店を。

❷ 席に着く
受付で入場料を支払って店内へ。席は決められておらず、係の人が案内してくれる場合もあれば、自分たちで好きな席を選んで座るシステムの店もある。

❸ 飲み物を注文する
通常は1ドリンクオーダー制。テーブルに注文を取りにくるのを待つか、バーカウンターで注文。ソフトドリンクもあるので、無理してお酒を飲まなくてもOK！

❹ 代金を支払う
テーブル席で注文した場合は、料金は最後にまとめてテーブルで支払う。カウンター注文の場合は、オーダーごとにその場で現金で支払うことがほとんど。

基本マナー

Q ドレスアップは必要？
A ジャケット着用などの厳しいドレスコードはないが、清潔な服装を心がけて。

Q チップは必要？
A 基本的には必要ない。投げ銭用のシャボー（帽子）が回ってきたら心づけを入れよう。

Q 年齢制限はある？
A 特に設けている店はないが、子連れの場合は店に直接確認をしたほうがベター。

ジャズとフレンチで心まで満腹
ル・プチ・ジュルナル
Le Petit Journal

プロミュージシャンの演奏をBGMに、フランス料理に舌鼓が打てるライブ・レストラン。音楽のジャンルはジャズ以外にもロックやラテンと幅広いので、事前にHPで予定をチェックして。

🏠 71, Boulevard Saint-Michel, 5e
☎ 01-43-26-28-59
🕐 20:00〜翌2:00（ライブは21:15〜）　休 日曜
💰 €20〜（ドリンク付き）、€49〜（ディナー付き）
🚇 RER B線リュクサンブール駅から徒歩1分　🌐 www.petitjournalsaintmichel.com
英語OK　英語メニュー
▶ MAP 別 P.23 E-1

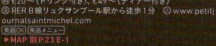

シャンソンがお好きなら
フランスの古きよき時代をよみがえらせるシャンソンの歌声。数は少なくなったが、モンマルトルなどの下町を中心に、一流のシャンソンを聞かせてくれるバーが点在する。

モンマルトルの丘に立つ。壁のウサギの看板が目印

芸術家も愛した伝説のシャンソニエ
オ・ラパン・アジル
Au Lapin Agile

他エリアのオススメ！

ピカソ、ユトリロなど、そうそうたる芸術家が通った老舗。タイムスリップしたような風格ある店内で、感情豊かなシャンソンに聴きほれたい。

🏠 22 Rue des Saules, 18e
☎ 01-46-06-85-87　🕐 21:00〜翌1:00
休 月曜　💰 €28〜（ドリンク付き）　🚇 12号線ラマルク・コーランクール駅から徒歩4分
モンマルトル　▶ MAP 別 P.6 C-2

  19世紀末〜20世紀初頭にかけて、アメリカ南部で生まれたジャズは、アフリカ系アメリカ人を中心に流行を広げた。

エリアで楽しむパリ / エッフェル塔周辺 / シャンゼリゼ大通り周辺 / オペラ・ガルニエ周辺 / ルーヴル美術館〜シテ島、サンルイ島 / サン＝ジェルマン・デ・プレ / マレ〜バスティーユ広場周辺 / カルチェ・ラタン / モンマルトル / モンパルナス / サン・マルタン運河周辺

下町情緒ただよう街並みが広がる
サン・マルタン運河周辺
Canal St.Martin

のどかなパリの風景を楽しむ
運河沿いでピクニック&お散歩

古きよきパリの風景が残る下町エリア。映画『アメリ』に登場したことから人気スポットに。緑あふれる運河沿いの石畳にはベンチがあり、休憩しながら散策が楽しめる。レンタル自転車（ヴェリブ）で、運河沿いをサイクリングするのもおすすめ。両岸には、ショップやカフェが林立。

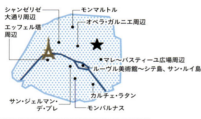

昼：◎　夜：△

運河を訪れるなら東駅かレピュブリック駅を利用するのがベスト。散策には可動範囲が広がるヴェリブを使うのもよい。

ぐるっと
歩いて約2時間

サン・マルタン運河周辺でしたい 6 のこと

- ☐ ❶ モデルコース約2時間で制覇 → P.191
- ☐ ❷ 東駅で長距離列車を見学 → P.191
- ☐ ❸ レピュブリック広場のマリアンヌ像を記念撮影 → P.191
- 古きよき水辺の街 サン・マルタン運河 でしたい3のこと → P.192
- ☐ ❹ 風に吹かれてランチ&カフェ → P.192
- ☐ ❺ レンタサイクルに乗って運河沿いをサイクリング → P.193
- ☐ ❻ 遊覧船で橋の下をくぐり抜ける → P.193

運河沿いのベンチはピクニックにぴったり　運河の両岸スレスレの状態で運航する遊覧船

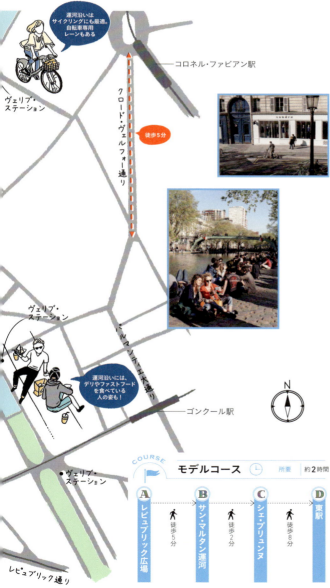

運河沿いはサイクリングにも最適。自転車専用レーンもある

徒歩5分

運河沿いには、デリやファストフードを食べている人の姿も！

コロネル・ファビアン駅

ゴンクール駅

ヴェリブ・ステーション

ヴェリブ・ステーション

ヴェリブ・ステーション

クロード・ヴェルフォー通り

パルマンティエ大通り

レピュブリック通り

N

COURSE

モデルコース　所要 約2時間

A レピュブリック広場 →(徒歩5分)→ B サン・マルタン運河 →(徒歩2分)→ C シェ・プリュヌ →(徒歩8分)→ D 東駅

ランドマーク

●東駅

1849年に建設された、パリにある主要ターミナル駅のひとつ。ここからランスやストラスブールなどのフランス東部の都市や、ドイツ、スイスなどへ向かう長距離列車が発着している。

⌂ Pl. du 11 Novembre, 10e

●レピュブリック広場

自由を象徴する広場。中央には自由と革命のシンボル、マリアンヌの像が立ち、デモ行進などもこの広場が起点となることが多い。休日には大道芸のパフォーマンスも繰り広げられる。

⌂ Pl. de la Republique, 3e, 10e, 11e ⓜ 3・5・8・9・11号線レピュブリック駅から徒歩1分
▶MAP 別P.12 C-3

マストスポット

●サン・マルタン運河

1825年の開通当初はパリに飲料水を導くための目的で使用されていた。今も船が通るため、水門の開閉や可動式の橋があり、クルージングのコースにもなっている。
→P.192

エリアで楽しむパリ / エッフェル塔周辺 / シャンゼリゼ大通り周辺 / オペラ・ガルニエ周辺 / ルーヴル美術館〜シテ島、サン・ルイ島 / サン・ジェルマン、デ・プレ / マレ〜バスティーユ広場周辺 / カルチェ・ラタン / モンマルトル / モンパルナス / サン・マルタン運河周辺

サン・マルタン運河を下るクルージング(→P.193)は、パリの街並みや映画の名所を間近に堪能できる。　191

古きよき水辺の街
サン・マルタン運河でしたい3のこと

観光の中心地から少し距離があるレピュブリック広場周辺は、パリ市内でも落ち着いて暮らせる、下町のようなエリア。週末になると、サン・マルタン運河周辺でピクニックを楽しむパリ市民の姿も多い。運河を下る遊覧船から、街の景観を眺めるなんて楽しみ方も。

日向ぼっこに最適な、気持ちいい天気だね!

WHAT IS
サン・マルタン運河
緑が心地よい風景に出会える

セーヌ河とウルク運河を結ぶ全長約4.5km、深さ2.5mの運河。開通は1825年。9つの水門を利用してできる、26mの水位差で運河を移動できる。周辺はパリの中でも比較的落ち着いた雰囲気。河畔には緑の木々が生い茂り、絵に描いたような風景に出合える。

data
5号線ジャック・ボンセルジャン駅から徒歩5分
▶MAP 別P.12 C-2

Canal St-Martin

運河沿いでのんびりと語り合うカップルも

散歩中のひと休みは、河沿いのベンチで

遠くからでも目立つ、ボルドー色のオーニングが目印。テラス席が多く、開放的な雰囲気の中でくつろげる

1 風に吹かれてランチ＆カフェ

レピュブリック広場から運河へ続く通りには、小さなブティックやカフェが立ち並ぶ。飲食店は、昔ながらのカフェ・バーからビオにこだわった店、創作和食店などジャンルも豊富。週末には、テイクアウトしたデリを運河沿いで味わう人の姿も多い。

業界人もお忍びでくつろぐカフェ
シェ・プリュンヌ
Chez Prune

運河沿いに立つカフェ・バー。食事のクオリティの高さから、パリ市民のファンが多い。夜になるとお酒を楽しむアーティストの姿も。

🏠 36 Rue Beaurepaire, 10e
☎ 01-42-41-30-47
🕗 8:00〜翌2:00　🈚 無休　🈁 ランチ€15〜
🚇 5号線ジャック・ボンセルジャン駅から徒歩5分
▶MAP 別P.12 C-2

192

2 レンタサイクルに乗って運河沿いをサイクリング

緑豊かな運河沿いの散策にオススメなのがレンタル自転車システム・ヴェリブ。登録も簡単で、市内のステーションであればどこでも乗り捨てOK。木々や咲き誇る花々を見ながらのサイクリングは気分も爽快！

・出発！

ステーションで自転車を借りて出発。運河に沿った道をどんどん走ろう

ICチップのクレジットカードで簡単に登録できる

・可動橋Check！

気持ちいーい！

水位調整は船が通るたびに行っている

運河に架かる橋では、船が通る際に橋が動く珍しい風景が見られる

・関門ポイント通過！

タイミングが合えば、水門の開閉をのんびり待つ船の姿に出合えるかも

How to ヴェリブ Velib

❶ まずは利用登録
駐輪場横にある機械で登録。タッチパネル上部の画面案内で「Obtenir un pass（パスを入手）」を選ぶ。英語対応可。

❷ チケットタイプを選ぶ
24時間有効のパス「V-Découverte」か、7日間有効のパス「V-Séjour」を選択。料金説明は次の画面へ。

❸ 利用台数を選択し、承認
利用は最大5台まで。1台につき€300、2台以上で最大€600の保証金を支払う。緑ボタンをタッチして承認。

❹ 暗証番号を作成し、仮払い
4桁の暗証番号を作成し、緑ボタンを押す。画面下の差し込み部分にクレジットカードを入れ、カードの暗証番号を入力。

❺ チケットを出力
8桁のコード番号が画面に表示され、同時にチケットが出力。チケットを持って、借りたい自転車のところへ移動。

❻ コード番号を入力
ハンドル部分にある「✓」を押し、8桁のコード番号を入力。❹で決めた暗証番号を入力すれば、自転車が外れる。

data 登録：€5/24時間（5台まで）、€15/7日間 使用料：無料/30分以内、€1/〜1時間（以降、30分延長ごとに＋€1）※車体が水色の電動自転車は別料金 www.velib-metropole.fr

How to 遊覧船 bateau

狭い運河の通り抜けはスリル満点

3 遊覧船で橋の下をくぐり抜ける

セーヌ河と同じようにサン・マルタン運河でも遊覧船が運航。いくつもの水門や狭い水路、トンネルを通り抜けながらスペクタクルを楽しんでみて。船上からは運河沿いでくつろぐパリジャンたちのウォッチングもできそう。

	パリ・カナル	カノラマ
予約	要	要
運航時間と発着地	9:45 オルセー美術館発 14:30 ラ・ヴィレット公園発	＜5〜9月＞ 9:45、14:30 バスティーユ広場発/ラ・ヴィレット公園発 ＜10〜4月＞ 9:45 ラ・ヴィレット公園発 14:30 バスティーユ広場発
休み	11月中旬〜3月中旬	無休（冬期：不定休）
所要時間	約2時間30分	約2時間30分
料金	€22	€18
URL	www.pariscanal.com	www.canauxrama.com
特徴	サン・マルタン運河とセーヌ河を両方楽しむことができる	5〜9月は、18:00の便も運航。日本語パンフレットもある

フランスでは、自転車は車道の右側を走行するのが決まり。日本と逆なので注意しよう！

193

Column パリ全土で楽しもう！

パリにいながらフランス一周！
各地の郷土料理探訪

美食大国フランスは、ヨーロッパ最大の農業国。地方ごとに、驚くほどバリエーション豊かな郷土料理が存在する。ここでは、市内で地方料理が味わえる店をピックアップ。パリでフランス各地の伝統料理にトライしてみよう。

コテリヤード
Kaoteriad
€8（コース代別）
ブルターニュ地方のブイヤベースともいわれる。オマール海老、ハマグリ、旬の魚、野菜を鍋で煮込んだ一品

アワビのポワレ
Poeler de l'ormeau
€8（コース代別）
ブルターニュ地方トレゴン産のアワビをバターで蒸し焼きに。ニンニクの香りが食欲をそそる

ノルマンディ地方
大西洋に面した、やや寒冷な気候が特徴。酪農やリンゴなどの果樹栽培が盛んで、カマンベールチーズやシードル（リンゴ酒）、リンゴのブランデー"カルヴァドス"が名産品。郷土料理としては仔牛のクリーム煮や鶏のカルヴァドス煮込みが知られている。
→名産のリンゴを敷きつめたタルト

ブルゴーニュ地方
フランス東部、ワインの名産地として名高いが、グルメな地方としても有名な地域。エスカルゴのバター焼きや、牛肉の赤ワイン煮込み"ブッフ・ブルギニョン"はここの郷土料理。ほかにディジョン産マスタードやエポワスのチーズも名産品。
→スパイスが効いたパンデピス

ブルターニュ地方
大西洋に張り出した半島と内陸部から構成される。寒冷な土地のため酪農やソバの栽培、カキの養殖などの漁業で知られる。魚貝やムール貝の煮込み"コテリヤード"や、そば粉入りの生地を薄く焼き上げ、ハムやチーズなどの具材をのせて食べる"ガレット"が人気。
→バターの風味が特徴のサブレ

バスク地方
スペインとフランスの国境地帯に広がるバスク地方。大西洋とピレネー山脈に囲まれ、海と山の幸を贅沢に用いたメニューが自慢。トマトや唐辛子、ピーマン、玉ねぎなどを煮込んだ"ピペラード"やタラのオリーブオイル煮込み"ピルピル"をはじめ、日本人好みの素朴で味わい深い料理が特徴。
→チェリーが入ったガトー・バスクが名産

ブルターニュの家庭の味
シェ・ミッシェル
Chez Michel

ブルターニュ出身のオーナーが始めた店。特産品を使用した上質なビストロ料理を提供。4～10月の定番メニュー、コテリヤードは自慢の逸品。

🏠 10 Rue de Belzunce,10e　☎01-44-53-06-20
🕐 11:45～14:30、18:45～22:30　土・日曜、月曜の昼
ランチ€29～、ディナー€38～　RER B・D線、4・5号線ガール・デュ・ノール駅から徒歩5分　英語OK
サン・マルタン運河周辺　▶MAP 別P.12 A-1

ミモザ風前菜
Asperges vinaigrette, jambons de pays
€14
新鮮なアスパラガスとハムを、ゆで卵入りのソースで味わうサラダ

マグロのタタキステーキ
Thon servi "Rosé" aux coquillages
€21
軽くソテーしたマグロに、ムール貝やハマグリなどを盛り合わせた

アットホームなバスク料理店
カンティーヌ・ドゥ・トロケ
La Cantine du Troquet Dupleix

ビストロを営むバスク地方出身のシェフが、2店舗目としてオープンした食堂。シンプルな調理法で食材の持ち味を引き出している。

🏠 53 Boulevard de Grenelle,15e　☎01-45-75-98-00（予約不可）
🕐 12:00～15:00（カフェ:7:00～、土曜8:00～、日曜9:00～）、19:00～22:45　無休　ランチ・ディナー€30～　6号線デュプレクス駅から徒歩1分　英語OK
エッフェル塔周辺　▶MAP 別P.16 B-3

ザリガニのココット
Écrevisses et œuf cocotte
€18
ココットでザリガニとアスパラガスを煮込んだメニュー。ガーリックトーストにのせて味わう

レバーのソテー
Foie de Veau
€28
仔牛のレバーをソテーして仕上げる、リヨン料理の定番品。濃厚な味だが食べやすい

アルザス地方

フランス北東部、ドイツとの国境近くに広がる地方。仏独両国の領土となった歴史から、両方の風習がミックスされた独自の食文化が発達した。発酵キャベツにソーセージや豚の塩漬け肉を合わせた"シュークルート"や薄焼きピザ風の"フラムクッシュ"が代表的。

→ドイツから伝わったパン、クグロフ

リヨン地方

南東部に位置するリヨンはローヌ・アルプ地方の首府。食通の街として知られるこの地には"ブッション"と呼ばれる郷土料理を提供するビストロが数多くある。ローヌ川やソーヌ川で獲れる川魚を使ったすり身料理"クネル"や、ソーセージ、内臓の煮込み料理が有名。

↑マジパンにチョコを挟んだクッサン・ド・リヨン

3つ星シェフのリヨン料理店
オー・リヨネ
Aux Lyonnais

ミシュラン3つ星シェフのアラン・デュカスがオープンしたリヨン料理のビストロ。素材の味を生かすソースが秀逸。川魚を使った料理なども。

🏠 32 Rue St-Marc, 2e ☎ 01-58-00-22-06 🕐 12:00〜13:45、19:30〜22:00 休 日・月曜、土曜の昼 料 ランチ€28〜、ディナー€35〜 🚇 8・9号線リシュリュウ・ドゥルオー駅から徒歩2分 🌐 www.auxlyonnais.com 英語OK
オペラ・ガルニエ周辺 ▶ MAP 別P.11 D-2

オーヴェルニュの名物料理を堪能！
アンバサード・オーヴェルニュ
Ambassade d'Auvergne

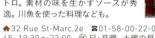

市内では珍しい、オーヴェルニュ料理の専門店。名物のジャガイモを使ったアリゴは、アツアツを目の前で取り分けてくれる。

🏠 22 Rue du Grenier Saint-Lazare, 3e ☎ 01-42-72-31-22 🕐 12:00〜14:00、19:00〜22:00 休 無休 料 ランチ€22.50〜、ディナー€33〜 🚇 3・11号線アールゼ・メチエ駅から徒歩3分 🌐 www.ambassade-auvergne.com
英語OK
マレ ▶ MAP 別P.20 A-1

レンズ豆のサラダ
Salade de la lentille
€10
ピュイ産レンズ豆で作ったサラダ。ほくほくした食感で、飽きない、やさしい味わい

田舎風ソーセージ
Saucisse de rusticité
€18
バルラン村に伝わるソーセージ。ジャガイモのピュレにチーズを合わせたアリゴと味わう

オーヴェルニュ地方

中央山脈に囲まれた内陸部で乳畜産業が盛ん。肉料理や牛のほか羊や山羊の乳のチーズが多く食べられ、ポトフに似た野菜と肉の煮込み"ポテ"や、レンズ豆の煮込み、ジャガイモとチーズ、ニンニクのピュレにソーセージを添えて食べる"アリゴ"が人気。

←果汁を固めた菓子、パート・ド・フリュイ

プロヴァンス地方

フランス南部、地中海に面した温暖なエリア。料理はオリーブオイルやニンニクをベースに野菜をたっぷりと使う。またハーブを多用することでも知られる。地中海で獲れた魚介類で作る"ブイヤベース"はマルセイユの代表的な郷土料理。

←イチジク入りのガトー・オウ・フィグ

各地方の伝統菓子はパリのマルシェやデパートの食品館などで販売。街のパティスリーやブーランジェリーで出会えることも。

パリのホテルセレクション

泊まるならここがおすすめ！

最高級ホテルで
リュクスなステイを体験する！

世界のVIPも宿泊した名門ホテルや世界的ブランドチェーンのホテルはいずれも超一流の格式の高さを誇る。極上のホスピタリティに、広々としたゲストルーム。しばしの間、日常を忘れ、至福のホテルステイを満喫しよう。

芸術の都パリに新たに誕生！
城のような夢のステイを

オスマン様式とネオクラシック様式が融合した美しい外観

2014年8月にリニューアルオープン！
ザ・ペニンシュラパリ
The Peninsula Paris

もともとは20世紀初頭に著名人や文化人に愛された高級ホテル。その後国際会議場としても使われていた歴史的建造物を大リニューアルし、豪華なホテルに生まれ変わらせた。館内には、数々のコンテンポラリーアートが配されている。

🏠 19 Ave. Kléber, 16e　☎01-58-12-28-88
💰 1室€1390〜　🚇 6号線クレベール駅から徒歩1分　🌐 www.peninsula.com/fr/paris/5-star-luxury-hotel-16th-arrondissement
シャンゼリゼ大通り周辺　▶ MAP 別P.8 B-2

a. 落ち着いた雰囲気の客室
b.「ル・ロビー」ではアフタヌーンティーも　c.6階レストラン「ロワゾー・ブラン」ではパリ市を一望

最高のもてなしで迎えてくれる名門ホテル、著名人や芸術家に愛された個性豊かなプチホテル、生活するようにステイできるアパルトマンなど、パリには1500軒以上のホテルがひしめいている。目的と好みに合ったホテルを上手に選び、よりよい滞在を。

HOW TO ステイ

① ホテルを選ぶ
アクセス、星数、エリアなど、重視するポイントを決め、予算などを考えながら選んでいこう。また、バスタブの有無など、ホテル内の設備をチェックすることも忘れずに。

② 予約する
ホテルの公式HPからインターネット予約をするのが便利。ただし宿泊料金は、旅行代理店や海外ホテル予約代行専門サイトの方が、同じ部屋でも若干安い場合がある。

③ チェックイン
パスポートとプリントアウトした予約確認メールを一緒に提示し、宿泊者名簿に必要事項を記入する。中級以上のホテルであれば、ポーターが荷物を部屋まで運んでくれる。

フランス最上級ホテルならではのラグジュアリーな滞在を！

高級感のある家具やファブリックが優雅な雰囲気を演出している

フランス最高位のパラスホテル
プラザ・アテネ
Hôtel Plaza Athénée

ヨーロピアンスタイルの豪華な外観がひときわ目を引く、老舗の高級ホテル。客室はルイ16世様式とアールデコ様式の2タイプがあり、高級感あふれる調度品が空間をより優雅に彩っている。2つ星シェフ、アラン・デュカスの高級レストランを併設。

🏠 25 Av.Montaigne,8e ☎ 01-53-67-66-65
💰 S €800〜、T €970〜 🚇 9号線アルマ・マルソー駅から徒歩5分 🌐 www.plaza-athenee-paris.com

シャンゼリゼ大通り周辺 ▶ MAP 別P.9 D-3

通りからでもひときわ目立つ華やかな外観！

高級ブランドショップが立ち並ぶ、モンテーニュ通りに面している。バルコニーに咲く鮮やかな花々と赤いオーニングが印象的

ホテルの格付けで最高位にあたる「パラス」の称号を持つホテルは、フランス全土でわずか16軒のみ。

197

ラグジュアリーホテルで優雅な気分に浸る！

伝統を物語る建物や宮殿のような豪華な内装が自慢。3つ星レストランや品格ただよう老舗カフェなど、まるで映画のワンシーンのような空間がワンランク上の旅を演出してくれる。

室内には、アートな雰囲気が漂う

重厚なヨーロッパ調の外観が素敵

まるでリゾートのような開放感
モリトール パリ
Molitor Paris

a.白と黒を基調としたシックな客室　b.デザイン性豊かなラウンジコーナー

半世紀以上の歴史を誇り、広いプールも人気のアーバンリゾート。モダンでアーティスティックな客室も魅力。

🏠 13 Rue Nungesser et Coli, 16e　☎ 01-56-07-08-50
Ⓡ €300〜　🚇 10号線ポルト・ド・オートゥイユ駅から徒歩9分　www.mltr.fr

`ポルト・ド・オートゥイユ周辺`　▶ MAP 別P.4 A-2

エッフェル塔の美しい景色を独占
シャングリ・ラ ホテル
Shangri-La Hôtel Paris

ナポレオン1世を大叔父にもつローラン・ボナパルトの邸宅を改装したホテル。建設当時を彷彿とさせるインテリアなど、古のパリを堪能できる。

🏠 10 Av.d'Iéna,16e　☎ 01-53-67-19-98　Ⓡ ST €875〜　🚇 9号線イエナ駅から徒歩2分

`エッフェル塔周辺`　▶ MAP 別P.16 B-1

シャイヨーの丘に立つホテルの客室からはエッフェル塔を間近に。ブルガリのホワイトティーアメニティを用意

おすすめのラグジュアリーホテル

1835年創業。伝統を感じる豪華な空間
ル・ムーリス
Le Meurice

パリ最古の伝統と格式を誇る。マドンナやハリウッドセレブも宿泊。

🏠 228 Rue de Rivoli,1er　☎ 01-44-58-10-10　Ⓡ ST €880〜　🚇 1号線チュイルリー駅から徒歩1分

`オペラ・ガルニエ周辺`
▶ MAP 別P.10 B-3

上品なインテリアが揃い、優雅な気分が満喫できる

シャンゼリゼ通り沿いの好立地
ホテル バリエール ル フーケッツ パリ
Hôtel Barrière Le Fouquet's Paris

伝統的ブラッスリーを改築。古典と現代が融合するたたずまいが魅力。

🏠 46 Av.George V ,8e　☎ 01-40-69-60-00　Ⓡ ST €690〜　🚇 1号線ジョルジュ・サンク駅から徒歩1分

`シャンゼリゼ大通り周辺`
▶ MAP 別P.8 C-2

旅の疲れを癒してくれる、上品で落ち着いたスペース

最高級のもてなしでお出迎え
フォーシーズンズ ホテル ジョルジュサンク・パリ
FourSeasons Hôtel George V, Paris

浴衣など、宿泊客の国籍に合わせてきめ細かいサービスを提供している。

🏠 31,Av.George V,8e　☎ 01-49-52-70-00　Ⓡ ST €1350〜　🚇 1号線ジョルジュ・サンク駅から徒歩3分

`シャンゼリゼ大通り周辺`
▶ MAP 別P.8 C-3

ハイブランドのアメニティも揃い、夢心地の滞在を約束

18世紀の宮殿をホテルに
ル ブリストル パリ
Le Bristol Paris

伝統の重みと優雅さを感じさせる客室。開放的なフランス式の中庭も。

🏠 112 Rue du Faubourg Saint-Honoré, 8e　☎ 01-53-43-43-00　Ⓡ ST €1400〜　🚇 9・13号線ミロメニル駅から徒歩3分

`シャンゼリゼ大通り周辺`
▶ MAP 別P.9 F-2

手入れの行き届いた中庭でティータイムはいかが

改装を経て最高級ブティックホテルに
ル・ロワイヤル・モンソー・ラッフルズ
Le Royal Monceau Raffles

建築家のフィリップ・スタルクが手掛けたシックな内装が美しい。

🏠 37 Av.Hoche,8e　☎ 01-42-99-88-00　Ⓡ ST €850〜　🚇 RER A線、1・2・6号線シャルル・ド・ゴール・エトワール駅から徒歩2分

`シャンゼリゼ大通り周辺`　▶ MAP 別P.8 C-1

白を基調とした明るい内装の部屋は都会のサンクチュアリ

クラシックな内装が素敵
オテル・デュ・ジュ・ド・ポーム
Hôtel du Jeu de Paume

18世紀風の美しい調度品が豪華な滞在を約束。温水プールやスパなど併設。

🏠 54 Rue St-Louis en I'lle, 4e　☎ 01-43-26-14-18　Ⓡ S €150〜、T €200〜　🚇 7号線ポン・マリー駅から徒歩3分

`サン・ルイ島`　▶ MAP 別P.20 A-3

ウッド調の落ち着いた内装でゆったりくつろげる

個性的なプチホテルで自分らしい滞在を実現

高級ホテルに負けない行き届いたサービスやホスピタリティ、オーナーのセンスが光るインテリアなどが魅力。パリ気分を味わいつつ、自宅にいるようにくつろげるのもうれしい。

アットホームな雰囲気で居心地抜群

エッフェル塔まで徒歩圏内の近さ
パッシー・エッフェル
Passy Eiffel

木目を基調としたモダンな内装で居心地も抜群。スタンダードからファミリータイプまで各種客室が揃っている。

⛪ 10 Rue de Passy 16e ☎ 01-45-25-55-66 💰 S €110～、T €130～ 🚇 6号線パッシー駅から徒歩2分 🌐 www.passyeiffel.com

`パッシー` ▶ MAP 別P.15 F-2

スタンダードルームでも15㎡、ラグジュアリーやデラックスルームは25㎡で快適に過ごせる

ベル・エポックを思わせる優雅な造り
サンジャック
Hôtel Saint Jacques

オスマン様式の外観が印象的。内装は高級感あふれる調度品や絵画で彩られ、優雅な雰囲気を醸し出している。

⛪ 35 Rue des Ecoles, 5e ☎ 01-44-07-45-45 💰 S €87～、T €124～ 🚇 10号線モベール・ミュチュアリテ駅から徒歩2分 🌐 www.paris-hotel-stjacques.com/

`モンパルナス` ▶ MAP 別P.23 F-1

まるでお姫様のような気分が味わえる！

落ち着きのあるインテリアでまとめられた客室。クラシックな雰囲気が楽しめる

おすすめのプチホテル

フレンドリーなサービスが人気
ルレ・クリスティーヌ
Relais Christine

ロビーにある暖炉や木製の家具などが揃い、アットホームな雰囲気。

⛪ 3 Rue Christine, 6e ☎ 01-40-51-60-80 💰 €340～ 🚇 4・10号線オデオン駅から徒歩5分

`サン・ジェルマン・デ・プレ`
▶ MAP 別P.19 D-2

趣のある内装がひと味違ったステイを提供してくれる

美しい庭でゆったり過ごせる
グランゼコール
Grandes Ecoles

カントリー調の清楚な内装が印象的。広々とした客室はくつろぎの空間。

⛪ 75 Rue Cardinal Lemoine, 5e ☎ 01-43-26-79-23 💰 ST €140～ 🚇 10号線カルディナル・ルモワヌ駅から徒歩3分 `カルチェ・ラタン`
▶ MAP 別P.24 A-1

シンプルで明るい室内。緑豊かなコートヤードも魅力

クラシックなデザインが魅力
オテル・オデオン・サン・ジェルマン
Hôtel Odéon Saint Germain

アンティーク調の家具やレトロな内装が特徴のデザイナーズホテル。

⛪ 13 Rue Saint Sulpice, 6e ☎ 01-43-25-70-11 💰 S €140～、T €260～ 🚇 4・10号線オデオン駅から徒歩2分

`サン・ジェルマン・デ・プレ` ▶ MAP 別P.19 D-3

各部屋にはロクシタンのアメニティが揃う

クラシックとモダンが溶け合った
ルイゾン
Louison

1856年創業の芸術家や文化人が滞在したこともある歴史あるホテル。

⛪ 105 Rue de Vaugirard, 6e ☎ 01-53-63-25-50 💰 S €130～、T €150～ 🚇 4・6・12・13号線モンパルナス・ビアンヴニュ駅から徒歩5分

`モンパルナス` ▶ MAP 別P.22 B-1

歴史を感じる内装にモダンなインテリアが融合

まるで隠れ家のような雰囲気！
ボードレール・オペラ
Hôtel Baudelaire Opéra

オペラ座に至近で便利。デュプレックスタイプの客室もある。

⛪ 61 Rue Ste-Anne, 2e ☎ 01-42-97-50-62 💰 S €170～、T €210～ 🚇 7・14号線ピラミデ駅から徒歩5分

`オペラ・ガルニエ周辺` ▶ MAP 別P.11 D-3

アメニティも含め、部屋の設備やサービスも充実

中庭でのんびりティータイムも
シャンビージュ・エリゼ
Hôtel Chambiges Elysees

中庭を見下ろす客室は、エレガントな調度品でまとめられている。

⛪ 8 Rue Chambiges, 8e ☎ 01-44-31-83-83 💰 €280～410 🚇 9号線アルマ・マルソー駅から徒歩6分

`シャンゼリゼ大通り周辺`
▶ MAP 別P.9 D-3

ヨーロッパの家具が各客室に彩りを与えている

連泊でタオル交換を希望する時は、使用後のタオルをバスタブ内に入れておくと交換してもらえる。

費用を抑えて
エコノミーホテルで楽々滞在

ショッピングやグルメ、観光にお金をかけたいなら、このクラスのホテルがおすすめ。リーズナブルだが、部屋は清潔でアクセスも便利なところも多い。気楽にリラックスして利用できそう。

おすすめのエコノミーホテル

パッサージュ・ジョフロワからすぐ
ショパン
Chopin

パッサージュ内の一角に位置し、隠れ家気分が味わえるレトロなホテル。

🏠 46 Passage Jouffroy,9e ☎ 01-47-70-58-10 S€97〜、T€106〜 8・9号線リシュリュウ・ドゥルオー駅から徒歩2分
`オペラ・ガルニエ周辺`
▶ MAP 別 P.11 E-2

ロマンティックな内装で落ち着いた滞在が楽しめる

観光の中心にありながら静かな立地
ボーマルシェ
Beaumarchais

大通りからひとつ路地を入った場所。コネクティングルームあり。

🏠 3 Rue Oberkampf,11e ☎ 01-53-36-86-86 S€199〜、T€90〜 8号線フィーユ・デュ・カルヴェール駅から徒歩2分
`マレ`
▶ MAP 別 P.20 C-1

レトロ調の内装が魅力的。バスタブも付いている

オペラ座にも近い絶好の立地
ホテル・ル・マロウン
Hôtel le Malown

パリ中心地にあり、観光、ショッピングなどのアクセスに便利。

🏠 12 Rue Greffulhe,8e ☎ 01-47-42-26-26 S€105〜、T€220〜 8・12・14号線マドレーヌ駅から徒歩4分
`オペラ・ガルニエ周辺` ▶ MAP 別 P.10 B-2

白とグレーを基調としたシンプルな客室。使い勝手も

17世紀の建物を改装した
カステックス
Hôtel Castex

広々とした清潔な部屋が◎。ピカソ美術館も近く、若者に人気のエリア。

🏠 5 Rue Castex,4e ☎ 01-42-72-31-52 S€199〜、T€229〜 1・5・8号線バスティーユ駅から徒歩4分
`バスティーユ広場周辺` ▶ MAP 別 P.20 C-3

室内金庫などの設備も充実していて快適な滞在ができる

シンプルで機能的な客室
キュジャ・パンテオン
Cujas Panthéon

各室2重窓になっているので、中心地でありながら静かに過ごせる。

🏠 18 Rue Cujas, 5e ☎ 01-43-54-58-10 S€80〜、T€120〜 RER B線リュクサンブール駅から徒歩2分
`モンパルナス` ▶ MAP 別 P.23 E-1

バスタブを備えた客室もある。朝食は石造りのセラーで

地元アーティストによるモダンな内装
デザール
Des Arts

ヨーロッパ調の外観。各室、趣向を凝らしたインテリアが素敵。

🏠 5 Rue Tholozé,18e ☎ 01-46-06-30-52 S€90〜、T€110〜 2号線ブランシュ駅から徒歩4分 www.arts-hotel-paris.com
`モンマルトル` ▶ MAP 別 P.6 B-3

客室は、温かい色合いのファブリックが魅力

17世紀半ばの歴史的なたたずまい
エスメラルダ
Esmeralda

ノートルダム大聖堂に近く、映画のセットとしても使われている。

🏠 4 Rue St. Julien le Pauvre,5e ☎ 01-43-54-19-20 S€95〜、T€135〜 RER B・C線サン・ミッシェル・ノートルダム駅から徒歩2分
`サン・ジェルマン・デ・プレ` ▶ MAP 別 P.19 E-3

各部屋、レトロ調のユニークな内装が印象的

モンマルトルの丘に立つ
エルミタージュ・サクレ・クール
Ermitage Sacré Cœur

1885年に建てられた、ナポレオン3世の家を改装した歴史あるホテル。

🏠 24 Rue Lamarck,18e ☎ 01-42-64-79-22 S€100〜、T€120〜 12号線ラマルク・コーランクール駅から徒歩5分
`モンマルトル` ▶ MAP 別 P.7 D-2

アンティークな調度品があしらわれた可愛らしい客室

サービス充実の3つ星ホテル
ホテル・ロイヤル・マグダ・エトワール
Hôtel Royal Magda Étoile

観光に便利な立地。カフェ・バーを併設。空港送迎サービスもある。

🏠 7 Rue Troyon,17e ☎ 01-47-64-10-19 ST€110〜 RER A線、1・2・6号線シャルル・ド・ゴール・エトワール駅から徒歩1分
`シャンゼリゼ大通り周辺` ▶ MAP 別 P.8 B-1

スタンダードから家族連れに便利なスイートタイプも

アットホームな雰囲気が心地よい
ネッスル
Hôtel de Nesle

花々に囲まれた中庭の先にあるこぢんまりとしたホテル。

🏠 7 Rue de Nesle,6e ☎ 01-43-54-62-41 ST€85〜 4・10号線オデオン駅から徒歩6分
`サン・ジェルマン・デ・プレ` ▶ MAP 別 P.19 D-2

各室異なる内装で、どれも趣があって楽しめる

あこがれのパリで 暮らすように滞在する

長期滞在やパリで暮らすように滞在するなら、レジデンスやアパルトマンがおすすめ。備え付けのキッチンで自炊も可能。1週間以上泊まると、リーズナブルになるところもある。

セーヌ河を見下ろす好立地
シタディーヌ・プレスティージュ・サン・ジェルマン・デ・プレ
Citadines Prestige St-Germain des Prés

観光めぐりに便利なパリ中心地にある、計205室の大型レジデンス。フロントは24時間対応してくれるので心強い。

🏠 53 ter, quai des Grands Augustins,6e
☎ 01-44-07-70-C0　💰 ステュディオ €199〜419　🚇 4号線サン・ミッシェル駅から徒歩5分　🌐 www.citadines.com/france/paris/saint_germain_des_pres.html

サン・ジェルマン・デ・プレ　▶ MAP 別 P.19 D-2

共有スペースも充実。ラウンジの大きな窓からは庭園を一望できる

Point 1 キッチン付きなので簡単な自炊もOK！

Point 2 広々とした共有スペースで旅情報の交換も！

おすすめのレジデンス

周囲にデリなども多くて便利
アダージョ・パリ・モンマルトル
Adagio Paris Montmartre

観光にも便利な場所にある。中庭にはテーブルやベンチもあり、朝食をとることも！

🏠 10 Place Charles Dullin, 18e　☎ 01-42-57-14-55　💰 €120〜　🚇 2号線アンヴェール駅から徒歩5分　🌐 www.adagio-city.com

モンマルトル　▶ MAP 別 P.7 D-3

部屋タイプは各種あるので事前確認がベター

パリ滞在を完璧にサポート
セジュール・ア・パリ・オペラ・ジャルダン
Séjour à Paris Opéra Jardin

日本人コンシェルジュがパリ滞在をサポート。プライベートテラスで贅沢気分を味わえる。

🏠 Rue St-Hyacinthe, 1er　☎ 03-5775-2032（予約代理店リージェンシーグループ）　💰 €192〜（3泊）、長期滞在割引あり※定員4名）　🚇 1号線チュイルリー駅から徒歩3分

オペラ・ガルニエ周辺　▶ MAP 別 P.10 C-3

広々としたサロンとテラスが魅力。長期滞在にぴったり

美しい中庭も魅力
レ・ジャルダン・デュ・マレ
Les Jardins du Marais

中庭を中心に9棟の建物が並ぶ独特な造りになっている。

🏠 74 Rue Amelot,11e　☎ 01-40-21-20-00　💰 ST €170〜　🚇 8号線サン・セバスチャン・フロワッサール駅から徒歩1分　🌐 www.lesjardinsdumarais.com

マレ　▶ MAP 別 P.20 C-1

レストランとバーを併設
シタディーヌ・バスティーユ・マレ
Citadines Bastille Marais

簡易キッチンが付いている部屋もあり、長期滞在にもぴったり。

🏠 37 Blvd. Richard Lenoir, 11e　☎ 01-41-05-79-05　💰 ステュディオ €136〜280　🚇 5号線ブレゲ・サバン駅から徒歩1分　🌐 www.citadines.com/fr/france/paris/bastille_marais.html

バスティーユ広場周辺　▶ MAP 別 P.21 D-2

WHAT IS　メリット

スローライフを満喫
短期滞在型の旅よりも時間に制約がないため大型美術館などの観光施設も、心ゆくまで歩き回れる。

現地の食材でクッキング
鍋や調理器具、冷蔵庫が備え付けられていて、マルシェやスーパーで食材を買って自炊も可能。塩、コショウなどの調味料もある。

リーズナブルに滞在
広めの部屋なら仲間と一緒に宿泊可能。長期滞在なら割引が受けられる部屋もあり、滞在費用が節約できる。

HOW TO　アパート滞在法

❶ アパートを見つける
アパルトマン紹介会社のウェブサイトなどから、自分の目的と予算に見合った物件を探し出そう。備え付けの備品や設備内容なども確認しておこう。

❷ 予約する
渡仏の日程が決まったら、紹介会社のHPまたは電話で空室状況を確認して予約。鍵の受け渡し方法などの確認も怠らないように気をつけよう。

❸ チェックイン／アウト
アパルトマンの部屋の中で担当者と待ち合わせ、手続きを。退出時は時間厳守でオーバーすると追加料金も。

パリ生活社
要望を伝えれば、最適なアパルトマンを紹介してくれる。短〜長期宿泊が可能。日本人スタッフ対応で、ひとりでも安心して滞在できる。

🏠 東京都千代田区九段北1-2-6-904　☎ 03-3238-5377　💰 一泊8000〜12000円　🌐 www.paris-seikatsu.com

---

宿泊施設が多いパリだが、特に女性のひとり旅なら滞在先の治安も配慮して。深夜の外出もなるべく避けよう。

世界遺産 片道2時間かけてめぐる世界遺産
ロワール地方の古城へ 1Day Trip

色鮮やかな花々と緑に恵まれたロワール地方。優雅で荘厳なたたずまいが印象的な古城が点在し、訪れた者を中世の時代へと導く。パリからちょっと足を延ばして、王侯貴族が華やかな暮らしをしていた世界へ、しばしタイムトリップしてみては？

フレンチ・ルネッサンス様式が特徴
シャンボール城
Château de Chambord

フランソワ1世によって建てられた、ロワール最大規模の豪華な城。決して人がすれ違うことがないといわれる2重らせん階段はレオナルド・ダ・ヴィンチが考案。

🏠 Domaine de Nation de Chambord 41350 ☎ 02-54-50-40-00 ⏰ 9:00～18:00(10～3月～17:00) 休 無休 € 13
🚗 ブロワ駅から車で約20分 🌐 www.chambord.org
▶ MAP P.203

WHAT IS
ロワール地方

フランス中西部に位置する。「フランスの庭園」ともいわれる、ロワール川流域に広がる緑豊かなエリア。中世時代、王侯貴族たちが競って建てた城館や城塞は100以上にもなり、2000年にはユネスコの世界文化遺産に登録された。

王妃が城を取り戻すために利用
ショーモン城
Château de Chaumont

11世紀、ブロワ伯爵によって建てられた。国王アンリ2世の死後、王妃カトリーヌ・ド・メディシスが、愛妾ポワチエが住んでいたシュノンソー城を取り上げ、代わりに与えた城塞としても知られる。

🏠 Chaumont-sur-Loire 41150 ☎ 02-54-20-99-22 ⏰ 10:00～19:00(11～3月～17:00、時期により異なる) 休 無休
€ 4～10月€18、11～3月€12 🚉 SNCFオンザン駅から徒歩30分
▶ MAP P.203

幾何学式の庭園はここが発祥
アンボワーズ城
Château d'Amboise

フランソワ1世の時代に最盛期を迎えた城。敷地内の礼拝堂には、王と親しく、最期のときをここで過ごしたレオナルド・ダ・ヴィンチの墓がある。

🏠 Château d'Amboise 37403 ☎ 02-47-57-00-98 ⏰ 9:00～18:30(7・8月～19:00、9・10月～18:00、冬期9:00～12:30、14:00～16:45、時期により異なる) 休 無休 € 11.70 🚉 SNCFアンボワーズ駅から徒歩20分
▶ MAP P.203

絵本のなかから飛び出してきたかのよう
ユッセ城
Château d'Ussé

シャルル・ペローの『眠れる森の美女』の舞台となったことでも知られる。城の背後には緑深き森が広がり、まるでおとぎの世界に迷い込んだかのような気分に。館内には物語にまつわる展示も。

🏠 Rigny-Usse 37420　☎ 02-47-95-54-05　🕙 10:00〜19:00(冬期〜18:00)　🚫 11月上旬〜2月中旬　€14　🚃 SNCF アゼ・ル・リドー駅から車で約25分
▶ MAP P.203

ゴシック、ルネッサンス、バロック建築が混合
ブロワ城
Château Royal de Blois

ルイ12世をはじめ歴代の王によって次々と増築されたため、さまざまな建築様式が見られる、国の文化遺産。初期ルネサンス建築の傑作といわれる「フランソワ1世のらせん階段」は必見。

🏠 6 Place du Château 41000　☎ 02-54-90-33-33　🕙 9:00〜18:30(7・8月〜19:00、冬期10:00〜17:30)　🚫 無休　€12　🚃 SNCF ブロワ駅から徒歩10分
▶ MAP P.203

家具や芸術品のコレクションがすばらしい
シュヴェルニー城
Château de Cheverny

17世紀に建てられたロワール地方髄一の美しい古城として知られる。狩猟好きの家系で、今でも敷地内に多くの猟犬が飼われているほか、室内に展示されてある狩猟コレクションも見どころ。

🏠 Château de Cheverny 41700　☎ 02-54-79-96-29　🕙 9:45〜18:30　🚫 無休　€11.50　🚃 SNCF ブロワ駅から車で約25分
▶ MAP P.203

How to 散策
パリからのアクセス

広大なエリアに点在する城をめぐるには、ツアーに参加するのが一番。パリまたはロワール地方の中心都市トゥールから、さまざまな城を組み合わせたツアーが催行されている。

	トゥール発	パリ発
所要	約10時間	約12時間
料金	€146〜	€159〜
難度	★★★	★★
特徴	・ツアーの種類が豊富。行きたい城などから選べる ・パリ発に比べリーズナブル	・ホテルまでの送迎付きもあって便利 ・効率よく有名な古城をめぐることが可能

おもなツアー

● ロワール地方の3つの古城めぐり・日帰りツアー

ロワール最大のシャンボール城、レオナルド・ダ・ヴィンチが晩年を過ごしたクロ・リュセ城など、2〜3カ所をバスで回る。洞窟レストランでのランチ付きのツアーも選択可能。

● マイバス社
🌐 mybus-europe.jp

● 専用車で行く
ロワールの古城めぐり決定版

専用車で行く、ロワール渓谷への日帰りツアー。シャンボール城をはじめ、最も人気のある3つの古城を訪れる。プライベートツアーなので気兼ねなく、自由に城めぐりを楽しめる。

● みゅう社
🌐 www.myushop.net/options/index/FR/

個人でめぐる

古城の近くには電車が通っていないため、車での移動が基本。レンタカー(国際免許証が必要)を使えば、高速道路を利用してパリから約2時間。電車の場合は、トゥール駅からツアーに参加しよう。

パリ(モンパルナス駅)
🚆 TGVで約1時間
【トゥール駅】*ツアーに参加
🚗 車で4〜6時間
各古城

1 DAY TRIP

冬の寒さもゆるやかで、夏も猛暑に襲われることは少ないロワール地方は、ワインの名産地としても名高い。

ハレ旅 Info

5ステップで
あわてず出国・あわてず帰国

日本からパリへは国際線の直行便もあり、入国は意外に簡単。余裕をもって快適に出入国するためにも、流れを簡単におさらいしておこう。パリ滞在中につい、たくさんの買い物をしがちだが、荷物の重量制限や免税範囲が決められているので要チェック！

日本 ⇒ パリ

STEP1　到着
搭乗機を降りたら、「Contrôle des Passeports（入国審査）」の「Autres Passeports（EU圏外）」の列に並んで順番を待つ。

STEP2　入国審査
カウンターでパスポートを提示。質問をされることはほとんどないが、入国目的や滞在期間を聞かれたら「Vacation（休暇）」、「Five days（5日間）」と英語で答えればよい。

STEP3　荷物受け取り
シャルル・ド・ゴール空港（CDG1）は入国審査先のエスカレーターで3階へ、CDG2は入国審査先で、搭乗した便名が表示されたターンテーブルで荷物が出てくるのを待つ。

STEP4　税関審査
持ち込み品が免税範囲内であれば、緑のランプのカウンターを通って、そのまま出口へ。申告するものがあれば、税関申告書に必要事項を記入して赤のランプのカウンターへ。

STEP5　出口へ
案内板に従って出口（Sortie）へ。市内へ向かう交通機関の案内板が出ているので、矢印に従って進む。案内板は仏語と英語が併記されている。

おもな航空会社の発着ターミナル

CDG1（ターミナル1）
おもにスターアライアンス加盟（全日空、アシアナ航空、エバー航空、シンガポール航空、スカンジナビア航空、タイ国際航空、マレーシア航空、ルフトハンザ・ドイツ航空など）の航空会社。

CDG2（ターミナル2）
おもにワンワールドやスカイチーム系（キャセイ・パシフィック、ブリティッシュ・エアウェイズ、日本航空、エールフランス航空、アリタリア航空など）の航空会社。

荷物が出てこなかった場合は？
ターンテーブル近くにある「Service Baggage（バッゲージ・クレーム・サービス）」へ行き、日本で荷物を預けた際にもらったクレーム・タグを見せて、荷物が出てこなかった旨を伝える。荷物は見つかり次第、航空会社が責任をもって滞在先に届けてくれるが、念のため問い合わせ先の電話番号などを控えておこう。

機内持ち込みNG

持ち込み禁止の危険物
✗ 高圧ガス　✗ 引火性液体　✗ 火薬類
✗ 刃物類　✗ 工具類など

液体の持ち込みについて
100ml（g）以下の容器に入れ、容量1ℓ以下のジッパー付き透明プラスチック袋（縦20cm以下×横20cm以下のサイズが目安）に入れる。それ以外はスーツケースに入れて預け入れ荷物に。なお、出国手続き後に購入した化粧品、酒などの液体は対象外。ただし、液体物の持ち込みが制限されている国で乗り継ぐ場合、空港で没収されることもあるので、利用航空会社に問い合わせを。

入国・免税範囲

タバコ	紙巻タバコ200本、または葉巻50本、または小型葉巻100本、または刻みタバコ250gまで。17歳以上のみ
酒類	ワイン4ℓ、ビール16ℓ、および22度を超えるアルコール飲料1ℓ（22度以下のアルコールは2ℓ）。17歳以上のみ
薬	滞在中使用する分量
通貨	€1万以上のユーロ、もしくはそれに相当する外貨など、多額になる場合は申告が必要

シェンゲン協定加盟国からの入国
シェンゲン協定加盟国で乗り継いでフランスに入国する場合は、原則として最初の乗り継ぎの空港で入国手続きをする。加盟国：アイスランド、イタリア、エストニア、オーストリア、オランダ、ギリシャ、スイス、スウェーデン、スペイン、スロヴァキア、スロヴェニア、チェコ、デンマーク、ドイツ、ノルウェー、ハンガリー、フィンランド、フランス、ベルギー、ポーランド、ポルトガル、マルタ、ラトビア、リトアニア、リヒテンシュタイン、ルクセンブルク、モナコ※、バチカン※、サンマリノ※（2018年6月現在、加盟国を経由してもフランス入国時にパスポート提示が必要）

※正式な加盟国ではないが、加盟国同様に国境間の移動が可能

出入国の必需品
● パスポート（シェンゲン協定加盟国からの出国予定日から3カ月以上の有効期間が必要）
※滞在が3カ月以内であればビザは不要。ただし、180日以内にシェンゲン協定加盟国を90日を超えて訪れる場合（複数の訪問であっても、合計の滞在日数で換算）は各国の大使館に確認を。

パリ ⇒ 日本

 STEP1 免税手続き

「Détaxe」の表示のある店で€175.01以上の買い物をした場合は、免税手続きカウンターへ。税金分の一定額が返金される。

 STEP2 チェックイン

搭乗手続きは、基本的に日本と同じ。搭乗する航空会社のカウンターでパスポートとチケットを提示。機内持ち込み以外の荷物を預け、搭乗券を受け取る。

 STEP3 出国審査

出国審査カウンターでパスポートと搭乗券を提示。係員から何か質問されることはほとんどない。

 STEP4 手荷物検査

機内へ持ち込む手荷物のX線検査とボディチェックを受ける。手荷物として機内へ持ち込めないものは日本出国時と同じ。またチーズなどのお土産は持ち込み禁止。

STEP5 搭乗

搭乗券に記載の搭乗ゲートへ向かう。あとは免税店で買い物などで楽しんで。途中でゲート変更になることもあるので、随時掲示板のチェックを忘れずに。

免税手続きの方法

フランスのショッピングでは最大20%の付加価値税（TVA）が付けられている（日本の消費税のようなもの）。一定の条件が整っていれば還付してもらうことができる。

 STEP1 ショッピングの際に書類を作成

「Détaxe」の表示のある店で1日1軒で総額€175.01以上の買い物をしたら、パスポートを提示して免税申請書をもらい、必要事項を記入する。レシートは必ず受けとること。

 STEP2 空港で書類を提出する

税関（免税手続きカウンター）で、パスポート、免税申請書、未使用の購入品、航空券（eチケット）を見せ、免税書類に税関スタンプをもらう。ただし、この手続きはEU加盟国の最終出国をする空港の税関で行う。

STEP3 還付金を受け取る

方法はおもに3つ。
- 現地の空港などでユーロの現金で受け取る
- クレジットカード口座への払い戻し
- 日本の空港で日本円の現金で受け取る（ただし、グローバルブルー加盟店で買い物をした場合のみ）。クレジットカードへの払い戻しを選んだ場合は、手続き後に書類を郵送するか、払い戻しカウンターへ提出する。通常1～2カ月後に指定の口座に振り込まれる。

おもな免税手続き代行会社
- グローバルブルー　　www.globalblue.com
- プルミエ・タックス・フリー　www.premiertaxfree.com

パブロで免税手続き

買い物をした店で「PABLO」のロゴマークが付いた書類を受け取った場合は、免税カウンターではなく、電子認証端末機で手続きを。機械にバーコードを読み取らせ、「認証済み免税証」というメッセージが出ればOK。認証が出ない場合、[STEP2]からの申請を行う。カード口座への払い戻しの場合は、そのまま近くのポストから郵送。近くのカウンターまたは日本の空港（成田国際空港）で払い戻しを受ける。

機内持ち込みNG

フランス定番土産は機内持ち込みほぼNG！
✗ ワイン　✗ チーズ　✗ 香水　✗ 化粧品
✗ チョコレート　✗ マカロン　✗ ジャム　✗ スイーツなど
*クリームやジェル、ペースト状のものも液体とみなされる。没収されることのないようにスーツケースの中へ。出国審査後に購入したものは持ち込み可能だが、乗り継ぎ空港で没収される場合もあるので注意を。

機内持ち込みNG

日本への持ち込みNG
✗ フォアグラ、サラミ、ソーセージなどの食肉加工品
✗ 植物や果物、野菜など
*チョコレート、ジャムなどのスイーツや加工品でナッツ類が含まれているものは空港の植物検疫カウンターでの検査が必要なので注意。

帰国・免税範囲

タバコ	紙巻き200本、または葉巻50本、または刻みタバコ250g
酒類	1本760mlのもの3本
香水	2オンス（約56ml）。ただし、オーデコロン、オーデトワレは含まない
そのほか	合計額が20万円を超える場合は、20万円以内に収まるものが免税となり、残りは課税となる。もちろん、1品20万円以上のものは課税対象。同じ品物が何品かある場合は、合計額が1万円以下であれば原則として免税。

預け入れ荷物の重量制限について

航空会社によって違いがあるが、全日空やエールフランスの場合、エコノミークラスで23kgまで。制限重量を超えると超過料金を取られるので注意。なお、最初から超過が分かっている場合は、インターネットなどで事前に申し込むと割引が適用される会社もある。

インターネットチェックインについて

オンラインによるチェックインサービスを導入している航空会社が増えている。国際線の場合は通常搭乗2時間前には空港に到着していなくてはならないが、オンラインで済ませておけば1時間前でもよい場合も。カウンターで手続きをするよりもかなりの時間短縮になる。

PABLOの場合、出国前（フライトのチェックイン前）と出国後（保安検査後）の2回手続きが必要。

パリの空の玄関口 2つの国際空港をマスター！

パリの空の玄関口は、シャルル・ド・ゴール空港とオルリー空港の2つ。日本からの直行便および乗り継ぎ便は、ほとんどの場合シャルル・ド・ゴール空港（CDG）に降り立つ。空港施設やサービスなどを事前に把握しておき、上手に使ってゆったり快適な旅のスタートを切ろう。

シャルル・ド・ゴール空港 Aéroport Charles de Gaulle (CDG)

フランス最大の空港で、シャルル・ド・ゴール元大統領にちなんでその名が付けられた。パリ市街の北東約23km離れた場所に位置し、その所在地からロワシー空港とも呼ばれる。主要なターミナル1・2に加え、LCC（格安航空会社）が発着するターミナル3があり、ターミナル間は無料のシャトル電車（CDGVAL）によって結ばれている。ターミナル1は、動く歩道が入った透明のチューブが交差する、宇宙船のようなモダンなデザインで広く知られている。利用する航空会社によって発着ターミナルが異なるため、注意が必要だ。

ターミナルは3つある

CDG1（ターミナル1）
国際線で使用されることが多く、全日空をはじめスターアライアンス系列の航空会社が発着。ドーナツを重ね合わせたような円筒形のユニークな構造で、出発階が1階、到着階が3階となっている。

【おもな航空会社】　全日空、アシアナ航空、エバー航空、カタール航空、シンガポール航空、スカンジナビア航空、タイ国際航空、マレーシア航空、ルフトハンザ・ドイツ航空、カタール航空など

CDG2（ターミナル2）
1982年から稼働している、A〜Gの7つのホールからなるターミナル。日本航空、エールフランスをはじめとしたスカイチーム系列やワンワールド系列の航空会社がおもに発着。

【おもな航空会社】　キャセイ・パシフィック航空、ブリティッシュ・エアウェイズ、エミレーツ航空、日本航空、エールフランス航空、大韓航空、アリタリア航空、KLMオランダ航空、アメリカン航空など

CDG（ターミナル3）
飛行機の格納庫として建てられたものを改装。LCCやチャーターなどの不定期便が主に発着。日本からの直行便の発着はなく、他国やフランス各地へ出発する場合などに利用する。

【おもな航空会社】　エール・メディテラネ、エア・トランザット、ヴァリエール航空、ヨーロッパ・エアポスト、アイスランド・エクスプレス、メリディアーナ・フライ、ニキ航空など

無料シャトル電車で楽々移動

3つのターミナルと2つの駐車場の計5つの駅間を走る、無料シャトル電車のCDGVAL（シャルル・ド・ゴール・ヴァル）。朝4時〜翌1時まで4分おき（深夜を除く）に運行している。ターミナル1〜ターミナル2間であれば、約8分で移動できる。

入国審査（Contrôle des Passeports）

空港内の表示早わかり！

荷物受け取り／出口
Bagages／Sortie
空港内の標識はすべてフランス語と英語が併記されている

税関審査
Douane
申告品なしはRien à déclarer、申告品ありはObjets à déclarer

空港見取り図

空港内の便利な施設

● 観光案内所
各ターミナルの到着階に観光案内所がある。ホテルの予約や観光客向けの「パリ・ヴィジット」、「ミュージアム・パス」などの便利なパスも購入できる。気軽に立ち寄ってみよう。空港内マップなども手に入る。

● 両替所
各ターミナルに両替所の窓口がある。レートが悪いため、必要な分だけ両替するようにしよう。キャッシング可能なATMも多数あるので、賢く利用して。

● 荷物一時預かり所　営6:00〜21:30
ターミナル2の4階などで一時的に荷物を預けることができる「Bagages du Monde（バガージュ・デュ・モンド）」（3時間：小物€3〜、スーツケース€4〜／1個）がある。空港に早く着いてしまったときなどにおすすめ。

空港周辺の施設

● 周辺ホテル
空港の敷地内には、シェラトンやヒルトン、ノボテルなどいくつものホテルがある。深夜に到着した時や早朝の出発時、トラブルで出発が遅れた時などに便利だ。観光案内所で予約ができる。

オルリー空港 Aéroport Orly (ORY)

パリの南約15kmに位置し、南（Sud）と西（Ouest）の2つのターミナルからなる。フランス国内をはじめ、ヨーロッパやアフリカ、中近東からの便が発着する。2つのターミナル間は無料のシャトルバスで移動可能。シャルル・ド・ゴール空港への移動は、エールフランス運営のバスで約1時間。

CDG2にはラデュレ（→P.97）、ラ・メゾン・デュ・ショコラ（→P.69）などの有名スイーツ店が集結している。 207

3つの方法から
ベストチョイスで市内へ繰り出す

空港から市内への移動はバス、鉄道、タクシーがおもな手段。滞在先ホテルの場所や利用人数、荷物の大きさなどにより適切な手段を選ぼう。大きな荷物がある場合は、乗り継ぎや駅から滞在先までの移動も大変なので、タクシーや送迎バスを利用したほうが無難だ。

シャルル・ド・ゴール空港 ⇒ パリ　約60分

BUS｜バス　＜早朝から深夜まで使える便利な存在＞

行き先	バス会社	乗り場	運行時間	ここに行くのに便利	所要時間	料金
エッフェル塔 (Line2 CDG→Porte Maillot→Tour Eiffel Shffren)	ル・ビュス・ディレクト 2号線 www.lebusdirect.com	CDG1:到着フロア32番出口 CDG2:ホールEとホールFを結ぶ通路の途中ほか	5:45～23:00 (30分間隔で運行)	凱旋門、エッフェル塔/スフラン周辺	約60～70分	片道€17 (往復€30)
モンパルナス駅 (Line4 CDG→Gare de Lyon→Gare Montparnasse)	ル・ビュス・ディレクト 4号線 www.lebusdirect.com	CDG1:到着フロア32番出口 CDG2:ホールEとホールFを結ぶ通路の途中ほか	6:00～22:30 (30分間隔で運行)	カルチェ・ラタン、モンパルナス	約75分	片道€17 (往復€30)
オペラ・ガルニエ	ロワシーバス www.ratp.fr	CDG1:到着フロア32番出口 CDG2:ホールEとFを結ぶ通路の途中ほか	6:00～24:30 (15～20分間隔で運行)	オペラ座周辺	約60～75分	片道€12

ホテルと空港を結ぶ送迎バスを上手に利用！
荷物が多い場合などは空港送迎バスが便利。空港到着後に電話すれば迎えに来てくれる。第1ターミナルは出発フロア16番ゲートまで、第2ターミナルはインフォメーションデスクまで。日本国内で予約可。

空港送迎エアシティサービス
Air City Service
www.paris-kanko.com
㊙大人€33、子ども€13

TRAIN｜鉄道　＜早くて安い！スーツケースが運べればオススメ＞

行き先	路線	乗り場	運行時間	ここに行くのに便利	所要時間	料金
北駅 (B線 CDG2→CDG1→Gare du Nord)	RER www.ratp.fr	CDG1(駅まではCDGVALで移動)、CDG2	4:53～24:15 (10～20分間隔で運行)	北駅、ルーブル美術館～シテ島周辺、モンパルナス周辺	約25～35分	€10.30

メトロへの乗り継ぎもスムーズ
北駅から鉄道(RER)D線のほか、メトロの2・4・5号線に乗り継ぎが可能。ただし、スリの危険もあるので、深夜・早朝の利用はなるべく控えるように。

TAXI｜タクシー　＜同乗者が多いほどお得＞

行き先	乗り場	所要時間	料金
市街中心部	CDG1:到着フロア24番出口 CDG2:ホールA2番出口、ホールC14番出口、ホールD7番出口、ホールE到着階10番出口、ホールF到着階11番出口	約40～60分	固定料金： €50(右岸)、 €55(左岸)

ホテルまで楽々移動！
目的地の住所を伝えればOK。言葉に自信がない人は、バウチャーなどの住所欄を見せるといいだろう。なお、スーツケース2個目から追加料金(€1)を取られる。

オルリー空港 ⇒ パリ市内

～約60分

🚌 BUS ｜ バス
運行本数が充実！ 市内まで最短約25分

行き先	バス会社	乗り場	運行時間	ここに行くのに便利	所要時間	料金
凱旋門 (ORY→Gare Montparnasse →Etoile Champs-Élysées)	ル・ビュス・ディレクト 1号線 www.lebusdirect.com	ターミナル南:L出口 ターミナル西:D出口	南 5:50～23:00 西 5:55～23:30 (20分間隔で運行)	モンパルナス駅、 トロカデロ、 凱旋門	約50～ 60分	片道€12 (往復€20)
ダンフェール・ ロシュロー (ORY→Denfert Rochereau)	オルリーバス www.ratp.fr	ターミナル南:L出口 ターミナル西:D出口	6:00～24:30 (8～15分間隔で運行)	モンパルナス駅	約25～ 30分	€8.30

🚃 TRAIN ｜ 鉄道
リーズナブルだが1回乗り換えが必要！

行き先	路線	乗り場	運行時間	ここに行くのに便利	所要時間	料金
アントニー経由 RER B線の各駅	RER B線	アントニー駅 (ORY→Antony間はモノレール (ORLYVAL)を利用)	5:07～24:11 (5～7分間隔で運行)	シャトレ・レ・アル駅、 北駅	アントニー駅まで 約8分、そこから パリ市内まで約25分	€12.10
ポン・ド・ランジス・ アエロポール・ オルリー経由 RER C線の各駅	RER C線	ポン・ド・ランジス・ アエロポール・オルリー駅 (ORY→Pont de Runguis間は バスを利用)	4:53～23:38 (15～30分間隔で 運行)	オーステルリッツ駅、 アンヴァリッド駅	ポン・ド・ランジス・アエロ ポール・オルリー駅まで 約10分、そこから パリ市内まで約25分	€6.35

🚕 TAXI ｜ タクシー
大きな荷物は2個目から+€1に！

乗り継ぎの不安なし
バスや鉄道を乗り継がなくてはならない場合、ホテルまで歩かなくてはならない場合におすすめ。

行き先	乗り場	所要時間	料金
市街中心部	ターミナル南:M出口	約20～40分	固定料金:€35(右岸)、€30(左岸)

空港→市内アクセスマップ

RERは23:00以降になると乗客が少なくなるので、不安な場合はタクシーを利用して。

4ステップで鉄道、バス、タクシーを乗りこなす

世界中から多くの人が集まるだけあって、パリの交通機関は観光客でも意外と簡単に利用できる。地下鉄（METRO）やバス、高速郊外鉄道（RER）を上手に使いこなして、パリ滞在を充実させよう。便利でお得なパスもあるので、有効に活用したい。

市内移動に活躍！

地下鉄 METRO

市内を網羅している地下鉄は、全部で14路線ある。路線図は路線ごとに色分けされて表示されているので、乗り継ぎや降車の駅も探しやすい。

料金	1回券（90分以内）€1.90
乗り換え	RERやバスへも可能（90分以内）
利用時間	5:30〜翌1:15頃（金・土曜〜翌2:15頃）

① 切符を買う

言語を選択

チケット購入場面へ

チケットを選択

駅の窓口や自動券売機で購入。距離に関係なく全線均一料金なのでわかりやすい。

英語、スペイン語、ドイツ語、イタリア語から希望の言語を選択し、画面をタッチ。

チケット購入なので右側の画面をタッチ。左側はICカードのチャージ用。

「Ticket t+」をタッチすれば、1回券または10回券（Carnet）が購入できる。

料金を選択

枚数を選択

確認

支払い

「Full fare（通常料金）」をタッチ。10歳未満は「Reduced fare（割引料金）」を選ぶ。

1回券は「Single-journey ticket」、回数券は「Book(s) of ten tickets +」をタッチ。

購入内容が正しければ、「Validate（承認）」をタッチ。合計金額が表示される。

現金またはカードを投入口に入れて、支払いを済ませ、チケットを受け取る。

乗車時のマナー

Prioritéは優先席
座らないように。優先順位は、①傷痍軍人 ②老人、身障者 ③妊婦および3歳未満の子どもを連れた人の順になっている。

エスカレーターは右側に立とう
駅構内にある動く歩道やエスカレーターは、右側に一列に並ぶ。左側は急ぐ人のためのものなので空けておくように。

ドアのすぐそばの椅子はNG
ドア脇の折りたたみ椅子は、車内が比較的空いているときのみ利用。混雑時で多くの人が立っているときには使用しない。

② 改札を通る

自動改札機の挿入口に切符を差し込む。出てきたら受け取って目の前のドアや回転式のバーを押して通り抜ける。切符は失くさないよう保管しよう。

③ 乗車する

案内板にしたがってホームへ。電車が停車したらドアのハンドルを持ち上げるか、ドア部分のボタンを押して乗車。出発時は自動で閉まる。

④ 降車して出口へ

乗車時と同様に手動。ドアのレバーを上げるかボタンを押して降車する。満員電車で降りるのが困難な場合は「Pardon(パルドン)」と声をかけよう。

乗り換えの場合は

オレンジ色で「Correspondance(乗り換え)」、または路線番号と終点駅名が書かれた表示にしたがって進む。ちなみに「Sortie」は出口の意味。

便利なパスを上手に利用!

さまざまなトラベルパスを活用してお得に移動しよう。

チケット&パスの種類	ゾーン	料金	特徴
チケ・テー・プリュス Ticket t+	1〜5	Billet(ビエ)1回券€1.90 Carnet(カルネ)10回券€14.90	改札してから90分間有効。 全線一律で地下鉄、RER、トラム、バス共通
モビリス Mobilis	1〜2 1〜3 1〜4 1〜5	€7.50 €10 €12.40 €17.80	地下鉄、RER、トラム、バスが1日乗り放題
パリ・ヴィジット Paris Visite	1〜3	1日券€12 2日券€19.50 3日券€26.65 5日券€38.85	市内および近郊の公共交通機関が乗り放題
	1〜5	1日券€25.25 2日券€38.35 3日券€53.75 5日券€65.80	
ナヴィゴ・デクーヴェルト Navigo Découverte	1〜5 2〜3 3〜4 4〜5	€22.80 €20.85 €20.20 €19.85	料金をチャージすれば1週間乗り放題のICカード。主要駅のカウンターで手続きができ、25×30mmの顔写真1枚と手数料€5が必要

※ゾーン1:パリ市内(20区内)、2:パッシーなどパリ市周辺、3:ル・ブルジェなど、4:ヴェルサイユ宮殿など、5:シャルル・ド・ゴール空港など

VENTEと書かれた窓口で切符を買うことができるが、しばしば係員が出てこないことも。

\ 近郊への旅に便利 /

高速郊外鉄道 RER

パリ市内と郊外を結ぶ高速郊外鉄道のエール・ウー・エール（RER）。乗り方は基本的に地下鉄と同じで、パリ近郊へ日帰りトリップに出かける際に便利。

料金	€1.90～ ※目的地によって異なる
乗り換え	メトロなどへも可能（パリ市内）
利用時間	5:00～翌1:00頃

① 切符を買う

券売機または窓口で購入。目的地によって料金が違うので、行き先の駅名、片道または往復、枚数を選択し（告げて）現金またはカードで支払う。パリ市内なら地下鉄チケットでもOK。

③ 乗車する

ホームの上方に行き先が表示された掲示板があるので、路線番号と終点駅を確認する。同じ路線でも行き先が違うことがあるので、よく確かめること。ドアに付いているボタンを押して乗車する。

② 改札を通る

切符を自動改札機の挿入口に通す。機械上部から出てきたら、切符を受け取って腰部分のバーを手動で回して入場。後ろに人がいる場合、バーを押さえて通りやすくするのがマナー。

④ 降車する

車内に停車駅を確認できる掲示板があるので、念のため降りたい駅に停車するかどうか再度確認を。乗り換え駅についての情報ものっている。停車後、ドアのボタンを押して降車する。

\ パリ郊外を走る /

トラム TRAM

路面電車のこと。T1、T2、T3a、T3b、T4、T5、T6、T7、T8の8路線あり、うちT3aとT3bの路線がパリ市内を走行。観光客にとっても利便性が高い。

料金	1回券（90分以内）€1.90
乗り換え	バスなどへも可能（90分以内）
利用時間	5:00～24:30頃

① 切符を買う

乗車してから90分以内であれば、地下鉄、高速郊外鉄道（パリ市内のみ）、バスで共通のTicket t+が使える。各停留所の券売機で購入することができる。買い方は地下鉄（→P.210）と同じ。

③ 乗車する

ドアのボタンを押して乗車する。駅が無人で改札機がないため乗車したら、ドア付近にある刻印機にチケットを差し込んで日付と時間を刻印しよう。90分以内なら乗り換えも可能。

② 停留所で待つ

ほとんどの停留所が上りと下りでホームが分かれている。ホームに入るのに改札はないので自分の目的地はどのホームか必ず確認。車体に表示されている終着駅名を確認してから乗り込もう。

④ 降車する

トラムは全停留所に停車する。バスのように「次に降ります」と知らせるためのボタンを押し忘れる心配もない。目的の駅に着いたら、ドアに付いているボタンを押して降車しよう。

212

\ パリ市内を網羅 /

バス BUS

パリ市内を網の目のように走っている約60ルートあるバスは、使いこなせればとても便利。滞在先から地下鉄の駅までのちょっとした距離などにも使える。

料金	1回券（90分以内）€1.90
乗り換え	トラムなどへも可能（90分以内）
利用時間	5:30～20:30頃

① 路線を確認

バス停に路線番号と路線コース、停車場所、時刻表が表示されている。乗り換えが必要な場合は、ここで確認しよう。各時間帯によって運行している路線が異なるので注意すること。

③ チケットを買う

チケットは地下鉄と共通で、駅の券売機やキオスク（売店）などで購入できる。チケットを持っていない場合は、運転手から1回券（乗り換え不可、€2）を購入し、刻印機にチケットを挿入して刻印する。

② 乗車する

バスのフロントガラス上方に路線番号と行き先（最終停留所）が表示されている。目的のバスが来たら手を挙げて合図し、前方のドアから乗り込む。ドアが開かない場合は、緑のボタンを押す。

④ 降車する

目的地が近づいたら車内にある赤いボタンを押す。車内前方に「Arrêt demandé（次、停まります）」の表示が点灯。停車後、降車時にドアが開かない場合は、ドア脇の緑のボタンを押す。

\ メーター制で安心！ /

タクシー TAXI

荷物がたくさんあるときや夜遅い時間帯の移動など、いざというときに頼りになるのがタクシー。距離と時間によって料金が決まっている。

料金	初乗り€7.10
支払い方法	現金、カード（一部可）
メーター	基本料金€2.60　※€1.06～€1.56／km
注意点	4人目は€4追加。大きな荷物は2個目から€1追加

① 乗り場を見つける

パリで流しのタクシーを見つけるのは難しい。大通りなどにあるタクシー乗り場から乗るのが賢明。「TAXIS」と青地に白文字で書かれた標識が乗り場の目印。

③ 支払う

料金はゾーンと時間帯により、ABCに分かれている。パリ市内（月～土曜10:00～17:00）はA料金。運転手の右側下方にあるメーターに表示される。チップは不要。

② 乗車する

屋根の上の「TAXI PARISIEN」というランプが緑色に点灯していれば、空車という意味。赤色の場合は乗車中。ドアは手動。3人までの場合は後部座席へ乗る。

④ 降車する

「メルシー、オヴォア（ありがとう、さようなら）」、「ボンソワ（さよなら）」など言って降りる。ドアは手動のため、降車後に閉めるのも忘れないように気をつけて。

タクシーで使えるフランス語

- Pourriez-vous m'appeler un taxi ?
  プリエ ヴ マプレ アンタクシー
  タクシーを呼んでもらえますか？

- Je voudrais aller à ××, s'il vous plaît.
  ジュ ヴドレ アレ ×× スィル ヴ プレ
  ××まで行きたいのですが。

- Un reçu, s'il vous plaît.
  アンルシュ スィル ヴ プレ
  領収書をください。

☀ タクシーのチップは原則不要。ただし、お釣りの端数は受け取らないのがスマートだ。

お金に困らない パリの両替知っ得ワザ

パリのショップやレストランのほとんどは、クレジットカードでの支払いを受け付けているが、小額の支払いなどは、やはり現金が必要となってくる。どこでどうやって両替するのがお得？　上手に使い分けて損のないようにしよう。

フランスのお金とレート

通貨単位はユーロ（€、Euro）、補助単位はセント（Cent、Centime）。フランス語でユーロは「ウーロ」、セントは「サンチーム」と発音する。€1＝100c。

€1 ＝ 127.26円

（2018年6月現在）

硬貨　表面はユーロ圏共通して同じだが、裏面は各国のデザインが取り入れられている。

€1　€2
1C　2C　5C
10C　20C　50C

紙幣　高額な€200、€500はほとんど流通していない

€5
€10
€20
€100
€200
€500

rule 1　カードを活用しよう

カード（クレジット・デビット・トラベルプリペイド）の普及率は高く、現金を使う機会は少ない。慣れない現地通貨での支払いに手間取るよりも、カード払いでスマートに。

注目　カードの場合、24時間緊急停止が可能。万が一、不正利用があってもカード発行会社が課す条件を満たせば補償されるので現金より安心。

rule 2　ATMを活用しよう

Visaなどの大手国際ブランドのカードがあれば、現地のATMで€を引き出せる。利用にはPIN（暗証番号）が必要なので、不明な場合はカード発行金融機関に確認。クレジットカードの場合はキャッシングの可否と限度額もあわせて確認を。

① **カードを差し込む**
利用可能なカードの種類が表示されているので確認し、カードを挿入する。

② **言語を選択する**
言語選択ボタンを押し（画面にChoose the Language）、English、Francais、Italianoなどのなかから希望の言語を選ぶ。

③ **PIN（暗証番号）を入力する**
PIN（暗証番号）を入力し、実行キー（ValiderまたはEnter）を押す。

④ **引き出し金額を入力する**

rule 3　街の両替所で換金

銀行ではほとんど両替を受け付けていない。そこで役立つのが街なかにある両替所。各所によってレートや手数料が違うので、しっかりレートをチェックしてから換金をしよう。

注意　レートは毎日変わるので注意。空港やホテルでも両替は可能だが、レートがよくないので、緊急の場合など最小限にとどめておこう。

パリに行く前に知っておきたいコト

渡航する前に準備しておくべきモノ、身につけておきたい正しい知識は忘れずにチェックを。とりわけパスポートは、残存期間が少ない場合は申請から受取までにかかる日数などをしっかりとチェックして、早めの準備を心がけて。

入国条件

● パスポート
フランスへの渡航では、入国時に滞在日数プラス3カ月以上の有効期間が必要。申請は各都道府県の申請窓口で行うが、事前に戸籍謄(抄)本や住民票を揃えるのを忘れずに。詳しい情報は外務省ホームページⓇwww.mofa.go.jp/mofaj/toko/passport/で確認を。

● ビザの有無
90日以内の滞在であれば、フランスはビザの取得は必要ない。3カ月を超える長期の滞在をする場合は、在日フランス大使館で取得手続きを行う。ビザの申請はフランス大使館のウエブサイトで確認を。まずはⓇwww.ambafrance-jp.org/-rubrique1598-から、ウエブサイト上で申請の予約をしよう。

基本マナー

● チップについて
レストランやホテルなどの料金にはサービス料が基本的に含まれているのでチップは不要。ただし、特別な用事などを頼んだ際は、心づけとしてチップを渡すようにしたい。

● 公共の場所は禁煙
一見、喫煙に寛容そうなフランスだが、禁煙法によって、公共の場所やカフェ、レストランなどは全面禁煙。ホテルでも全館禁煙のところも。喫煙は決められた場所や飲食店の屋外の席で。

フランスの基本情報

- 正式名 ……… フランス共和国 République Française
- 首都 ………… パリ Paris (※2017年現在、人口約222万人)
- 面積 ………… 約55万k㎡
- 人口 ………… 約6718万人 (2018年現在)
- 言語 ………… フランス語
- 日本との時差 …… マイナス8時間。サマータイム実施期間中は7時間の差
- 気候 ………… 地中海性気候。気温はほぼ日本の東京とほぼ同じ。梅雨がないため、降水量は年間を通して一定している
- 年齢制限 ……… 飲酒は18歳から。喫煙の年齢制限はない。レンタカーは会社にもよるが、通常21歳から

情報収集はここで
外務省 海外安全ホームページ
Ⓡwww.anzen.mofa.go.jp/index.html
フランス観光開発機構
Ⓡjp.rendezvousenfrance.com
パリ観光局
Ⓡwww.parisinfo.com
メゾン・デ・ミュゼ・デュ・モンド
Ⓡwww.mmm-ginza.org

サイズ表

服/女性	フランス	34	36	38	40	42	44
	日本	5	7	9	11	13	15
靴/女性	フランス	35.5	36	36.5	37	37.5	38
	日本	23	23.5	24	24.5	25	25.5
靴/男性	フランス	41	42	43	44	45	46
	日本	25.5	26	26.5	27	27.5	28

フランスのサイズはメーカーにより異なるので、必ず試してから購入を。

ハレ旅Info
困った！どうする？のベストアンサー総集編

日常生活から抜け出すスペシャルな旅のひととき。だが、慣れない土地では、普段は問題ないことも不便に感じたり、突然のトラブルに対応できない恐れも。そんな旅先での「困った！」や「どうしよう？」というシチュエーションで役立つ情報をまとめてご紹介！

荷物が重くて困った！

BEST ANSWER 小包で送る

買いすぎて重くなってしまったお土産は、小包や宅配便にして送ればラクチン。宅配業者を利用してもよいが、郵便局から発送できる。

STEP1 ツバメの看板の郵便局へ
青いツバメの看板を目印に郵便局へ。営業時間は月〜金曜8:00〜20:00、土曜〜12:00。

STEP2 コリッシモの箱を用意
郵送料込みで販売されている「コリッシモ」という箱を購入。料金は5kgまでで€45など。

STEP3 送り先を記入
宛名を書く。PAR VION（航空便）と届け先の国名（JAPONなど）の記載も忘れずに。

ネットに接続したい

BEST ANSWER 使う頻度で手段を選ぶ

観光で訪れている街の情報をネットで集めたいなら、海外で使えるWi-Fiルーターをレンタルしよう。詳しくは右上のコラムをチェック。頻繁に使わないなら無料Wi-Fiスポットを利用して。

手段1 ホテルの無線LAN
ホテルによっては宿泊ゲスト専用の無線LANが利用できる。ビジネスセンターでPCが利用できる施設も。

手段2 街なかの無料Wi-Fi
プチ・パレなどの市立美術館や、公園、図書館の公共施設も無料Wi-Fiスポットに。

グローバルWi-Fiでレンタル ※2018年6月時点
世界200以上の国と地域で利用できるWi-Fiルーターのレンタルサービスがある。フランスは1日970円〜借りられる。機器の受取・返却は成田空港をはじめ、国内の主要空港でも可能。⊕townwifi.com/

電話したい！

BEST ANSWER LINEやSkypeを使おう

PC、スマホにLINEやSkypeなどのアプリをインストール。起動すれば、インターネット回線を使って、無料で通話ができる。（通話料は別途）

☎ フランス→日本

00	+	81	+	3	+	相手の番号
国際電話識別番号		フランスの国番号		市外局番から0を取る		

☎ 日本→フランス ※KDDIの場合

001	+	010	+	33	+	相手の番号
国際電話会社の番号		国際電話識別番号		フランスの国番号		

手段1 プリペイドカードを使う
カード購入時に通話料金を前払いするシステム。会社によりかけ方が異なるため、音声ガイダンスに従ってダイヤル。

手段2 クレジットカードを使う
会社により手順が異なるが、日本語の音声ガイダンスに従って通話が可能。カード番号、PIN（暗証番号）が必要になる。

📱 携帯電話なら
使用している機種で国際電話がかけられるかを確認しよう。フランスで利用できる携帯電話を貸し出すサービスもあり。通話料が高額な場合もあるので要注意。

水はどうする？

ミネラルウォーターが無難

水道水も飲めるが、日本と異なる硬水。硬水を飲み慣れない人やお腹が弱い人は、市販の軟水を選んで購入した方が安心だ。

 病気やケガが心配！

海外旅行保険への加入が◎

何もないと高をくくりがちだが、事故や病気は予想していないときに起こるもの。急な出費をサポートしてくれるので、必ず保険加入を。

保険加入済みなら

病院診療や事故など、加入した保険の種類により補償範囲は異なるものの、規定の金額が支払われる。

1．保険会社に連絡する
加入している海外旅行保険会社のデスク、もしくは保険会社が提携している病院へ連絡をして診療の予約をする。

2．病院で…
病院の窓口で保険契約書を提示し診察を受ける。保険会社へ受診料を請求する旨を伝え、補償内容を確認しよう。

3．保険会社が治療費を負担
後日、保険会社から、保険金で受診料をまかなったことについて、報告書が自宅に届く。内容に誤りがないか一読を。

保険未加入なら

まずは診察可能な医療機関を探そう。ホテルのスタッフにたずねるのもひとつの手だ。

・フロントに相談する
フロントのスタッフは語学が堪能で、周囲の地理も把握している。素直に助けを求めて。

・病院で…
保険未加入なことを伝える。可能ならば治療前に、おおよその診療費を尋ねてみよう。

知っておきたい緊急時TEL	・救急 ☎15
	・緊急医療センター ☎01-47-07-77-77
	・アメリカン・ホスピタル（日本語可） ☎01-46-41-25-15

 盗難・紛失に遭った！

速やかに警察へ届出を

警察で日仏語併記の被害届作成依頼書を記入し、盗難（紛失）届出証明書を発行してもらう。依頼書は日本大使館HPからも入手可能。
Ⓗ www.fr.emb-japan.go.japan

パスポート

警察で盗難（紛失）届出証明書を発行してもらい日本大使館へ持参。旅券の失効手続きをする。再発行まで約1週間だが「帰国のための渡航書」を受け取れば帰国可能。

緊急連絡先 ・在フランス日本大使館 ☎01-48-88-62-00

クレジットカード

クレジットカード会社へ連絡しカードの無効処理をし、不正使用されたときの証明のために警察にも届け出をする。その際にはカード番号と有効期限が必要になる。

緊急連絡先 ・Visaカード ☎08-00-91-95-52 ほか

航空券

航空会社のオフィスで紛失証明書やパスポート、チケット番号を提示。代替航空券の発行など各会社により対応が異なる。Eチケットは予約番号を控えておけば再発行も可能。

緊急連絡先 ・日本航空（JAL） ☎0810-747-777 ほか

現金、貴重品など

警察に盗難（紛失）届出証明書、ホテル内であればホテルからの証明書を発行してもらう。荷物の場合は帰国後、保険会社にその証明書を送り、手続きをする。

緊急連絡先 ・警察 ☎17

 電源、電圧どうする？

変圧プラグを用意する

フランスは電圧220V、周波数50Hz。日本国内用の電化製品を使うなら変圧プラグを用意。

盗難（紛失）届出証明書を発行する際に記入する被害届作成依頼書は、東京にあるフランス観光開発機構（→P.215）でも事前に入手できる。

ハレ旅スーパーINDEX

目的別逆引き

営業時間や定休日、マップ位置など、各カテゴリー別で知りたい情報がひと目で分かる！時短テクのひとつとして、旅のお供に優れものインデックスを活用して。

SIGHTSEEING

エリア	店・スポット	休業日	営業時間	カテゴリー	要予約	ミュージアムパス	ページ	MAP
バスティーユ広場周辺	アトリエ・デ・リュミナール	無休	10:00〜18:00、金・土曜〜22:00	美術館	×	×	18	別P.21 F-1
カルチェ・ラタン	アラブ世界研究所	月曜	10:00〜18:00ほか	複合施設	×	〇	167	別P.24 B-1
エッフェル塔周辺	アンヴァリッド	無休	10:00〜18:00ほか	博物館	×	〇	79、85	別P.17 E-2
ロワール地方	アンボワーズ城	無休	9:00〜18:30ほか	古城	×	×	202	P203
シャンゼリゼ大通り周辺	イヴ・サンローラン美術館	月曜ほか	11:00〜18:00、金曜〜21:00	美術館	×	×	19	別P.8 C-3
ヴェルサイユ	ヴェルサイユ宮殿	月曜	9:00〜18:30ほか	宮殿	×	〇	56	P56
モンマルトル	エスパス・ダリ	無休	10:00〜18:00ほか	美術館	×	×	176	別P.6 C-2
エッフェル塔周辺	エッフェル塔	無休	9:30〜23:45ほか	タワー	×	×	46、79、80	別P.16 B-2
オペラ・ガルニエ周辺	オペラ・ガルニエ（オペラ座）	不定休	10:00〜16:30ほか	劇場	〇	×	22、99、100	別P.10 C-2
バスティーユ広場周辺	オペラ・バスティーユ	不定休	不定	劇場	〇	×	100	別P.21 D-3
ルーヴル美術館周辺	オランジュリー美術館	火曜	9:00〜18:00	美術館	×	〇	40、125	別P.18 A-1
ルーヴル美術館周辺	オルセー美術館	月曜	9:30〜18:00ほか	美術館	×	〇	34、46、125	別P.18 C-2
シャンゼリゼ大通り周辺	凱旋門	無休	10:00〜23:00ほか	史跡	×	〇	89、90	別P.8 B-2
モンパルナス	カタコンブ	月曜	10:00〜20:30	墓地	×	×	181	別P.23 D-3
ルーヴル美術館周辺	カルーゼル庭園	無休	24時間	公園	×	×	132	別P.18 C-1
マレ	カルナヴァレ博物館	月曜	10:00〜18:00ほか	城館	×	×	154	別P.20 B-2
シャンゼリゼ大通り周辺	グラン・パレ	火曜	10:00〜20:00（水曜〜22:00）	美術館	×	×	22、46、89	別P.9 E-3
マレ	ゲネゴー館	月曜	11:00〜19:00	城館	×	×	154	別P.20 B-3
サン・ジェルマン・デ・プレ	国立ドラクロワ美術館	火曜	9:30〜17:30ほか	美術館	×	〇	139	別P.18 C-2
カルチェ・ラタン	国立自然史博物館	火曜	10:00〜18:00ほか	博物館	×	×	167	別P.24 B-2
シテ島	コンシェルジュリー	無休	9:30〜18:00	史跡	×	〇	47、125、130	別P.19 E-2
モンマルトル	サクレ・クール寺院	無休	6:30〜22:30ほか	寺院	×	×	173、174、176	別P.7 D-2
マレ	サレ館	月曜	10:30〜18:00	城館	×	〇	153、155	別P.20 B-2
サン・ジェルマン・デ・プレ	サン・ジェルマン・デ・プレ教会	無休	8:30〜20:00ほか	教会	×	×	139	別P.18 C-3
バスティーユ広場周辺	サンス館	日・月曜	13:00〜19:30ほか	城館	×	×	154	別P.20 B-3
シテ島	サント・シャペル	無休	9:00〜19:00	教会	×	〇	130	別P.19 E-2
モンマルトル	サン・ピエール教会	無休	8:00〜18:00	教会	×	×	177	別P.7 D-2
サン・マルタン運河周辺	サン・マルタン運河	-	-	運河	×	×	191、192	別P.12 C-2
ロワール地方	シャンボール城	無休	9:00〜18:00ほか	古城	×	×	202	P203
ロワール地方	シュヴェルニー城	無休	9:45〜18:30	古城	×	×	203	P203
マレ	シュリー館	月により異なる	月により異なる	城館	〇	×	155	別P.20 C-2
ロワール地方	ショーモン城	無休	10:00〜19:00ほか	古城	×	×	202	P203
エッフェル塔周辺	市立近代美術館	月曜	10:00〜18:00	美術館	×	×	79、85	別P.16 C-1
マレ	スービーズ館	火曜	10:00〜17:30ほか	城館	×	×	155	別P.20 B-2
モンパルナス	トゥール・モンパルナス	無休	9:30〜23:30ほか	複合施設	×	×	181	別P.22 B-2
シテ島	ノートルダム大聖堂	無休ほか	7:45〜18:45ほか	聖堂	×	〇	47、125、126	別P.19 E-3
バスティーユ広場周辺	バスティーユ広場	-	-	広場	×	×	153	別P.21 D-3
シャンゼリゼ大通り周辺	プチ・パレ	月曜	10:00〜18:00ほか	美術館	×	×	89	別P.9 F-3
オペラ・ガルニエ周辺	フラゴナール香水博物館	無休	9:00〜18:00	博物館	×	×	123	別P.10 B-3
ルーヴル美術館周辺	ブルス・ドゥ・コメルス コレクション・ピノー	-	-	美術館	×	×	19	別P.19 E-1
ロワール地方	ブロワ城	無休	9:00〜18:30ほか	古城	×	×	203	P203
マレ	ポンピドゥー・センター	火曜	11:00〜21:00	複合施設	×	×	153	別P.20 A-1
オペラ・ガルニエ周辺	マドレーヌ寺院	無休	9:30〜19:00	寺院	×	×	99	別P.10 B-3
パッシー	マルモッタン美術館	月曜	10:00〜18:00ほか	美術館	×	×	84	別P.14 C-1
モン・サン・ミッシェル	モン・サン・ミッシェル	無休	9:30〜12:30、13:30〜18:00ほか	巡礼地	×	×	50	P51
モンパルナス	モンパルナス墓地	無休	8:00〜18:00ほか	墓地	×	×	181	別P.22 C-2
モンマルトル	モンマルトル博物館	無休	10:00〜18:00ほか	博物館	×	×	176	別P.6 C-2
ロワール地方	ユッセ城	11月上旬〜2月中旬	10:00〜19:00（冬期〜18:00）	古城	×	×	203	P203
カルチェ・ラタン	ラ・グランド・モスケ・ドゥ・パリ	金曜	9:00〜12:00、14:00〜18:00ほか	寺院	×	×	167	別P.24 B-2

218

エリア	店・スポット	休業日	営業時間	カテゴリー	要予約	ミュージアムバス	ページ	MAP
ルーヴル美術館周辺	ルーヴル美術館	火曜	9:00～18:00ほか	美術館	×	○	26、47、125	別P.19 D-1
サン・マルタン運河周辺	レピュブリック広場	-	-	広場	×	×	191	別P.12 C-3
エッフェル塔周辺	ロダン美術館	月曜	10:00～17:45	美術館	×	○	84	別P.17 F-2

PLAY

エリア	店・スポット	休業日	営業時間	カテゴリー	要予約	深夜営業	ページ	MAP
ルーヴル美術館周辺	ヴデット・デュ・ポンヌフ	-	10:30～22:45ほか	クルーズ	×	○	47	-
モンマルトル	オ・ラパン・アジル	月曜	21:00～翌1:00	シャンソニエ	×	○	189	別P.6 C-2
サン・マルタン運河周辺	カノラマ	-	9:45～、14:30～	遊覧船	○	×	193	-
シャンゼリゼ大通り周辺	クレイジー・ホース	無休	20:30～、23:00～ほか	ナイトショー	○	○	49	別P.8 C-3
モンパルナス	シネマ・デュ・パンテオン	無休	11:00～22:00ほか	映画館	×	×	170	別P.23 E-1
モンパルナス	ジャズ・カフェ・モンパルナス	日・月曜	8:00～翌2:00 (土曜18:00～)	ジャズバー	×	○	188	別P.22 B-2
ルーヴル美術館周辺	バトー・パリジャン	-	10:00～22:30ほか	クルーズ	○	○	47	-
ルーヴル美術館周辺	バトビュス	-	10:00～21:30ほか	クルーズ	×	×	47	-
ルーヴル美術館周辺	バトー・ムッシュ	-	10:00～22:30ほか	クルーズ	×	○	47	-
サン・マルタン運河周辺	パリ・カナル	-	9:45～、14:30～	遊覧船	○	×	193	-
モンマルトル	ムーラン・ルージュ	無休	ディナーショー 19:00～ほか	ナイトショー	○	○	48	別P.6 B-3
シャンゼリゼ大通り周辺	リド	無休	ディナーショー 19:00～ほか	ナイトショー	○	○	49	別P.8 C-2
モンパルナス	ル・プチ・ジュルナル	日曜	20:00～翌2:00ほか	ジャズバー	×	○	189	別P.23 E-1

SHOPPING

エリア	店・スポット	休業日	営業時間	カテゴリー	要予約	日本語・英語スタッフ	ページ	MAP
サン・ジェルマン・デ・プレ	アスティエ・ド・ヴィラット	日曜	11:00～19:30	インテリア	×	英語スタッフ	147	別P.19 D-3
モンパルナス	アダム・モンパルナス	日曜	9:30～19:00	ステーショナリー	×	英語スタッフ	187	別P.22 B-2
サン・ジェルマン・デ・プレ	アナベル・ウィンシップ	日曜	11:00～19:00	ファッション	×	英語スタッフ	148	別P.18 C-3
ポルト・ドゥ・ヴァンヴ周辺	ヴァンヴの蚤の市	月～金曜	7:00～13:00頃	蚤の市	×	×	60	別P.4 C-3
エッフェル塔周辺	ヴィラージュ・スイス	火・水曜	10:30～19:00頃	ブロカント	×	×	60	別P.16 C-3
ルーヴル美術館周辺	ウ・ドゥイルラン	日曜	9:00～19:00ほか	キッチン用品	×	×	134	別P.19 E-1
オペラ・ガルニエ周辺	ウルトラモッド	土・日曜	10:00～18:00 (8月10:30～17:30)	手芸用品	×	日本語スタッフ	119	別P.11 D-3
オペラ・ガルニエ周辺	エディアール	日曜	9:00～20:00	食材店	×	英語スタッフ	109、133	別P.10 A-2
マレ	エブル&メルク	日・月曜	13:00～19:30	ファッション	×	英語スタッフ	160	別P.20 B-1
オペラ・ガルニエ周辺	カルフール・エクスプレス	無休	7:00～22:00ほか	スーパー	×	×	115	別P.10 C-3
サン・ジェルマン・デ・プレ	カンペール	日曜	10:00～19:00ほか	ファッション	×	英語スタッフ	149	別P.18 B-3
オペラ・ガルニエ周辺	ギャラリー・ラファイエット パリ・オスマン	無休	9:30～20:30ほか	デパート	×	日本語・英語スタッフ	99、113	別P.10 C-2
オペラ・ガルニエ周辺	ギャラリー・ラファイエット パリ・オスマン ランジェリー・フロア	無休	9:30～20:30ほか	ランジェリー	×	英語スタッフ	121	別P.10 C-2
オペラ・ガルニエ周辺	ギャルリー・ヴィヴィエンヌ	店舗により異なる	店舗により異なる	パッサージュ	×	×	117	別P.11 D-3
ルーヴル美術館周辺	ギャルリー・ヴェロ・ドダ	店舗により異なる	店舗により異なる	パッサージュ	×	×	117	別P.19 D-1
ポルト・ドゥ・クリニャンクール周辺	クリニャンクールの蚤の市	火～金曜	9:00～18:00頃	蚤の市	×	×	60	別P.5 D-1
マレ	コントワール・デ・コトニエ	日曜	10:30～19:30ほか	ファッション	×	英語スタッフ	161	別P.20 C-1
サン・ジェルマン・デ・プレ	ジベール・ジョセフ	日曜	10:00～20:00	書店	×	英語スタッフ	170	別P.19 E-3
オペラ・ガルニエ周辺	シャンタル・トーマス	日曜	10:30～19:00	ランジェリー	×	英語スタッフ	120	別P.10 C-3
マレ	スウィルデンス	無休	11:00～19:30 (日曜14:00～19:00)	ファッション	×	×	161	別P.20 C-2
サン・ジェルマン・デ・プレ	セントゥ	日・月曜	11:00～19:00	インテリア	×	英語スタッフ	145	別P.18 B-3
エッフェル塔周辺	第1展望台 オフィシャルショップ	無休	9:30～23:00 (夏期9:00～24:00)	スーベニアショップ	×	×	83	別P.16 B-2
サン・ジェルマン・デ・プレ	ティラ・マーチ	日曜	11:00～19:30	ファッション	×	英語スタッフ	149	別P.19 D-3
オペラ・ガルニエ周辺	パッサージュ・ジョフロア	店舗により異なる	店舗により異なる	パッサージュ	×	×	117	別P.11 E-2

219

エリア	店・スポット	休業日	営業時間	カテゴリー	要予約	日本語・英語スタッフ	ページ	MAP
オペラ・ガルニエ周辺	パッサージュ・デ・パノラマ	店舗により異なる	店舗により異なる	パッサージュ	×	×	117	別P.11 E-2
オペラ・ガルニエ周辺	パッサージュ・デュ・グラン・セール	店舗により異なる	店舗により異なる	パッサージュ	×	×	117	別P.11 F-2
モンパルナス	パペットリー・ラチーヌ	日曜	10:00〜19:00	ステーショナリー	×	英語スタッフ	186	別P.23 E-1
サン・ルイ島	ピロンヌ	無休	11:00〜19:00	雑貨	×	英語スタッフ	131	別P.20 A-3
サン・ジェルマン・デ・プレ	ファイアンスリ・ドゥ・ジアン	日曜	11:00〜19:00ほか	インテリア	×	英語スタッフ	146	別P.16 C-2
オペラ・ガルニエ周辺	フォション	日曜	10:00〜22:30	食材店	×	英語スタッフ	108	別P.10 B-2
シテ島	ブティック・ノートルダム・トゥール	無休	10:00〜18:30	スーベニアショップ	×	英語スタッフ	129	別P.15 B-3
オペラ・ガルニエ周辺	フランプリ	無休	8:30〜21:00ほか	スーパー	×	×	114	別P.10 B-3
オペラ・ガルニエ周辺	マイユ	日曜	10:00〜19:00ほか	食材店	×	英語スタッフ	108	別P.10 B-3
マレ	マドモワゼル・ビオ	無休	10:00〜19:30 (日曜11:00〜)	コスメ	×	英語スタッフ	165	別P.20 A-2
モンパルナス	マルシェ・エドガー・キネ	日・火曜、木・金曜	7:00〜15:00 (水曜〜14:30)	マルシェ	×	×	159	別P.22 C-2
バスティーユ広場周辺	マルシェ・ダリーグル	月曜	7:30〜13:30 (土・日曜〜14:30)	マルシェ	×	×	159	別P.21 E-3
バスティーユ広場周辺	マルシェ・ダリーグルの蚤の市	月曜	8:00〜14:00頃	蚤の市	×	×	60	別P.21 E-3
マレ	マルシェ・デザンファン・ルージュ	月曜	8:30〜20:30 (日曜〜17:00)ほか	マルシェ	×	×	159	別P.20 B-1
バスティーユ広場周辺	マルシェ・バスティーユ	月〜水曜、金・土曜	7:00〜15:00 (木曜〜14:30)	マルシェ	×	×	159	別P.21 D-2
カルチェ・ラタン	マルシェ・ムフタール	月曜	9:00〜19:00	マルシェ	×	×	159	別P.24 A-2
オペラ・ガルニエ周辺	マルシェ・モントルグイユ	日曜	9:00〜19:00	マルシェ	×	×	159	別P.11 E-3
サン・ジェルマン・デ・プレ	マルシェ・ラスパイユ	月・水・木・土曜	7:00〜14:30 (日曜9:00〜15:00)	マルシェ	×	×	159	別P.18 B-3
サン・ジェルマン・デ・プレ	ミ・ゾン・ドゥムール	日曜	10:00〜19:00	インテリア	×	×	144	別P.18 B-3
サン・ジェルマン・デ・プレ	メゾン・ドゥ・ファミーユ	日曜	10:30〜19:00	インテリア	×	英語スタッフ	145	別P.18 C-3
マレ	メ・ドゥモワゼル	日曜	10:00〜19:30	ファッション	×	英語スタッフ	160	別P.20 B-1
マレ	メルシー	日曜	10:00〜19:30	キッチン用品	×	英語スタッフ	135	別P.20 C-1
オペラ・ガルニエ周辺	モード・エ・トラヴォー	日曜	10:00〜19:00	手芸用品	×	英語スタッフ	119	別P.10 A-2
オペラ・ガルニエ周辺	モノップ	無休	8:00〜24:00ほか	スーパー	×	×	114	別P.10 B-3
オペラ・ガルニエ周辺	モノプリ	無休	9:00〜22:00ほか	スーパー	×	×	115	別P.10 C-3
ルーヴル美術館周辺	モラ	日曜	9:00〜18:15ほか	キッチン用品	×	英語スタッフ	134	別P.19 E-1
ポルト・ドゥ・モントルイユ周辺	モントルイユの蚤の市	火〜金曜	7:00〜19:30頃	蚤の市	×	×	60	別P.5 F-2
オペラ・ガルニエ周辺	ヤスミン・エスラミ	日・月曜	12:00〜19:00	ランジェリー	×	英語スタッフ	121	別P.11 D-3
モンパルナス	ラール・デュ・パピエ	日曜	10:30〜19:00 (月曜13:00〜)	ステーショナリー	×	英語スタッフ	187	別P.22 C-2
オペラ・ガルニエ周辺	ラヴィニア	日曜	10:00〜20:30ほか	ワインショップ	×	日本語・英語スタッフ	111	別P.10 B-3
サン・ジェルマン・デ・プレ	ラ・ヴェセルリー	日曜	10:00〜19:00	インテリア	×	英語スタッフ	147	別P.18 B-3
オペラ・ガルニエ周辺	ラ・ギャラリー・ドゥ・ロベラ・ドゥ・パリ	無休	10:00〜18:30	スーベニアショップ	×	英語スタッフ	101	別P.10 C-2
サン・ジェルマン・デ・プレ	ラ・スリーズ・シュル・ル・シャポー	日・月曜	11:00〜19:00	ファッション	×	英語スタッフ	151	別P.18 C-3
オペラ・ガルニエ周辺	ラファイエット・グルメ	無休	8:30〜21:30ほか	食材店	×	英語スタッフ	109	別P.10 C-2
サン・ルイ島	ラ・プリュム・ドゥ・ルイーズ・アン・リル	無休	11:00〜19:00	ステーショナリー	×	英語スタッフ	130	別P.20 A-3
オペラ・ガルニエ周辺	ラ・メゾン・ドゥ・ミエル	日曜	9:30〜19:00	食材店	×	英語スタッフ	108	別P.10 B-2
ヴェルサイユ	リブレリー・デ・プランス	月曜	9:30〜19:00 (11〜3月〜18:00)	スーベニアショップ	×	×	57	P56
ルーヴル美術館周辺	ル・ルーヴル・デ・アンティケール	月曜	11:00〜19:00頃	ブロカント	×	×	60	別P.19 D-1
ルーヴル美術館周辺	レスパス・ドゥ・ヴァント・サロン・ドゥノン	ルーヴル美術館に準ずる	9:00〜17:30 (水・金曜〜21:30)	スーベニアショップ	×	×	33	別P.19 D-1
マレ	レ・ネレイド	無休	10:30〜19:30 (月曜11:30〜)	アクセサリー	×	英語スタッフ	163	別P.20 B-2

220

エリア	店・スポット	休業日	営業時間	カテゴリー	要予約	日本語・英語スタッフ	ページ	MAP
ルーヴル美術館周辺	レユニオン・デ・ミュゼ・ナショノー	オルセー美術館に準ずる	9:30～18:30（木曜～21:15）	スーベニアショップ	×	×	39	別P.18 B-1
ルーヴル美術館周辺	レユニオン・デ・ミュゼ・ナショノー	オランジュリー美術館に準ずる	9:00～17:45	スーベニアショップ	×	英語スタッフ	43	別P.18 A-1

EAT

エリア	店・スポット	休業日	営業時間	カテゴリー	要予約	ページ	MAP
モンマルトル	アルノー・デルモンテル	火曜	7:00～20:30	ブーランジェリー	×	179	別P.6 B-2
オペラ・ガルニエ周辺	アンジェリーナ	無休	7:30～19:00ほか	パティスリー	×	71	別P.10 B-3
サン・ジェルマン・デ・プレ	アンジェリーナ	無休	9:00～19:30ほか	パティスリー	×	140	別P.18 A-3
マレ	アンバッサード・オーヴェルニュ	無休	12:00～14:00、19:00～22:00	郷土料理	×	195	別P.20 A-1
ルーヴル美術館周辺	アンリ・ルルー	無休	11:00～19:30ほか	ショコラトリー	×	68	別P.19 D-3
シテ島	エスメラルダ	無休	夏期7:30～24:00、冬期8:00～20:00ほか	カフェ	×	128	別P.19 F-3
シャンゼリゼ大通り周辺	エピキュール	無休	7:00～10:30、12:00～14:00、19:00～22:00	フランス料理	○	64	別P.9 F-2
サン・ジェルマン・デ・プレ	オー・ザール・エトセトラ	火曜	9:00～18:00	カフェ	×	128	別P.19 F-3
カルチェ・ラタン	オ・プティ・グレック	無休	11:00～24:30	クレープ	×	169	別P.24 A-2
オペラ・ガルニエ周辺	オー・リヨネ	日・月曜、土曜の昼	12:00～13:45、19:30～22:30	郷土料理	×	195	別P.11 D-2
モンマルトル	オ・ルヴァン・ダンタン	土・日曜	7:00～21:00	ブーランジェリー	×	178	別P.6 C-3
ルーヴル美術館周辺	カフェ・アンジェリーナ	ルーヴル美術館に準ずる	10:00～16:45（水・金曜～18:30）	カフェ	×	33	別P.19 D-1
ルーヴル美術館周辺	カフェ・カンパナ	オルセー美術館に準ずる	10:30～17:00（木曜11:00～21:00）	カフェ	×	39	別P.18 B-1
エッフェル塔周辺	カフェ・コンスタン	無休	7:00～11:00、12:00～23:00	ビストロ	×	86	別P.16 C-2
オペラ・ガルニエ周辺	カフェ・デ・ザバトワール	無休	12:15～14:15、19:15～22:30ほか	ビストロ	×	102	別P.10 C-3
モンマルトル	カフェ・デ・ドゥ・ムーラン	無休	7:30～翌2:00	カフェ	×	173、176	別P.6 B-3
サン・ジェルマン・デ・プレ	カフェ・ドゥ・フロール	無休	7:30～翌1:30	カフェ	×	139	別P.18 C-3
マレ	カフェ・パンソン	無休	9:00～22:00ほか	カフェ	×	157	別P.20 B-1
オペラ・ガルニエ周辺	カフェ・プルニエ	日曜	12:00～14:30、19:00～23:00	キャビア	○	105	別P.10 A-2
ルーヴル美術館周辺	カフェ・モリアン	ルーヴル美術館に準ずる	9:45～16:45（水・金曜～18:30）	カフェ	×	33	別P.18 C-1
エッフェル塔周辺	カンティーヌ・ドゥ・トロケ	無休	12:00～15:00、19:00～22:45ほか	郷土料理	×	194	別P.16 B-3
シャンゼリゼ大通り	キャトルヴァンシス・シャン	無休	8:30～23:30（金・土曜～24:30）	カフェ	×	22、95	別P.9 D-2
オペラ・ガルニエ周辺	キャビア・カスピア	日曜	12:00～翌1:00ほか	レストラン	×	107	別P.10 A-2
サン・ジェルマン・デ・プレ	クチューム・アンスティチュ	月曜	9:00～19:00ほか	カフェ	×	169	別P.19 E-3
モンパルナス	クレープリー・ドゥ・ジョスラン	月・火曜ほか	11:00～23:30	クレープ	×	185	別P.22 B-2
ルーヴル美術館周辺	コントワール・ドゥ・ラ・ガストロノミー	日曜	12:00～15:00、19:00～23:00ほか	レストラン	×	107	別P.19 E-1
ルーヴル美術館周辺	サロン・ド・テ・セバスチャン・ゴダール	月曜	10:00～19:30ほか	パティスリー	×	71	別P.18 C-1
サン・ジェルマン・デ・プレ	シェ・グラディーヌ	無休	12:00～23:00ほか	バスク料理	×	171	別P.19 F-3
サン・マルタン運河周辺	シェ・プリュンヌ	無休	8:00～翌2:00	カフェ	×	192	別P.12 C-2
サン・マルタン運河周辺	シェ・ミッシェル	土・日曜、月曜の昼	11:45～14:30、18:45～22:30	郷土料理	×	194	別P.12 A-1
カルチェ・ラタン	ジェラーティ・ダルベルト	無休	12:00～24:00	ジェラート	×	169	別P.24 A-2
マレ	ジャック・ジュナン	月曜	11:00～19:00ほか	ショコラトリー	×	68	別P.20 C-1
マレ	ジャック・ジュナン	月曜	11:00～18:30ほか	サロン・ド・テ	×	70	別P.20 C-1
サン・ジェルマン・デ・プレ	ジャック・ジュナン	日・月曜	10:30～19:00	ショコラトリー	×	141	別P.18 A-3
サン・ジェルマン・デ・プレ	シャポン	無休	9:00～20:00ほか	ショコラトリー	×	141	別P.18 A-3
バスティーユ広場周辺	シャンベラン	月曜	9:00～20:00ほか	ブーランジェリー	×	156	別P.21 D-1
オペラ・ガルニエ周辺	ジャン・ポール・エヴァン	日曜	10:00～19:30	ショコラトリー	×	69	別P.10 B-3
モンパルナス	ティー・ブレイツ	日・月曜	11:00～23:00	クレープ	×	185	別P.22 A-2
サン・ジェルマン・デ・プレ	デ・ガトー・エ・デュ・パン	火曜	10:00～20:00ほか	パティスリー	×	141	別P.18 A-3

エリア	店・スポット	休業日	営業時間	カテゴリー	要予約	ページ	
カルチェ・ラタン	ドーズ・ディーラー・ドゥ・カフェ	月曜	8:00～18:00ほか	カフェ	×	169	別P.ε A-2
サン・ジェルマン・デ・プレ	ニコル・バルテルミー	日・月曜	8:30～13:00、15:00～19:15ほか	チーズ	×	143	別P.13 B-2
シャンゼリゼ大通り周辺	バストロノーム	無休	12:00～13:45ほか、19:30～22:30ほか	移動式レストラン	○	93	別P.ε B-2
オペラ・ガルニエ周辺	パトリック・ロジェ	無休	10:30～19:30	ショコラトリー	×	68	別P.1C A-3
シャンゼリゼ大通り	パヴィヨン・ルドワイヤン	土曜の昼、日曜	12:30～14:30、19:30～22:00	フランス料理	○	63	別P.9 F-3
ルーヴル美術館周辺	ピエール・エルメ	無休	10:00～19:00ほか	パティスリー	×	67	別P.13 C-3
オペラ・ガルニエ周辺	ビストロ・ヴォルネイ	土・日曜	12:00～14:30、19:00～22:30	ビストロ	○	104	別P.10 B-3
エッフェル塔周辺	ビュッフェ・トゥール・エッフェル	不定休	9:30～23:00（夏期～24:00）	カフェ	×	83	別P.16 B-2
サン・ジェルマン・デ・プレ	フーシェ	日曜	10:30～19:00ほか	ショコラトリー	×	140	別P.18 A-3
サン・ルイ島	ベルティヨン	月・火曜ほか	10:00～20:00	アイスクリーム	×	131	別P.20 A-3
オペラ・ガルニエ周辺	ヘルムート・ニューケーキ	日・月曜	11:00～19:00	パティスリー	×	157	別P.10 B-2
ルーヴル美術館周辺	ポール	無休	10:00～20:00（火曜～19:00）	デリ	×	132	別P.18 C-1
モンマルトル	パン・パン	月曜	7:00～20:30ほか	ブーランジェリー	×	178	別P.6 C-3
モンマルトル	ムーラン・ドゥ・ラ・ギャレット	無休	12:00～14:30、19:00～23:00ほか	レストラン	×	173,177	別P.6 C-2
オペラ・ガルニエ周辺	ラザール・パリ	無休	7:30～23:30ほか	フランス料理	○	65	別P.10 B-1
オペラ・ガルニエ周辺	ラシーヌ	土・日曜	12:00～14:00、19:30～22:00	ビストロ	○	103	別P.11 E-2
サン・ルイ島	ラ・シャルロット・ドゥ・リル	月・火曜	14:00～19:00ほか	カフェ	×	131	別P.2C B-3
マレ	ラス・デュ・ファラフェル	土曜	11:00～24:00ほか	デリ	×	133	別P.2C B-1
シャンゼリゼ大通り周辺	ラデュレ・シャンゼリゼ店	無休	7:30～23:30ほか	パティスリー	×	97	別P.9 D-2
シャンゼリゼ大通り周辺	ラ・パティスリー・シリル・リニャック	無休	7:00～20:00（月曜～19:00）	パティスリー	×	67	別P.8 B-3
サン・ジェルマン・デ・プレ	ラ・パティスリー・デ・レーヴ	月曜	9:00～19:C0ほか	パティスリー	×	140	別P.18 A-3
モンパルナス	ラ・ピグデンヌ	無休	11:30～15:00、18:00～23:00ほか	ガレット	×	184	別P.22 B-2
オペラ・ガルニエ周辺	ラ・メゾン・デュ・ショコラ	無休	10:00～19:00	ショコラトリー	×	69	別P.1C B-3
オペラ・ガルニエ周辺	ラ・メゾン・ドゥ・ラ・トリュフ	日曜	12:00～15:00、19:00～22:30ほか	レストラン	×	106	別P.10 A-2
モン・サン・ミッシェル	ラ・メール・プーラール	無休	11:30～23:30	レストラン	×	52	P51
モンパルナス	ラ・ロトンド	無休	7:00～翌1:00	カフェ	×	182	別P.22 C-2
モンマルトル	ル・グルニエ・ア・パン・アベス	火・水曜	7:30～2C:00	ブーランジェリー	×	179	別P.6 C-3
エッフェル塔周辺	ル・ジュール・ヴェルヌ	無休	12:00～13:30、19:00～21:30	フランス料理	○	65	別P.16 B-2
モンパルナス	ル・セレクト	無休	7:00～翌2:00ほか	カフェ	×	183	別P.22 C-2
モンパルナス	ル・ドーム	無休	8:00～23:00	カフェ	×	183	別P.22 C-2
シャンゼリゼ大通り周辺	ル・フーケッツ・パリ	無休	7:00～翌1:00	カフェ	×	94	別P.8 C-2
モンパルナス	ル・プティ・ジョスラン	日曜、7月の2週間	12:00～14:30、18:30～23:00	ガレット	×	184	別P.22 C-2
カルチェ・ラタン	ル・ボンボン・オ・パレ	日・月曜	10:30～19:30	コンフィズリー	×	170	別P.24 A-1
エッフェル塔周辺	ル・マラコフ	無休	7:30～24:30ほか	ビストロ	×	87	別P.16 A-1
オペラ・ガルニエ周辺	ル・ムーリス・アラン・デュカス	土・日曜	12:30～14:00、19:30～22:00	フランス料理	○	62	別P.1C B-3
エッフェル塔周辺	ル・ロワイヤル	土・日曜	7:30～23:00	フランス料理	○	86	別P.16 A-2
オペラ・ガルニエ周辺	レカイユ・ドゥ・ラ・フォンテーヌ	土・日曜	12:00～14:30、19:00～23:00	ビストロ	○	105	別P.1C C-3
オペラ・ガルニエ周辺	レ・カナイユ	土・日曜	12:00～14:30、19:00～22:30	ビストロ	○	103	別P.1C C-1
バスティーユ広場周辺	レクレール・ド・ジェニー	無休	11:00～19:30ほか	パティスリー	×	66	別P.2C B-2
エッフェル塔周辺	レ・ゾンブル	無休	12:00～14:15、19:00～22:30	フランス料理	×	83	別P.16 C-1
モンパルナス	レ・パピーユ	日・月曜	12:00～14:00、19:00～22:00	ビストロ	×	171	別P.23 E-2
カルチェ・ラタン	レ・ピポ	日曜	9:00～翌1:C0ほか	ワインバー	×	171	別P.24 A-1
サン・ジェルマン・デ・プレ	ローラン・デュボワ	月曜	7:30～19:45ほか	チーズ	×	142	別P.19 F-3

STAY

エリア	店・スポット	カテゴリー	宿泊料金	客室数	ページ	MAP
モンマルトル	アダージョ・パリ・モンマルトル	レジデンスホテル	€120〜	76室	201	別P.7 D-3
サン・ジェルマン・デ・プレ	エスメラルダ	エコノミーホテル	S€95〜、T€135〜	19室	200	別P.19 E-3
モンマルトル	エルミタージュ・サクレ・クール	エコノミーホテル	S€100〜、T€120〜	10室	200	別P.7 D-2
モン・サン・ミッシェル	オーベルジュ・サン・ピエール	エコノミーホテル	S€214〜、T€222〜	23室	51	P51
サン・ジェルマン・デ・プレ	オテル・オデオン・サン・ジェルマン	エコノミーホテル	S€140〜、T€160〜	27室	199	別P.19 D-3
サン・ルイ島	オテル・デュ・ジュ・ド・ポーム	ラグジュアリーホテル	S€150〜、T€200〜	30室	198	別P.20 A-3
オペラ・ガルニエ周辺	オテル・ド・クリヨン	ラグジュアリーホテル	ST€970〜	82室	21	別P.10 A-3
サン・ジェルマン・デ・プレ	オテル・リュテシア	ラグジュアリーホテル	T€850〜	184室	21	別P.18 B-3
バスティーユ広場周辺	カステックス	エコノミーホテル	S€199〜、T€299〜	30室	200	別P.20 C-3
モンパルナス	キュジャ・パンテオン	エコノミーホテル	S€80〜、T€120〜	48室	200	別P.23 E-1
カルチェ・ラタン	グランゼコール	プチホテル	ST€140〜	52室	199	別P.24 A-1
シャンゼリゼ大通り周辺	ザ・ペニンシュラパリ	ラグジュアリーホテル	1室€1390〜	200室	196	別P.8 B-2
モンパルナス	サンジャック	プチホテル	S€87〜、T€124〜	36室	199	別P.23 F-1
バスティーユ広場周辺	シタディーヌ・バスティーユ・マレ	レジデンスホテル	ステュディオ€136〜280	144室	201	別P.21 D-2
サン・ジェルマン・デ・プレ	シタディーヌ・プレスティージュ・サン・ジェルマン・デ・プレ	レジデンスホテル	ステュディオ€199〜419	205室	201	別P.19 D-2
エッフェル塔周辺	シャングリ・ラ ホテル	ラグジュアリーホテル	ST€875〜	101室	198	別P.16 B-1
シャンゼリゼ大通り周辺	シャンビージュ・エリゼ	プチホテル	€280〜410	34室	199	別P.9 D-3
オペラ・ガルニエ周辺	ショパン	エコノミーホテル	S€97〜、T€106〜	35室	200	別P.11 E-2
オペラ・ガルニエ周辺	セジュール・ア・パリ・オペラ・ジャルダン	レジデンスホテル	€192〜（3泊〜）	1室	201	別P.10 C-3
モンマルトル	デザール	エコノミーホテル	S€90〜、T€110〜	50室	200	別P.6 B-3
サン・ジェルマン・デ・プレ	ネッスル	エコノミーホテル	ST€85〜	19室	200	別P.19 D-2
パッシー	パッシー・エッフェル	プチホテル	S€110〜、T€130〜	49室	199	別P.15 F-2
シャンゼリゼ大通り周辺	フォーシーズンズ ホテル ジョルジュサンク・パリ	ラグジュアリーホテル	ST€1350〜	244室	198	別P.8 C-3
オペラ・ガルニエ周辺	フォション・ロテル・パリ	ラグジュアリーホテル	€530〜	54室	20	別P.10 A-2
シャンゼリゼ大通り周辺	プラザ・アテネ	ラグジュアリーホテル	S€800〜、T€970〜	208室	192	別P.9 D-2
シャンゼリゼ大通り周辺	ホテル バリエール ル フーケッツ パリ	ラグジュアリーホテル	ST€690〜	82室	21、198	別P.8 C-2
オペラ・ガルニエ周辺	ホテル・ル・マロウン	エコノミーホテル	S€105〜、T€150〜	25室	200	別P.10 B-2
モン・サン・ミッシェル	ホテル・ル・ルレ・サン＝ミッシェル	エコノミーホテル	T€253〜	39室	51	P51
シャンゼリゼ大通り周辺	ホテル・ロイヤル・マグダ・エトワール	エコノミーホテル	ST€110〜	37室	200	別P.8 B-1
オペラ・ガルニエ周辺	ボードレール・オペラ	プチホテル	S€170〜、T€210〜	24室	199	別P.11 D-3
マレ	ボーマルシェ	エコノミーホテル	S€80〜、T€90〜	31室	200	別P.20 C-1
ポルト・ド・オートゥイユ周辺	モリトール パリ	ラグジュアリーホテル	€300〜	124室	198	別P.4 A-2
モンパルナス	ルイゾン	プチホテル	S€130〜、T€150〜	47室	199	別P.22 B-1
シャンゼリゼ大通り周辺	ル ブリストル パリ	ラグジュアリーホテル	ST€1400〜	188室	198	別P.9 F-2
オペラ・ガルニエ周辺	ル・ムーリス	ラグジュアリーホテル	ST€880〜	160室	198	別P.10 B-3
サン・ジェルマン・デ・プレ	ルレ・クリスティーヌ	プチホテル	€340〜	49室	199	別P.19 D-2
シャンゼリゼ大通り周辺	ル・ロワイヤル・モンソー・ラッフルズ	ラグジュアリーホテル	ST€850〜	149室	198	別P.8 C-1
マレ	レ・ジャルダン・デュ・マレ	レジデンスホテル	ST€170〜	263室	201	別P.20 C-1

Bon Voyage!!

STAFF

編集制作　株式会社P.M.A.トライアングル

エグゼクティブディレクター　谷本裕英

編集制作・取材・執筆
渡辺哲也　　岡井祥子　株式会社P.M.A.トライアングル）
横島朋子　谷素子　安部律子　伊藤由起　横井直子　堀之内泰史　斉藤祐子

撮影・取材
Sumiyo IDA　　井上実香　　YASUHIRO YOKOTA

現地コーディネート　横島朋子

協力　関係諸施設

写真協力
株式会社フジ・メディア・テクノロジー（AMF）　Dreamstime.com　Terre Sauvage

表紙デザイン　菅谷真理子＋高橋朱里（マルサンカク）

本文デザイン
大田幸奈　濱崎美穂（Róndine）
三鴨なつみ　西村映美　村井ひとみ　羅渼燕　松浦瑞恵（株式会社桜風舎）
佐野佳菜（いろいろデザイン）　平下薫

カバーイラスト　大川久志　どいせな（asterisk-agency）

イラスト　どいせな（asterisk-agency）　青山邦彦　細田すみか

マンガ　おたぐち

地図制作　s-map

地図イラスト　岡本倫幸

組版・印刷　大日本印刷株式会社

企画・編集　白方美樹　清永愛（朝日新聞出版）

参考資料
『週刊 世界の美術館』講談社　池上英洋『西洋美術入門 絵画の見かた』新星出版社　杉全美帆子『イラストで読む 印象派の画家たち』河出書房新社　杉全美帆子『イラストで読む ルネサンスの巨匠たち』河出書房新社　杉全美帆子『イラストで読む レオナルド・ダ・ヴィンチ』河出書房新社　有地京子『ルーヴルはやまわり』中央公論新社　有地京子『オルセーはやまわり』中央公論新社

ハレ旅　パリ

2018年7月30日　改訂版第1刷発行
2019年6月30日　改訂版第3刷発行

編　著　朝日新聞出版
発行者　橋田真琴
発行所　朝日新聞出版
　　　　〒104-8011　東京都中央区築地5-3-2
　　　　電話（03）5541-8996（編集）
　　　　　　（03）5540-7793（販売）
印刷所　大日本印刷株式会社

©2018 Asahi Shimbun Publications Inc.
Published in Japan by Asahi Shimbun Publications Inc.
ISBN 978-4-02-333947-7

定価はカバーに表示してあります。
落丁・乱丁の場合は弊社業務部（電話03-5540-7800）へご連絡ください。
送料弊社負担にてお取替えいたします。

本書および本書の付属物を無断で複写、複製（コピー）、引用することは著作法上の例外を除き禁じられています。また代行業者等の第三者に依頼してスキャンやデジタル化することは、たとえ個人や家庭内の利用であっても一切認められておりません。

わたしのハレ旅

美食の街はこう楽しむ！

パリ観光の目的といえば、私にとって欠かせないのは見目麗しいスイーツめぐり。色鮮やかなマカロンに芸術品のようなショコラなど、うっとりするスイーツばかりで、どこに行こうかいつも迷っちゃう。なかでもラデュレ（→P.97）やキャトルヴァンシス・シャン（→F.95）は私のハレ旅スポット。可愛らしい店内でいただく甘くておいしいスイーツには、頬がゆるんで思わずニンマリ。シャンゼリゼ大通りを行き交う人を眺めながら、パリジェンヌを気取って優雅にティータイム……なんてことも、旅先だからこその経験です。　　　　岡井祥子

自分だけの美しいパリに出会える！

フランス人におすすめの観光地は？と聞くと必ず出てくるのがエッフェル塔（→P.80）。鉄骨を組み上げた堂々たる姿は、まさにフランスのシンボルです。真下のシャン・ドゥ・マルス公園（→P.82）、セーヌ河（→P.46）沿いから眺めても素敵。どこから見ても絵になるところが、世界中の人に愛される理由かもしれません。おすすめは夜のシャンパン・フラッシュ（→P.82）。日没後にキラキラ輝く姿を眺める時間が、私にとって一番のハレ旅時間です。ヴェリブ（→P.193）を借りてエッフェル塔がきらめく夜のパリを走れば、気分爽快です。
渡辺哲也

連れて帰りたいほどバゲットに夢中

パンが大好きな私にとって、パリ滞在中の楽しみのひとつがバゲットの食べ歩き！街角で見つけたブーランジェリー（→P.178）に立ち寄っては、焼きたてパンという幸せを噛み締める……（シ、シアワセ）。帰国当日も、パリの味を持ち帰るべく数本購入。機内持ち込み用バッグからバゲットをのぞかせて空港を歩いていたら、友だちにパリの奥さまみたい！と言われました（キャッ♡）。日本では味わえない風味豊かなバゲットが私にとってのハレ旅フード。近々また食べに行ってきます。
藤尾かおり